도서출판 대장간은
쇠를 달구어 연장을 만들듯이
생각을 다듬어 기독교 가치관을
바르게 세우는 곳입니다.

대장간이란 이름에는
사라져가는 복음의 능력을 되살리고,
낡은 것을 새롭게 풀무질하며, 잘못된 것을
바로 세우겠다는 의지가 담겨져 있습니다.

도서출판 대장간은
새로운 사회, 즉 예수사회(교회)를 건설하려는
꿈을 가진 도구로서 예수 사회를 구성하는
공동체의 한 지체입니다.

www.daejanggan.org

Copyright ⓒ Barry L. Callen

Original published in English under the title ; Radical Christianity-The Believers Church
   Tradition in Christianity's History and Future

published by Evangel Publishing House

Used and translated by the permission of Evangel Publishing House
Korean Copyright ⓒ 2010 Daejanggan Publisher. in Daejeon, South Korea.

급진적 기독교

지은이	베리 칼렌 Barry L. Callen
옮긴이	배덕만
초판발행	2010년 2월 22일
펴낸이	배용하
책임편집	박민서
등록	제364-2008-000013호
펴낸곳	도서출판 대장간
	www.daejanggan.org
	대전광역시 동구 삼성동 대동천좌안8길 49
	전화 (042) 673-7424 전송 (042) 623-1424
박은곳	경원인쇄
ISBN	978-89-7071-172-0

이 책은 저작권법에 의해 보호를 받는 출판물입니다.
기록된 형태의 허락 없이는 무단 전재와 복제를 금합니다.

 값 12,000원

추천의 글

오늘의 교회는 교리가 아닌, 교회 자체를 재구성하는 "제2의 종교개혁"이 필요하다는 주장이 설득력을 더해가고 있다. 이때 우리는 신자들의 교회 전통을 좀 더 자세히 관찰할 필요가 있다. 이 새로운 저서에서 베리 칼렌 박사는 바로 그런 작업을 수행했으며 그의 방식은 매우 유익하다. 기독교 국가가 종언을 고하고, 새 천 년이 시작된 지금보다 이 책의 출판이 적절한 때는 없었다. _ **Howard A. Snyder**. 애즈베리신학교 역사 및 선교학 교수(웨슬리안 전통)

윌리엄 포크너(William Faulkner)가 말했듯이, "과거는 폐기된 것이 아니며, 단순한 지난 일은 더욱이 아니다." 베리 칼렌은 신자들의 교회 전통의 놀라운 역사를 명쾌하고 학문적인 방식으로 우리에게 제시한다. 이 책은 우리가 물려받은 선물의 가치를 깊이 인식하고, 그것에 충실하도록 도울 수 있다. _ **Clark H. Pinnock**. 맥매스터신학대학교 신학교수(침례교 전통)

여기에 신자들의 교회의 정체성, 역사, 신학, 그리고 선교에 대한 탁월한 입문서가 있다. 이 "급진적" 기독교인들을 주류 기독교의 양심에 추천하면서도, 저자는 사회 주변부에서 사역했던 그리스도에 대한 그들의 헌신이 약화하는 현상을 직시하도록 그들에게 도전한다. 이 책은 훌륭한 정보를 제공할 뿐만 아니라, 진리를 탐구한다. _ **Luke Keefer**. 애쉬랜드신학교 교회사 교수(그리스도 형제단 전통)

신자들의 교회 역사와 사상을 탁월하게 종합한 베리 칼렌을 통해, 신자들의 교회에 대한 새로운 이해의 장이 열렸다. 기독론과 구속 같은 기독교의 핵심 교리들이 모든 기독교인에 의해 같은 방식으로 개발되고 사용됐다고 많은 사람이 믿고 있다. 하지만, 칼렌은 신자들의 교회 전통이 하나의 교회 개념 그 이상임을 보여준다. 이 전통은 기독교 사상과 역사의 모든 측면을 해석하는 데 독특한 신학적 렌즈가 될 수 있다. _ **J. Denny Weaver**. 블러프톤대학 종교 및 역사학과 학과장 종교학 교수(메노나이트 전통)

교회는 성경의 토대로부터 자신에게 전달된, 그리스도에 대한 급진적 헌신의 부르심에 어떻게 반응해야 하는가? 칼렌 박사는 신자들의 교회 전통이 이렇게 중요한 질문에 어떻게 대답해야 하는가에 관한 풍부한 역사적 배경과 신학적 관점을 제공한다. 이 책은 교회가 21세기에 진입하면서, 신자들의 교회의 다양한 전통과 사명을 이해하고 싶은 이들에게 필독서가 될 것이다. _ **Kenneth F. Hall**. 앤더슨대학교 종교학과 은퇴교수(신우회 및 하나님의 교회[앤더슨파] 전통)

헌 정

신자들의 교회 전통에서 양육되고, 현재에도 자발적으로 이 전통에서 사역하는 나의 아들 타드Todd와 며느리 베스Beth에게 이 책을 바친다. 그들에게 기독교 유산은 사상, 구조, 실천의 감옥이 아닌, 풍요로운 자원이다. 기독교 신앙은 신자들이 사물의 본질에 이르도록, 즉 현재적 의미와 통전성을 위해 급진적이 되도록 초대한다. 영적 온전함과 적합성에 대한 그들의 탐구가 그들이 소망하고 그들에게 주어진 모든 영역에서 활짝 꽃피길 바란다. 그래서 오늘의 교회가 자신의 거룩한 본성과 사명 이외의 어떤 영향에서도 벗어나, 자신의 사도적 뿌리, 성령의 생명, 그리고 자신의 본질을 구현할 능력을 회복하길 기원한다.

신자들의 교회 비전을 실천하고, 그것을 더 커다란 기독교 공동체에 연결하는 작업에서 선구적 역할을 감당해 온 6명의 기독교 형제 자매들에게 이 책을 바친다. 이 예언적 목소리는 바로 에드워드 포그스Edward L. Foggs · 헤롤드 필립스Harold L. Phillips · 제임스 얼 메시James Earl Massey · 존 스미스John W. V. Smith · 수지 커닝햄 스텐리Susie Cunningham Stanley 그리고 길버트 스태포드Gilbert W. Stafford다. 이들은 오늘의 교회와 세계를 위해 공통점과 차이점, 그리고 예수 그리스도의 뜻을 실현하기 위한 거룩한 용기를 훌륭하게 표현한다. 그들이 탁월하게 대표하는 가치들이 이 땅에서 번성하길 기원한다.

급진적 기독교

기독교의 역사와 미래에서
「신자들의 교회」 전통을 돌아보다

베리 칼렌 지음
배 덕 만 옮김

RADICAL
Christianity

The Believers Church Tradition in
Christianity's History and Future

Barry L. Callen

차례

추천의 글 13
역자 서문 16

서문 21

1장, 주님과 함께 변두리에 머물라 29
    일차적 충성/기존체제를 뒤흔드는 운동들/새로운 시작/살아 있는 유산의 중심

2장, 성령과 함께 시작하라 53
    봄철의 전통/중생과 급진적 제자도/성전을 청소하라/온전함에 대해 생각하며

3장, 비전 바라보기 79
    루터의 "비현실적" 모델/급진적 종교개혁(아나뱁티스트)/제3의 길/사도적 이상주의/다섯 가지 주요 징표

4장, 믿음의 확증 : 신학 　　　　　　　　　　　111
　　실천적 신앙의 우선성/예수: 진리의 표준/예수 이야기의 해석/권세들에 대한 예수의 승리/그리스도와 함께 부활하기/독특한 성서해석/확고한 비非신조주의

5장, 믿음의 삶 : 기독교적 제자도 　　　　　　　151
　　몸-교회/추방-치리/결속-제의/전투-평화/결론-제자도

6장, 비전 성취 : 오늘날 그리스도인의 사명 　　189
　　고귀한 이상들의 현실적 번역/광야에 영향을 끼쳐라/복음주의의 저항적 요소/중간기에 살기/최고의 소명

부록 　　　　　　　　　　　　　　　　　　　　　229
1. 신자들의 교회 개념과 함의어 대한 최근 대회들의 기록
2. 신자들의 교회 개념에 대한 대회의 조사위원회 보고

후주 　　　　　　　　　　　　　　　　　　　　　239
추천도서 　　　　　　　　　　　　　　　　　　　263

추·천·의·글

김 홍 수
목원대 교회사 교수, 한국기독교역사연구소 소장

　서구세계의 프로테스탄트 유산은 흔히 '아나뱁티스트'라고 불리는 급진적 종교개혁을 제외하고는 교파 교회의 형태로 한국사회에 대부분 소개되었다. 이 책은 16세기에 종교개혁에 가담했으면서도 전체 교회사에서 비주류로 존재했고, 한국교회에서는 현재까지도 잘 알려지지 않은 급진적 종교개혁을 새로운 시선으로 소개하고 있다. '급진적 종교개혁', '종교개혁 좌파', '신자들의 교회' 등으로도 불려온 이 전통의 핵심은 역자 서문과 저자의 서문에서 간결하게 설명되고 있으므로 다시 언급할 필요가 없다. 이 전통이 한국교회의 역사적 경험에 어떤 의의를 가지는가, 이 전통이 우리에게 왜 필요한가 하는 문제를 생각해 보면서 이 전통의 풍부한 유산 가운데 두 가지만 언급하고자 한다.

　먼저, 우리가 주목해야 할 것은 교회와 국가의 분리 원칙이다. 아나뱁티스트는 로마제국에서 기독교가 공인되고 나서 유럽사회에서 형성된 교회와 국가 관계의 토대를 의심한 사람들이었다. 이들은 교회와 국가의 동맹과 상호의존 대신 교회와 국가의 철저한 분리를 주장했다. 국가의 본질적인 기능은 질서를 유지하는 것이지만, 아나뱁티스트는 국가의 권위에 제한을 두어 정신적 영역에서는 아무런 권리나 지배권을 가지지 않는다고 주장했다. 따라서 사람들의 마음을 지배하려고 시도하는 정부는 그 기능과 과제를 넘어서는 것이었다. 그리스도만이 양심의 주인이시다. 여기서부터 교회에 대한 새로운 개념이 나왔다. 교회라는 것은 그리스도에게 자발적으로 헌신하는 구속받은 자들의 모임이다. 이것이 '신자들의 교회'요, 당시 유아세례 제도는 이것을 부인하는 제도였을 뿐만 아니라 교회와 국가의 동맹을 지속시켜 주는 통로로 보였기 때문에 아나뱁티스트는 이를 파기하려 하였다. 국가의 종교 간섭에 대한 거부는 기독교 세계의 명제, 즉 국가는 신앙의 수호자라는 명제를 거부하는 것이었다. 이 정신은 미국헌법에서 교회와 국가의 '분리' separation 원칙으로 구체화하였고, 1948년 제정된 우리나라 헌법에서도 이 원칙을 수용했다. 양심과 신앙의 문제에서 국가의 권력을 제한하는 아나뱁티스트 전통이 감리교나 장로교와 마찬가지로 한국교회 초창기에 수용되고 그것이 한국교회 일부가 되었더라면 한국교회는 신사참배 강요 같은 일제의 종교간섭에 더 강력히 대항할 수 있는 기반을 마련했을 것이다. 아나뱁티스트가 제시한 교회의 자발적 원리나 교회와 국가의 분리, 종교의 자유 같은 원칙들은 오늘날도 여전히 한국교회가 계승해야 할 소중한 유산이며 특히 국가의 통제하에 있는 북한교회에 절실히 필요한 것들이다.

또 하나 급진적 기독교에서 한국 기독교인들이 주목해야 할 것은 평화주의 전통이다. 산상수훈에 근거해서 전쟁과 무력 사용을 반대하는 이 전통은 기독교에서는 초대교회 이후 앗시시의 프란시스, 급진적 종교개혁으로 이어져 왔다. 평화주의 전통은 6. 25 전쟁에서도 나타났다. 세계교회협의회 WCC가 1950년 7월 6. 25 전쟁에 대한 성명을 작성하면서 유엔군의 파병을 권고했는데, 역사적 평화교회의 대표들은 무력으로 전쟁을 종식하려 한다는 이유로 그 성명에 반대한 바 있다. 이 전통이 한국교회 일부가 되었더라면 6. 25전쟁 시에 한국교회에서도 전쟁을 말리는 음성을 들을 수 있었을 것이다. 이런 전통의 부재 속에서 남한과 북한의 교회는 전쟁을 지지하고 지원하는 역할만을 수행했으며 그 결과 전후에도 교회는 오랫동안 남북 간 화해의 구실을 하기 어려웠다. 이 책은 평화주의 전통을 소개하면서 심각한 증오와 포악함으로 가득 찬 이 시대에 우리가 평화의 왕자의 제자가 되려면 성령이 주신 구원의 열매(사랑, 희락, 화평, 오래 참음, 자비, 양선, 충성, 온유, 절제)를 삶으로 실천하는 것이 중요하다고 말하고 있다. 이미 6. 25 전쟁의 참상을 경험했으며, 아직도 남북 간에 무력대결을 하는 한반도의 기독교인들이 경청해야 할 말이 아닐 수 없다.

이 책을 통해 급진적 종교개혁의 소중한 교회와 국가의 '분리' 원칙과 그들이 가졌던 '평화주의' 비전이 한국교회에 수용되기를 간절히 바라면서 장차 한국사회와 한국교회의 새로운 미래를 꿈꾸는 이들에게 이 책을 권한다.

역 · 자 · 서 · 문

배 덕 만

역사는 중요합니다. 동시에 문제입니다. 역사는 인류가 분투하며 살아온 지난날에 대한 집단적 기억이며, 그 기억이 우리 삶에 가치를 부여하고, 우리의 미래에 방향을 제시하기 때문에 중요합니다. 하지만, 역사는 풀기 어려운 숙제 같습니다. "역사는 정직하다"라는 우리의 순진한 믿음과 달리, 결코 역사는 정직하거나 객관적이지 않기 때문입니다. 역사의 형성과정에도 복잡한 힘의 충돌이 있으며, 역사의 기록과정에도 무수한 권력의 작동이 존재하기 때문입니다. 그래서 역사에 기록되지 않은 것은 과거에 분명히 존재했으나, 더는 존재하지 않는 허상이 되며, 역사에 기록되었다 할지라도 그것이 '진실'이란 보증도 없습니다. 그래서 많은 경우, 역사는 '발생한 사실에 대한 정직한 기록' 대신, '기록된 사실에 대한 소박한 믿음'일 경우가 많습니다. 그래서 역사학에 맡겨진 과제는 잊혀지고 잃어버린 사실에 대한 발굴, 보존된 사실에 대한 재해석, 그 결과물을 오늘날에 적용하는 것으로 구성되는 것 같습니다.

『래디칼 크리스챠니티』에서 독자들은 역사학의 이런 과제를 확인할 수 있습니다. 먼저, 이 책은 '신자들의 교회'라는 잊혀지고 잃어버린 사실에 대해 역사적 발굴작업을 시도합니다. 이 유형의 교회전통은 16세기부터 교회사에 존재해 왔습니다. 그러나 대부분의 독자는 이런 전통이 존재했는지조차 모르는 것이 현실입니다. 특별히 한국교회에서 이런 정보 부재현상은 심각합니다. 그 이유는 철저히 루터와 캘빈을 중심으로 한 주류종교개혁전통에 따라서 한국교회가 교회사를 인식해 왔기 때문입니다. 따라서 이런 전통에 의해 '급진적' 혹은 '좌파적' 종교개혁으로 '정죄된' 그룹들이 역사 속에서 존재를 부정당해 온 것은 지극히 당연한 결과였습니다. 하지만, 이것은 정직한 역사읽기 혹은 바람직한 역사서술이 아닙니다. 종교개혁에 대한 서술 자체가 특정한 세력과 시각에 의해 일방적으로 진행되었고, 주류와 다른 시각에서 종교개혁을 추구했던 그룹의 입장이 철저히 부정되었던 것은 거의 '역사 왜곡'에 가깝습니다. 주류 종교개혁 전통과 상당한 부분 입장을 공유하면서, 동시에 강조점과 방법론에서 분명한 차이를 보인 그룹들이 존재했으며, 그들이 교회사에 끼친 공헌도 결코 적지 않습니다. 아니, 오히려 최근의 교회는 그들의 많은 유산을 소중하게 공유하고 있습니다. 따라서 이렇게 잊어버린 기록 혹은 기억을 복원하고, 그들에게 역사 속에 정당한 지위를 부여하는 것은 현재 교회가 감당해야 할 역사적 책임입니다. 이 책의 저자 베리 칼렌은 이 전통의 기원과 이 전통을 계승한 그룹을 다음과 같이 소개합니다.

> 최근 몇 세기 동안, 이런 위험을 감수하고 빈번히 박해를 받은 전통은 16세기의 아나뱁티스트들-메노나이트들, 17세기 영국에서 침례교도들과 퀘이커들, 그리고 18세기 독일에서 형제단에 의해 그 길이 개척됐다. 오늘날 자신들을 자유교회 혹은 신자들의 교회 전통에 속한 것으로 인정하는 교단들에는 다양한 침례교 및 형제단 그룹, 미국의 캠벨파에 속하는 제자들의 교회, the Disciples 그리스도 교회, Christian Churches 그리스도의 교회, Churches of Christ 하나님의 교회, the Church of God, Anderson 그리고 다른 웨슬리안/성결 그룹들, 퀘이커교, 메노나이트, 오순절, 그리고 그 외의 여러 집단이 있다.

둘째, 이 책은 '급진적' radical이란 용어에 대한 재해석을 시도합니다. 사실, 교회에서 '급진적' 이란 형용사는 지금까지 꺼려야 할 언어였습니다. '급진적' 이란 말은 '과격한', '폭력적인' 혹은 '극단적인' 이란 말의 동의어로 이해되었기 때문입니다. 특별히 보수적 성격이 강한 한국교회에서 '급진적' 이란 딱지는 '좌파적' 이란 말과 함께 자유주의자들에 붙어 다닌 전형적 '주홍글씨' 였습니다. 하지만, 이 책은 '급진적' 이란 뜻을 다른 차원에서 이해합니다. 칼렌은 "자발적인 교회 회원권에 헌신한 모든 그리스도인"에게 이 명칭을 붙입니다. 즉, "신중한 신앙선택과 삶의 변화를 통해 그리스도의 제자 공동체인 참된 교회에 속하기로 선택한 사람들"이 '급진적 그리스도인' 이란 것입니다. 이에 대한 칼렌은 다음과 같이 그 의미를 상술합니다.

> 그런 아나뱁티스트들 혹은 어느 시대의 '급진주의자들' 은 이 땅에 사는 하나님의 백성을 지칭하기 위해 '순례자', '체류자', 심지어 '이방인' 같은 성서에 따른 유사성에 매료되기도 했다. 왜 그럴까? 그것은 무엇보다 예수의 참된 제자들은 이 세상의 가치, 부, 그리고 왕국들이 아닌, 하나님의 통치에 충성해야 한다고 믿기 때문이다. 그리스도인들의 주된 부르심은 성령의 거듭나게 하시는 사역의 분명한 첫 열매로서 함께 사는 것이다. 그것은 언젠가 완성될 하나님의 궁극적 통치가 시작된 초기의 증거다. 예수께서 이 세상에 속하지 않은 나라와 자신을 계속 동일시하셨을 때, 예를 들면, 요18:36 그는 오해를 받았고, 기성 종교의 권세들로부터 박해를 받았으며, 끝내 세속의 정치권력에 의해 살해되었다. 진실로 예수의 충성스러운 제자들은 어느 시대에나 같은 위험을 감수하게 된다.

즉, 급진적 기독교인이 되는 것은 성서에 따른 기독교인이 된다는 뜻입니다. 예수의 가르침에 순종하며, 믿음의 공동체 내에서 하나님 나라를 "이미와 아직"의 변증법적 긴장 속에 현실적으로 체험한다는 뜻입니다. 세상의 권세와 가치 대신 하나님의 권세와 가치를 우선하며, 이 땅에서 하나님의 백성으로 신실하게 산다는 말입니다. 그 결과, 현실과의 충돌, 세상과의 갈등, 권세와의 대립도 불사하겠다는 것입니다. 그래서 세상의 눈에, 심지어 세상과 타협한 교회의 눈에는 '과격하고', '극단적'으로 보일 수도 있습니다. 하지만, 성서와 하나님의 관점에서는 지극히 '정상적'이고 '신실한' 모습입니다. 이런 관점에서 예수는 가장 급진적이었기에, 그의 제자가 된다는 것은 곧 예수처럼 '급진적 그리스도인"이 되는 것을 의미합니다.

셋째, 이 책에서 칼렌은 '공동체, 제자도, 헌신적 사랑, 그리고 평화적 일치'로 요약되는 신자들의 교회 전통의 유산을 회복해야 한다고 반복적으로 역설합니다. 16세기 아나뱁티스트에서 기원한 신자들의 교회 전통을 21세기에 새롭게 주목할 필요가 있습니다. 특별히 1990년대를 기점으로 양적 성장이 둔화하고, 질적 결핍에 대한 사회적 비난에 직면한 한국교회는 칼렌이 들려주는 신자들의 교회 이야기에 진지하게 귀 기울여야 합니다. 살벌한 생존경쟁 속에 인간성은 피폐해가고, 극심한 이기주의로 사회는 더욱 흉흉해집니다. 이런 시대적 상황은 교회 내에서도 그대로 반복되고 있습니다. 교회는 종교적 서비스를 받는 공공기관으로 변질하면서, 신앙 및 운명 공동체로서 교회의 본질은 빠르게 잊히고 있습니다. 이런 정황에서, 교회가 공동체로서 자신의 본질을 회복하는 것은 이 시대에 교회 자체와 세상을 위해 절대적으로 중요합니다. 또한, 현대 교회의 심각한 위기 중 하나는 교회 내에 헌신한 제자가 부족하다는 기이한 현상입니다. 십자가의 복음이 제대로 선포되지 않으며, 자신의 십자가를 지고 좁은 길을 걷겠다는 신자들의 다부진 결단도 희박해졌습니다. 적절한 타협과 현상유지, 혹은 현실에 대한 교묘한 정당화가 희생과 도전, 그리고 예언자적 결단을 압도하는 현실에서, 참다운 제자도의 회복은 교회갱신의 첫 걸음이 될 것입니다. 그뿐만 아니라 다양한 이유와 명분에 의한 교회의 분열도 심각한 문제입니다. 진보와 보수의 갈등은 좀처럼 치유의 기미가 보이지 않으며, 교파·교회 간의 경쟁은 가히 정글의 것과 같습니다. 강단에서 사랑과 일치의 메시지가 선포되나, 그것의 범주는 지극히 당파적이고 내용은 다분히 교조적입니다. 부흥과 성장의 이념 속에 기독교적 사랑과 일치의 복음은 빛이 바래고 말았습니다. 그래서 우리는 다시 한번 사랑과 일치의 메시지 앞에 겸손히 무릎 꿇어야 합니다. 더는 교회가 지독한 독선과 이기주의에 포로 되지 않고, 경쟁과 질투의 노예가 되지 말아야 합니다. 맘몬을 비롯한 우상숭배의 멍에도 과감히 벗어야 합니다. 이런 맥락에서 칼렌의 메시지는 시의적절하고 의미심장합니다.

> 신자들의 교회가 국가교회에 순응하지 않았던 역사적 경험은 지속적 중요성을 지닌다. 그것의 성서적 근거는 예수와 성부를 향한 배타적이고 값비싼 헌신에 대한 예수의 요구,마7:24; 8:18~22; 10:34~39 그리고 신자들은 이 악한 시대의 부정적 가치와 권력구조에 순응하지 말아야 한다는 바울의 훈계롬12:2를 진지하게 생각하는 것과 관련이 있다. 그리스도를 따른다는 것은 항상 세상과의 차이를 의미한다. 진정으로 기독교인이 되려면, 그런 차이들은 단지 민족적 충성이나 문화적 사건이 아니라, 성령에 의해 예수 그리스도의 형상으로 변형되는 신자들과 그들의 교회로부터 성장하는 기초적인 삶의 방향이 되어야 한다. 그런 삶의 방향에 충실한 것은 세상에서 교회의 사명을 성취하고, 신자들의 교회의 오래되고 풍부한 유산을 지속시키는데 결정적인 열쇠가 된다.

서 문

　이 책은 본질적으로 역사적이다. 최소한 부분적으로 그렇다. 흔히 과거에 대한 정보는 우리 시대를 특징짓는 새로움에 대한 갈망을 소홀히 한다. 그럼에도 여기서 과거가 간단히 폐기되지 않는 이유는 어제와 내일이 의미 있는 방식으로 연결되어야 하기 때문이다. 체스터튼G. K. Chesterton은 누군가의 전통을 기억하는 일은 우리가 조상을 초대하여 하나님이 현재 우리에게 기대하고 계신 종류의 인간에 대해 투표하는 방법이라고 말한 적이 있다. 그렇다면, 우리는 이 책에서 주요 기독교 인물 및 다른 세기의 사건 중 일부를 신중하고 존경하는 마음으로 기억하게 될 것이다. 나는 그들이 우리 미래를 위해 투표하도록 돕기위해 그것들을 기억해서 기록할 것이다. 예를 들면, 두 개의 부록은 대부분의 독자가 더는 이용할 수 없는 중요한 사건과 기록 일부를 담고 있다. 과거를 회상하는 것에 대해 변명할 필요는 없다. 선택된 과거로부터 얻은 지혜는 하나님이 작정한 미래의 문에 접근하는 중요한 방법이 될 것이다.
　물론, 중요한 것은 과거에 대한 과도한 집착이 아니라, 현재의 적합성이다. 그래서 우리는 이런 질문을 던진다. 오늘의 교회에 필요한 것은 무엇인가? 만약 이 질문의 답을 찾는 과정에서 과거가 고려된다면, 효과적으로 현재를 섬기려면 우리는 무엇을 찾아야 하는가? 교회사의 흐름 속에서 이 비교적 작지만 열정적인 흐름이 오늘의 교회에 도움이 될 만한 많은 것을 제공한다는 전제하에, 우리는 신자들의 교회 전통에 주목할 것이다. 오직 교회가 높은 대가를 치를 용의가 있다면 말이다. 주류 기독교는 단지 자신의 진화된 본성에 이런 더 '급진적'인 교회 전통에서 기원하는 한 두 가지의 유효한 통찰을 첨가하는 것 이상의 상황에 직면해 있다. 정말, 기독교는 자신의 본질에 대해 재성찰할 필요가 있다. 또한, 신자들의 교회 전통에 직접적인 뿌리를 둔 현재의 교회들도 스스로 깊이 성찰해야 한다. 얼마나 그들은 일반적인 '개신교' 풍경에 혼합되었고, 자신들의 유산을 교묘히 포기했는가? 이 책은 단지 학문적 활동을 목적으로 저술된 것이 아니다. 이 책은 신선한 기독교적 진정성에 대한 하나의 도전이며, 어떤 대가를 치르더라도 기독교적 신실함을 위해 던지는 탄원이다.

이 책에서 다음과 같은 것들을 발견할 것이다. 신자들의 전통에 대한 간략한 역사. 이 전통의 신학적 핵심 및 제자도에 대한 논의. 그리고 그 전통의 현재적 적합성에 대한 탐색이 그것이다. 신자들의 교회의 핵심적 강조점은 경험된 영적 실재, 그리스도에 대한 참된 복종의 삶, 그리고 가시적이며, 자발적인, 그리고 그리스도처럼 역할을 하는 신앙공동체 육성, 그 결과 도래하는 하나님 통치의 현재적 표현들이 됨으로써 하나님의 살아 있는 말씀에 대한 증거에 둔다. 신앙공동체의 참된 가시적 표현에 일차적 관심을 두고, 제도적 교회에 대해 의미 있는 비판을 제기하며, 신자들의 일상적 삶과 실천을 높이 평가하고, 복종, 양육, 협조와 봉사에 관심을 계속 집중하는 신앙공동체에 주목하는 것이 이 책의 특징이 될 것이다. 이 전통의 문헌에 자주 등장하는 생략부호 Believers'는 교회가 마치 구성원의 소유물인 것 같은 인상을 주기 때문에, 이 글에서는 사용하지 않았다.[1] 이 전통은 열정적으로 다른 주장을 펼 것이다. 교회는 하나님의 독특한 창조물이며 소유물이고, 신적 통치의 영역이며 순종하는 제자들의 몸이다. 이 제자들은 자기 자신이나 기성교회 혹은 세속의 정치구조가 아닌, 그리스도에게 복종한다.2)

하나님 통치의 우선성에 대한 이 같은 강조는 16세기 수많은 아나뱁티스트의 문헌들, 18세기 존 웨슬리John Wesley의 저서들, 그리고 클락 피녹Clark Pinnock과 로버트 물홀랜드M. Robert Mulholland 같은 현대인들 속에서 분명하게 발견될 수 있다. 20세기 후반기에 도발적 주장으로 학계 주목을 받았던 캐나다 침례교 신학자 피녹은 마치 시대를 넘어 '급진적' 그리스도인들의 예언자적 입장을 대표하는 것 같았다. 피녹은 성서의 권위와 해석 분야에서 형식보다는 기능을 더 높이 평가하며, 기독교의 과도한 지성주의와 추상적 사고를 비판했다. 그는 과도한 지성주의가 제자도와 선교에 대한 신자들의 관심을 약화시킨다고 판단했다. 그에게 중요한 질문은 어떻게 성서가 실천적인 기독교적 삶과 증거를 위해 권위 있는 안내자가 될 수 있는가 하는 것이다. 그의 관점에서, 기독교의 주된 관심사는 신학이론이나 교단구조에 대한 집착이 아니라, 옛 성서를 통해 말씀하시고, 참된 삶과 사명을 위해 현대의 독자들에게 조명하시는 성령에 의해 부어지는 영적 권능에 대한 건강한 관심이어야 한다.3) 그런 견해는 침례교와 신자들의 교회 전통에서 많이 나타나고 있다.

물홀랜드는 그런 기독교적 주제와 공명을 이룬다. 웨슬리안 전통에 서 있는 그는 고전 『말씀으로 빚어지기Shaped by the Word: 신앙형성에서 성서의 권능The Power of Scripture in Spiritual Formation』을 저술했다.4) 그는 이 책에서 그리스도인들에게 결정적인 것은 하나님의 말씀과 만남을 통해 그리스도의 형상을 따라 믿음이 형성되는 것이라고 지적한다. 이것은 지식과 참된 경건을 결합하는 것이며, 이 결합은 지혜를 가져오고, 이 지혜의 뿌리는 성령을 통해 하나님의 내주 하심을 경험하는 것이다. 세상에서 특별한 모습으로 존재하는 것, 그것이 주된 관심사다. 이런 종류의 신앙 형성, 그 결과로 구성되는 그리스도의 특별한 공동체, 그리고 개방성, 순종, 그리고–가시적으로, 자발적으로, 함께, 그리고 지금–거룩한 삶을 사는 것에 집중하는 것 모두 역사적인 신자들의 교회 전통에서 강조하는 것이다. 그것들 모두가 오늘과 내일의 교회에 꼭 필요하다.

정말로 기독교 공동체가 포스트모던 시대라는 낯선 환경에서 자신의 길을 찾고자 한다면,5) 신자들의 교회 전통의 몇몇 오래된 강조점들이 지금 당면하는 미지의 지평선 너머 중요한 이정표 역할을 할 수 있다. 전 세계의 교회들이 부끄러운 분열과 필요한 갱신에 대해 염려하는 21세기 초엽에, 이 전통은 중요한 가능성을 갖고 있다. 당면한 문제는, 자신의 정체성과 사명에 대한 위험을 무릅쓰고 자신을 세상에 적응시키고 있는 교회와, 그리스도로부터 독특한 삶을 창출하여 세상을 향해 독특하고 신뢰할 만한 증인으로 설 수 있는 교회 사이에서 하나를 택하는 것이다.6) 그러므로, 오늘날 그리스도 공동체의 '주류' 전통들이 신자들의 교회 증거로부터 배우고, 그것에 귀 기울이고자 한다면, 그들이 기존 자신들의 신앙과 실천 양식에 이런 '급진적' 증거를 첨가하는 것 이상의 일을 해야만 할 것이다. 그들은 성령의 의지 및 세상의 방식과의 관계에서 자신의 본질을 재성찰해야 할 것이다. 예를 들어, 16세기 아나뱁티스트들은 자신들을 로마 가톨릭이나 복음주의자(후에 프로테스탄트로 불림)로 인식하지 않았고, 오히려 그들 스스로 그리스도의 길과 세상에서 하나님의 사명을 담대히 추구하는 '형제들'로 이해했다. 그들은 하나님이 통치하는 곳에서 그것이 어떤 대가를 치르든, 혹은 그것이 무엇을 의미하든, 하나님의 백성으로 헌신했다. 또한, 그것은 그리스도께서 그들 안에 만드신 차이점을 깊이 인식하면서, 세상 속에서 그 차이를 만들고자 애쓰는 현대의 그리스도인들에게도 마찬가지이다.

나는 여기에서 강조된 특정한 기독교 전통에 의해 개인적으로 풍성함을 누릴 수 있었기 때문에, 특별한 감사를 표하고 싶다. 나는 하나님의 교회앤더슨파의 교제 속에서 성장하고 목회를 해 왔다. 나의 아내 가족과 내 가족 모두 자유감리교회에 뿌리를 두고 있는데, 여기서 '자유'라는 말은 몇 가지 중요한 의미를 지니고 있다. 앤더슨 대학교 신학부, 얼햄 종교학부, 애즈베리 신학교, 그리고 시카고 신학교를 포함한, 이 전통에 충실한 다양한 환경에서 내가 공식적 교육을 받을 수 있었던 것은 특별한 축복이었다. 그리스도의 교회와 십여 년간의 대화 모임에 참여할 수 있었던 것, 그리고 그리스도의 형제들the Brethren in Christ을 대표하는 에반젤 출판사the Evangel Press와 출판 협력을 해올 수 있었던 것도 나의 특권이었다. 신자들의 교회 전통은 다양한 표현을 하고 있으며, 그 자원 또한 대단히 풍부하다.

이 책에서 내가 쓴 것은 이 모든 유산에서, 그리고 그들의 교회 전통 내의 다양한 흐름을 대표하는 여러 현명하고 관대한 인물들의 지혜에서 큰 도움을 얻었다. 그들은 이 책의 초고를 검토하고 적절한 비평을 제공하기 위해 큰 수고를 했다. 다음의 분들께 깊은 감사를 드린다. 켄터키주에 소재한 베다니신학교형제교회의 제프 바흐Jeff Bach 박사, 오하이오주에 소재한 애쉬랜드신학교그리스도의 형제들의 루크 키퍼Luke Keeper 박사, 인디애나주에 소재한 앤더슨대학교퀘이커와 하나님의 교회의 케네스 홀Kenneth Hall 박사, 온타리오 에 소재한 맥매스터신학대학침례교의 클락 피녹Clark H. Pinnock 박사, 캔터키주에 소재한 애즈베리신학교연합감리교의 하워드 스나이더Howard A. Snyder 박사, 그리고 오하이오주에 소재한 블러프톤대학메노나이트의 데니 위버J. Denny Weaver 박사. 신자들의 교회 전통이 그렇듯이˚, 이런 헌신한 신자들과 유능한 학자들은 기억하고, 믿고, 행동할 때, 언제나 생명을 다해 그리스도의 충실한 제자들이 되고자 했다.

또한, 신자들의 교회 전통이 그렇듯이, 아래에서 전개되는 글은 그리스도 아래서, 교회의 사명을 위해 여럿의 협조를 통해 이루어진 것이고, 그 주제에 대한 최후의 진술로 간주하지 않는다. 예수 그리스도 안에서 더욱 온전한 성숙을 향해 몸부림치며, 신자들은 성령의 인도하심 속에 자신의 여행을 더불어 계속할 것이다. 다음의 글들은 그런 목적을 향한 노력에 도움이 될 것이다.

1장. 주님과 함께 변두리에 머물라

1
주님과 함께 변두리에 머물라

그들 각자의 기원이 어떠하든, 그들은 자신들이 메시아인 예수 안에서 중요한 소명을 물려 받았다고 생각했다. 그들의 운명은 하나님의 '거룩한 백성'이 되는 것이었다.^{벧전2:9} 그들 안에서 하나님은 자신이 수 세기 전에 이사야를 통해 맺으신 언약을 지키고 계셨다. 즉, 그분은 '만국의 빛'이 될 새롭고 초국가적인 나라를 건설하고 계셨던 것이다. 사49:6; 행13:47; 26:23, 1)

사도행전의 주제 중 간과됐던 하나는 "어떻게 하나님께서 반복적으로 기독교 공동체 세계의 중심을 해체하셨는가?" 하는 것이다. 그들의 안전한 삶의 구조 변두리에서 이루어지는 하나님과의 관계로 그들을 부르심으로써 말이다. 2)

그런 생각이 전형적인 것은 아니었지만, 특별히 생산적인 것으로 판명되었다. 래너드 알렌C. Leonard Allen은 예전과는 다른 방식으로, 그 자신의 교회 전통(그리스도의 교회)을 좀 더 참신하게 바라보고자 했다. 예전의 방식은 과거에 대한 일반적 해석의 범주 내에 조심스럽게 머물면서, 주류의 목소리, 표준적인 역사가들, 좀 더 영향력 있는 신학자들을 검토하는 것이다. 하지만, 강력한 목소리, 역사를 주도하는 목소리에 귀를 기울이는 것이 매번 가장 현명한 방법이 아닐 수도 있다. 알렌은 "중요한 통찰들이 한 전통의 중심뿐만 아니라, 변두리에도, 다수가 아닌 소수 안에도 있을 수 있다"고 단호히 말했다. "간혹 멀리서 들려오는 소리-그들의 견해는 선택적으로 기억되거나, 검열되고, 혹은 단순히 망각되어 왔다-에 귀 기울이는 것이 도움된다"는 알렌의 판단은 적절한 것이다.3)

유사한 방식으로, 이 글은 수 세기 동안 전체 교회사 속에서 '비주류'로 존재했던 한 전통에 신선하고 진지한 관심을 기울이려는 목적을 지닌다. 신자들의 교회 전통의 '급진주의자들'은 너무 자주 대다수 그리스도인의 귀에 전달되지 못한 유일하게 "멀리서 들려오는 소리"다. 그들은 기독교적 지혜의 원천이지만, 주류 교회와 역사에 따라 진지하게 취급되지 못해 왔다. 그러나 다음의 장에서, 우리는 자주 검열되고, 심지어 잊혀진 일군의 예언자적 목소리에 귀 기울일, 정말로 귀 기울일 준비가 되어 있으며, 그 결과 교훈을 얻을 준비도 되어 있다. 변두리로 이동함으로써, 중심이 바른 방향으로 이동하는데 도움을 줄 수 있는 지혜를 발견하게 될 것이다. 그것은 또한 예수님께서 대부분의 시간 동안 그 변두리에 계셨다는 사실을 우리에게 상기시켜 줄 것이다. 부분적으로, 신실한 그리스도인이 된다는 것은 주인과 더불어 변두리에 서겠다고 결심하는 것이다.

하나님께서 기독교 공동체의 안정된 삶의 중심을 다시 흔드실지도 모른다. 그리스도인들이 안정되고, 편안하고, 중심문화의 환영을 받을 때, 그들은 자신들의 믿음의 본질을 조용히 위협할 수 있는 현상유지에 집착하게 되는 경향이 있다. 사물의 중심으로 이동하는 것은 보통 그 사회의 지배적 가치에 순응하고, 그 환경의 일반적 방식으로 역할을 하는 것을 의미한다. 달리 말하면, 교회가 세상 깊숙이 들어가면, 세상도 너무 쉽게 교회 속으로 침투한다. 그런 종류의 타협은 매우 쉽고 빈번하게 발생한다. 그런 일이 벌어질 때, 교회의 예언적 목소리는 예수께서 그의 시대에 계셨고, 오늘날에도 그의 사역이 전개되고 있는 변두리로 제자들이 돌아가야 한다고 요구하기 시작한다. 그렇지 않다면, 그리스도께서 자신의 백성에게 다시 오셔도, 그들은 계속 그분을 알아보지도, 영접하지도 못할 것이다.

일차적 충성

갈등과 고통은 결코 편안한 출발점이 아니다. 그럼에도, 예수께서 자신의 첫 추종자들에게 역설적인 약속을 하셨다는 것은 사실이다. 그분은 그들에게 하나님의 사랑, 지속적 공급, 그리고 보호에 대해 확신을 심어주셨다. 또한, 그분은 그들에게, 만약 그들이 신실한 자들이 되길 원한다면 갈등과 고통을 겪을 것이라고 약속했다. 그분의 의도는 추종자들을 "이리 가운데 양"으로 보내는 것이었다.눅10:3 그들은 야웨의 말씀과 방식에 헌신함으로써, 제사장 및 왕들과 충돌했던 유대 예언자들의 명예로운 전통에 서게 될 것이다. 예수가 말한 바로는, 이런 격렬한 전통에 참여하는 것은 선택사항이 아니라, 축복과 환희의 원천이 될 것이다.마5:10~12 제자들이 "자신을 부인하고 자신의 십자가를 지고 나를 따라야 한다"고 예수께서 명령하셨다.막8:34 알란 크라이더Alan Kreider가 말했듯이, "그들에게 하나님의 공급과 보호는 헤브론의 평온한 별장에서 행복한 노년을 보증하는 것이 아니다. 오히려 그것은 그들이 스승을 따라 갈등의 현장에 뛰어들 때, 하나님께서 그들에게 필요한 모든 것을 공급해 주실 것"이라는 뜻이다.4)

그리스도인은 일차적으로 하나님의 영역과 통치에 있는 시민이다.빌3:20 천국의 충실한 시민이 되면, 이 땅에 거하는 모든 사람을 자신들에게 충성하는 백성으로 간주하는 이 세상의 "통치자들과 권세자들"의 궁극적 요구와 충돌하게 된다. 바울이 골로새서 1:13~18에서 말하는 것에 주목하라. 하나님은 "우리를 흑암의 권세에서 건져내사 그의 사랑의 아들의 나라로 옮기셨으니, 그 아들 안에서 우리가 속량 곧 죄 사함을 얻었도다… 만물이 그에게서 창조되되 하늘과 땅에서 보이는 것들과 보이지 않는 것들과 혹은 왕권들이나 주권들이나 통치자들이나 권세자들이나 만물이 다 그로 말미암고 그를 위하여 창조되었고…그는 몸인 교회의 머리시라. 그가 근본이시요 죽은 자들 가운데서 먼저 나신이시니 이는 친히 만물의 으뜸이 되려 하심이요." 결과적으로 주님께 충실한 교회는 주님을 알아야 하고, 그분께 온전히 헌신해야 하며, 세상의 구속을 위해 함께 사역해야 한다. 통치자들과 권세자들은 흔히 자신들이 최후의 통치자라고 생각하고 그렇게 행동한다. 하지만, 그들은 요한계시록 13장에 묘사된 끔찍한 짐승일 뿐이다. 그들이 그렇게 행동할 때, 교회는 자신을 이 땅에서 이방인과 순례자로 인식한다.

하나님의 '특별한 백성'이 된다는 의미는 언제나 빌라도의 질문에 예수께서 "위에서 주지 아니하셨더라면 나를 해할 권한이 없었으리니"요19:11라고 대답했던 것을 기억하며, 믿음으로 행하고, 하나님의 통치에 순종하는 것이다. '위로부터' 능력 받은 순례의 백성이 된다는 것은 로드니 클랩Rodney Clapp이 교회를 오늘날의 '포스트모던' 사회에서 하나의 독특한 문화로 묘사했을 때 염두에 두었던 것이다. 그는 "내가 세상의 권세들 속에서 생존하도록, 기독교적으로 생존하도록 도울 수 있는" 신학을 원한다. '과도하게 상업화된' 기독교와 일차적으로 기독교를 일종의 바른 사상으로 간주하는 합리주의를 비판하면서, 클랩은 자신의 일차적 충성의 대상이 "살아 있는 믿음, 혹은 실제적인 기독교 공동체"라고 선언한다.5) 신자들의 교회 전통은 순례의 백성, 독특한 문화로서 교회, 살아 있는 믿음을 위해 합리주의를 피하면서, 본질을 상실한 기존의 기독교 안에서 생존하기, 그리고 참된 기독교 공동체를 특징으로 한다.

눈에 보이는 왕, 귀족, 대통령, 대기업, 고도로 조직화한 교단, 그리고 다양한 정도로 이 세상에 뿌리내린 다른 권력 구조와의 관계 속에서 신실한 교회의 적절한 역할은 무엇인가? 아마도 서기 2세기 '디오그네투스 서신' the Epistle to Diognetus의 익명의 저자가 제시한 것보다 더 명료한 대답은 없을 것이다. 이 서신은 빌립보서 3:20의 "우리의 시민권은 하늘에 있다"에 대한 주석이다. 이 오래된 문서는 다음과 같이 언급하고 있다.

> 그리스도인들은 다른 사람들과 국가나 언어 혹은 관습에 따라 구분될 수 없다…비록 그들이 그리스와 야만인의 도시에 살고, 각 사람의 운명이 형성되어 가면서, 옷과 음식, 그리고 일상의 다른 문제들에서 그 나라의 관습을 따르더라도, 동시에 그들은 그들 본래의 나라의 뚜렷하고 탁월한 구성원임을 입증한다. 그들은 자신의 나라에 살고 있으나 단지 이방인으로서 그렇게 살아갈 뿐이다. 그들이 '육체 가운데' 있다는 것은 사실이지만, 그들은 '육체에 따라' 사는 것이 아니다. 그들이 땅에서 분주하지만, 그들의 시민권은 하늘에 있다. 그들이 확립된 법에 복종하지만, 그들 자신의 삶에서 그들은 법이 요구하는 것 이상의 삶을 산다… 그들이 모욕을 당하지만, 그들은 축복한다. 그들이 수치를 당할 때, 그들은 여전히 온전한 존경을 표한다… 좀 더 간략히 말한다면, 영혼과 육체의 관계는 그리스도인과 세상의 관계와 같다… 영혼은 육체 속에 거하지만, 육체에 속한 것은 아니며, 그리스도인은 세상에 거하지만, 세상에 속한 것은 아니다.[6]

분명히 그리스도인들이 이 세상에 사명이 있지만, 이 세상의 사명은 아니다. 그들은 예수님의 제자들이 되어야 한다. 그분은 당시 유대의 지혜를 허물어뜨리셨고, 광야에서 사역하셨으며, 때로는 머리 둘 곳도 없으셨으며, 사람이 어떻게 십자가 위에서도 다스릴 수 있는 지 보여주셨다. 또한, 그의 나라는 이 세상**으로부터** 기원하는 것이 아니라, 오히려 이 세상**을 위해** 존재한다는 사실을 그분은 명확히 했다. 일차적 충성에 대한 이런 부르심은 여전히 유효하다. 클랩은 이렇게 결론을 맺는다.

> 포스트모던 세상에서 그리스도인들을 위한 자리가 있다. 품위 있는 인간이 아닌, 그 길의 철저한 추종자로서 말이다. 포스트모던 세상에서 교회를 위한 자리가 있다. 국민-국가nation-state의 지지세력이 아니라, 명백히 성부, 성자, 성령으로 지칭되는 하나님에 의해 부름 받은 공동체 말이다.7)

그런 도전을 받아들이는 것은 '급진적 선택', 예수의 길, 십자가의 길이다. 그것이 바로 참된 그리스도인이 된다는 뜻이다. 그것이 바로 신자들의 교회 전통이 지난 수 세기 동안 주장해 온 것이다.

기존체제를 뒤흔드는 운동들

참된 신약적 기독교가 되고자 가장 혹독한 박해를 겪을 준비가 된 운동이 아주 드물게 교회사에 출현한다. 불행히도 그 운동이 출현할 때, 그것은 예수 그리스도를 신앙하는 신자들의 더욱 커다란 기구 내에서 주변적 현상이 되는 경향을 보여 왔다. 이따금 제한하고 심지어 박해하는 세력은 현상유지에 몰두하며, 종교에게 세심하게 통제된 부수적 역할만 허용하는 우세한 사회 지도자들이다. 종교는 다름 아닌 사회를 유지하는 부수적 요소이며, 기존의 공식적 견해(법적이고 흔히는 잘못된)에 종교적 승인을 부여하는 친절한 목회자다. 때로는 그들 자신이 우세한 정치 세력이며, 최소한 그것과 동맹관계에 있는 다른 기독교인들에 의해 그런 한계들이 예수의 제자들에게 부여된다.

밧모섬에서 요한이 묵시적 환상(이것은 신약성서의 마지막 책으로 묶어 졌다)을 받고 60~70년 내에, 초기 기독교 공동체 내에서 최초의 갱신운동이 일어나기 시작했다. 후에 '몬타니즘' montanism으로 불리게 된 그 운동은 태초에서 처럼 하나님의 영이 교회 내에서 활동하며, 교회의 온전함에 대한 증거로 정결과 훈육이 존재해야 한다고 믿었다. 하워드 스나이더Howard Snyder의 말대로, 기존 체제를 뒤흔드는 이런 움직임은 "최초의 은사주의 운동"이요, "갱신의 물줄기가 처음으로 널리 터져 나온 사건"이며, "교회 내에서 발생하고 있던 제도화 경향에 대한 최초의 도전"이었다.8) 만약 성령의 역동성이 환영받고 존중된다면, 이것은 생명을 산출하고, 이어서 생동감이 넘치며, 흔히는 경건한 삶의 공동체와 불신의 주변 문화 사이에 긴장관계를 형성한다.

하나님은 지난 세월 동안 항상 신실하셨다. 교회는 자주 세상의 유혹에 굴복해 왔으며, 자신의 참된 자아를 실현하지 못한 채, 그것의 그림자에 머물러 왔다. 교회와 세상과의 이런 동화 속에서도 하나님은 계속 사랑하고 행동하며, 장차 신실해질 사람들을 찾아오셨다. 이제는 오랜 갱신의 유산들이 축적되었다. 이 갱신의 욕구는 기존 체제를 뒤흔드는 기독교운동으로서, 다양한 이름들, 흔히 기성체제를 옹호하는 적대자들이 붙여준 명칭들 아래 꾸준히 지속하여 왔다. 예를 들어, 초기의 수도원 운동과 로마 가톨릭 교회라는 거대한 궤도 내에서 발달해 온 특별한 목적을 지닌 다양한 수도단체들이 있었다. 이따금 수도원운동의 동기는 완전에 이르고자 복잡한 현실에서 벗어나는 것이었다. 교회가 자신의 주변환경과 너무 긴밀한 유대관계를 유지하고, 제국의 후원을 받고, 문화적으로 타협하며, 중앙집권적 위계질서에 점점 더 지배되면서, 교회 내에 나태함이 점증한 것이 그런 수도원적 경향을 더욱 부추기는 원인이 되었다. 수 세기 동안, 그런 운동과 수도단체들의 존재가 교회갱신의 필요성과 노력을 위한 숨통 역할을 해 왔고, 그것 때문에 로마 가톨릭 교회가 초기에 수많은 조각으로 해체되는 것을 막을 수 있었다. 이런 식으로 보았을 때, '주변에서' 발생한 갱신 운동들은 제도교회의 통전성과 일치를 보호하는데 실제로 기여했다.9)

서구의 원조 개신교proto-Protestantism는 최소한 왈도파12세기의 피터 왈도에 뿌리를 두고 있다. 왈도파는 "15세기와 16세기의 종교개혁 내에서 우리가 '급진적 개신교'라고 부르는 저항의 계보를 시작하면서, 콘스탄틴 이후에 출현했고 또 콘스탄틴에 반대한10) 최초의 '자유교회' free church가 되었다.11) '자유교회', '불순종자들', '국교도반대파', '침례교도들', '감리교인들', '퀘이커들', 그리고 '제자들' 같은 이름들이 발전해 왔고, 각각의 이름은 그 이유가 무엇이든, 일부 신자들이 지배적인 기성체제에 방해되는 방식으로 믿고 있다는 사실을 강조한다. 예를 들어, '급진적 종교개혁'이란 문구는 이처럼 기존체제를 뒤흔드는 16세기 운동의 출현을 지칭하기 위해, 분석력이 탁월한 독일의 사회학자 막스 베버Max Weber, 1864~1920가 만든 것이다. 그는 유럽에서 국가적 지원을 받던 기성교회들로부터 값비싼 대가를 치르며 자신들을 분리시키고자 했던 초기 개신교인들의 한 흐름을 찾아내어 묘사하고자 했다. 곧 '아나뱁티스트'12)로 알려진 수 세기 전의 신실한 유럽 기독교인들은 로마 가톨릭 교회와 좀 더 새로운 개신교회들(심지어 '저항자들' protesters의 저항이 충분하지 못했다고 생각했다) 안에서 그들이 '타락한' 교회라고 판단했던 것으로부터 자신들을 분리시켜야 한다고 날카롭게 인식하고 있었다. 실제로 어떤 학자들은 이 시끄러운 몽상가들이 기독교의 '제3의 유형'을 대표한다고 주장한다. 이 유형의 기독교는 기독교 '이후시대'에 적합한 것으로, 서구는 20세기 후반에 이 단계에 진입한 것으로 보인다. 예를 들면, 1962년에 하버드 대학의 조지 윌리암스George Williams는 예전에 롤랜드 베인튼Roland Bainton이 사용했던 '종교개혁 좌파'라는 용어 대신, '급진적 종교개혁'이란 말을 사용함으로써, 16세기 교회사에 대해 당시에는 새로웠던 그림을 제공했다.[13]

이 '급진주의자들'은 여러 면에서 확실히 다양했으나, 최소한 이 전통을 구성한 이들은 공통으로 '자유교회'란 것을 지녀 왔다. 강력하고 성서에 따른 토대를 지닌 기독교 신앙과 삶의 방식을 유지하겠다는 결심 속에서 해방의 본능이 중심을 차지해 왔다. 이런 신앙과 삶은 인간적 요소가 지배적인 시민 정부와 교회 정치의 숨 막히는 통제에서 벗어난 것이다. 요점은 그 자신을 위해 독립을 추구하는 것이 아니라, 어떻게 교회가 존재해야 하는가에 대한 일종의 규범적이고 성서에 따른 모델이 존재한다고 믿어 왔던 것이다. 그것은 오직 예수 그리스도가 교회의 주님이시라는 믿음에 근거하여 형성되어야 한다.[14] 그런 아나뱁티스트들 혹은 어느 시대의 '급진주의자들'은 이 땅에 사는 하나님의 백성을 지칭하기 위해 '순례자', '체류자', 심지어 '이방인' 같은 성서에 따른 유비에 매료되기도 했다.[15] 왜 그럴까? 그것은 무엇보다 예수의 참된 제자들은 이 세상의 가치, 부, 그리고 왕국들이 아닌, 하나님의 통치에 충성해야 한다고 그들이 믿기 때문이다. 그리스도인들의 주된 부르심은 성령의 거듭나게 하시는 사역의 분명한 첫 열매로서 함께 사는 것이다. 그것은 언젠가 완성될 하나님의 궁극적 통치가 시작된 초기의 증거다. 예수께서 이 세상에 속하지 않은 나라와 자신을 계속 동일시하셨을 때(예를 들면, 요18:36), 그는 오해를 받았고, 기성종교의 권세들로부터 박해를 받았으며, 끝내 세속의 정치권력에 의해 살해되었다. 진실로 예수의 충성스러운 제자들은 어느 시대에나 같은 위험을 감수하게 된다.[16]

최근 몇 세기 동안, 이런 위험을 감수하고 빈번히 박해를 받은 전통은 16세기의 아나뱁티스트-메노나이트들, 17세기 영국에서 침례교도들과 퀘이커들, 그리고 18세기 독일에서 형제단에 의해 그 길이 개척됐다.[17] 오늘날 자신들을 자유교회 혹은 신자들의 교회 전통에 속한 것으로 인정하는 교단들에는 다양한 침례교 및 형제단 그룹, 미국의 캠벨파에 속하는 제자들의 교회, the Disciples 그리스도 교회, Christian Churches 그리스도의 교회, Churches of Christ 하나님의 교회, the Church of God, Anderson 그리고 다른 웨슬리안/성결 그룹들, 퀘이커교, 메노나이트, 오순절, 그리고 그 외의 여러 집단이 있다.[18] 베버는 "거듭난 인격적 신자들의 공동체"를 추구했던 그리스도인들을 지칭하기 위해 '급진적'이란 용어를 사용했던 것이다.[19] 이런 종류의 명칭은 자발적인 교회 회원권에 헌신한 모든 그리스도인을 포괄한다.[20] 그들은 신중한 신앙선택과 삶의 변화를 통해 그리스도의 제자들 공동체인 참된 교회에 속하기로 선택한 사람들이다. 첫 번째 질문은 다음과 같다. 삶의 모든 영역에서 우리는 어떤 영역에 일차적 충성을 바쳐야 하는가? 이것은 생명력 있고 오래가는 질문이다. 모든 시대와 문화의 그리스도인들이 반드시 직면해야 하며 어떻게 해서든 답변해야(답변해야만) 하는 질문이다.

새로운 시작

지난 십여 년간 교회사 서술에서 주목할 만한 변화가 나타났다. 이전에는 16세기 급진적 종교개혁자들이 일차적으로 그들을 박해했던 사람들의 저서와 해석을 통해 알려졌다. 이것은 대부분 역사가 기록되고, 믿어지게 되는 방식이다. 통제권을 장악한 사람들이 특권적 위치에서 자신들의 목적을 위해 그 상황을 해석한다. 마이클 노박은 이렇게 논평한다.

> 아나뱁티스트들은 누구였는가? 그들은 '총체적' full-way 개혁자들, 급진적 개혁자들이었다. 그들의 성품, 의도, 그리고 교리는 오랫동안 오해를 받아 왔다. 그들은 '마틴 루터'와 '존 칼뱅'의 공포, 증오, 그리고 분노를 일으켰다. 가톨릭의 권력자들이 고전적 개혁자들에 합류하여 그들을 죽였다. 칼로, 불로, 불에 달군 인두로-성인세례에 대한 그들 자신의 신앙을 각색하여-물에 빠트려 죽였다. 사냥을 당하거나 평생 감옥에 갇혔던 그들은 원수들이 고용한 역사가들에 의해 죽어서도 욕을 당하고 말았다.[21]

그 후에 해롤드 밴더, Harold Bender 롤란드 베인튼, Roland Bainton 프랭클린 리텔, Franklin Littell 그리고 조지 윌리엄스 George Williams 같은 학자들이 출현하여, 원자료들을 검토하고, 16세기 급진주의자들에 대해 보다 다양하고 섬세한 견해들을 발전시켰다. 해롤드 밴더[22]가 미국 교회사학회 회장취임연설을 했던 1943년 12월, 아나뱁티스트운동 연구의 새 시대가 열렸다고 할 수 있을 것 같다. "아나뱁티스트의 비전"[23]이란 제목의 연설은 16세기 그 개혁자들이 대체로 무시당할 만한 폭력적 급진주의자들이라는 당시의 표준적 견해에 강력히 도전했다. 밴더는 무엇보다 아나뱁티스트들을 평화적인 개신교인들로 재정의할 필요가 있다고 주장했다. 그들은 독일에서 마틴 루터와 스위스에서 울리히 쯔빙글리에 의해 시작되었으나 미완성으로 남아 있던 종교개혁을 완성하는 것을 자신들의 사명으로 생각했기 때문에, 오늘날 존경받을 필요가 있다고 밴더는 주장했다.

아마도 낡은 고정관념과 비난 중 많은 부분이 보편적으로 적용될 수 없었다. 사실, 일부 아나뱁티스트들 중에서 자신들의 열정에 사로잡혀서, 그리고 그들이 자주 직면했던 혹심한 박해의 압력 하에서(속에서), 어느 정도 과도한 행동들이 출현했지만, 동시에 그 급진주의자들 안에는 기독교 신앙과 삶의 존경할만한 성서에 따른 비전이 있었다. 그것은 진실로 예언적이며, 성서적이고, 선교적인 기독교에 관심이 있는 신자들이 여전히 신중하게 탐구하고 모방할 만한 가치가 있다. 우리는 이 책에서 이 비전의 현대적 의미들을 재발견하고, 탐구하고, 기리고자 한다. 그것은 20세기 중반 이후 연구와 다른 발전들 때문에 점차 가능해져 왔다.

북미에서 1950년대는 전후 시대로서 경제적 발전과 함께 교회의 주목할만한 성장이 있었다. 미국의 일반적 종교 환경은 느긋함과 통일이 뒤섞이는 경향을 보였다. 이따금 표준적이지만 정체된 기독교 체제에 암울한 정치적 음조가 드리워지곤 했다. 미국의 FBI 국장이었던 에드가 후버J. Edgar Hoover가 이렇게 말한 적이 있다. "공산주의자들은 하나님에 대해 적대적이므로, 당신의 아이가 열심히 교회에 다니도록 부추기라." 비록 남자들이 점점 더 소극적으로 교회활동에 참여하는 경향을 보였지만, 주일학교는 학생들로 가득 찼다. 이제는 각 가정의 가장이 된 미국의 군인들은 종교를 단지 교회에 다니는 것과 동일시했고, '진정한 신자'는 광신자로 취급했다. 뉴욕 유니온 신학교의 설교자요 교수였던 라인홀드 니버Reinhold Niebuhr는 "과도한 안락과 순응"을 현대사회의 질병을 다루기에 부적절한 태도로 간주하면서 맹렬히 공격했다.24) 윌 헐버그Will Herberg는 그의 저서 『개신교인-천주교인-유대교인』Protestant-Catholic-Jew, 1955에서 종교의 세속화와 획일화에 대해 불만을 터뜨렸다. 이런 세 개의 주된 신앙 가족들이 사회생활에서 가장 실천적인 목적을 위하여 기능적으로 평등해졌다고 그는 주장했다. 미국인들은 날카로운 종교적 구분에서 탈피하여 국가적 정체성을 위해 하나의 공통분모를 향해 이동한 것처럼 보인다. 헐버그에 의하면, 그것은 활기찬 종교적 신앙보다는 물질주의와 소비주의에 더 많이 기초한 미국적 삶의 방식에 더 깊이 헌신하도록 부추겼다.

1950년에 미국교회협의회가 창설되었다. 이 조직이 기독교적 일치에 관심을 보이자, 많은 사람이 그것은 교파적 충성심을 위축시키고, 그 결과 종교적 헌신마저 약화시킬 것이라고 비판했다. 하지만 이 단체의 의도는 그리스도인들 안에 내재한 극심한 분열의 좋지 않은 소문을 약화시키고, 그리스도의 연합된 증인들을 강화시키는 것이었다. 많은 그리스도인이 이런 '에큐메니컬' 충동에 의문을 제기했다. 그들은 이 단체가 모든 신자에게 획일성을 강요하는 하나의 '거대한 교회'super church를 건설하려는 음모를 꾸미는 것은 아닐까, 모든 인간적 구조(그것이 교회와 관련된 것이든 그렇지 않든)에 직면해서, 하나님의 주권적 통치를 붕괴시키지는 않을까, 두려워했다. 1950년대는 예언자의 시대라기보다는 제사장의 시대라고 할 수 있었다. 사람들은 자신들의 의심스러운 가치들이 통찰력 있고 용감한 목소리들(예언자들)에 의해 도전받기보다, 전통의 보수자들(제사장들)이 그들의 필요를 충족시키도록 했다.25) 그 시대가 끝날 무렵에, 영화 『엘머 갠트리』Elmer Gantry는 영화관의 관객들을 향해 위선적이고 말을 잘하며, 여자 꽁무니를 쫓아다니고 술을 좋아하는 전도자를 연기했다. 불행히도 그는 진짜로 존재했고, 대단히 존경받는 복음전도자 빌리 그래함Billy Graham 만큼 대중에게 널리 알려졌다. 공공질서, 가정의 안정, 일치와 순응, 제도 형성, 그리고 진보에 대한 믿음 쪽으로 사회의 방향이 대체로 결정되었다. 하지만, 국가적으로 들떠 있던 이 시대의 미국에는 "내적 영성에 집중하는 성숙한 세대"가 부족했다.26) 그런 시대는 문화적으로 잘 적응한 신앙에 대해서는 편안한 느낌이 들게 하지만, 하나님의 통치 아래에서 시민의 책임에 집중하는 동시에 타협적인 기존 신앙의 고정된 길을 포기할 준비가 되어 있는 소수의 고집스러운 신자들에게는 심각한 위협이다.

1955년부터, 그런 시대에 교회의 급진적 본성과 역할의 핵심에 집중하도록 돕는 새로운 용어가 나타났다. 그런 현상은 교회사의 다른 시대에도 발견되었는데, 특히 배교가 일반화됨으로써 사회의 중심에서 거부당한 소수의 저항적 신자들 속에서 예언적(예언자적) 목소리와 행동이 출현할 때 그러했다. "시온에서 평안"과 관용을 누리던 시대, 즉 기성체제(그것이 국가적이든 종교적이든)에 종교가 잘 적응하는 시대에 헌신한 그리스도인들은 어떻게 반응해야 하는가? "신자들의 교회"Believers Church라는 새로운 용어는 이 세상에서 그리스도인이 되는 광범위하고 무미건조한 방식에 저항하는 사람들의 오래된 전통을 지칭하기 위해 고안된 것이다. 1955년 이후, 이 용어는 최소한 두 가지 이유 때문에, '자유교회' Free Church라는 용어보다 더 정교한 명칭으로 널리 사용됐다. 미국과 몇몇 다른 근대국가에서 모든 종교 단체는 유럽의 국가—교회 전통과 반대로, 교회와 국가가 법적으로 분리된다는 의미에서 '자유교회'다. 게다가, 유니테리언 같은 일부 그룹들은 자유교회란 명칭을 더 선호한다. 어떤 이들에게는 그 명칭이 성서에 따른 가르침과는 별로 상관 없는 온갖 종류의 이단 신학에 여지를 주면서, 대단히 융통성있어 보이기 때문이다.

제2차 세계대전 이후, 신자들의 교회라고 불리는 전통에 속한 일부 학자들이 성서, 신학, 그리고 교회사 분야에 진출하여, 주류교회 문화에 속한 학교들에서 충분한 자격을 갖추고 가르치기 시작했다. 그곳에서 그들은 자신들이 대표하는 전통이 심각한 편견, 심지어 이단으로 비난받는 상황에 직면해 있음을 발견하면서, 그들 자신의 관점에서 교회사를 다시 읽고, 그들 전통의 기원과 핵심을 보다 공정하게 제시하는 변증학을 발전시키려고 노력했다. 메노나이트 역사서술의 대표적 예는 해롤드 밴더Harold S. Bender의 고전인 『아나뱁티스트의 비전』The Anabaptist Vision이다.27) 지금도 계속되고 있는 신자들의 교회 학술대회들에서 더욱 호의적이고 공정한 역사의 발견을 위한 노력이 집중적으로 시도되고 있다. 1950년대에 그런 노력의 맹아들을 발견할 수 있다.

신자들의 교회 전통에 대한 잘 조직된 학술대회가 1955년 8월, 시카고에 있는 메노나이트 신학교the Mennonite Biblical Seminary에서 개최되었다. 이 대회의 목적은 메노나이트 총회the General Conference Mennonite Church의 발전에 이바지하는 것이었다. 이 기구는 당대의 교회 생활에 관련된 많은 현실적 문제들에 대한 명확한 이해를 추구하되, "교회의 기초 신앙에 대한 보다 폭넓은 토론 안에서" 그 일을 하고자 했다. 신자들의 교회와 '교회 유형' 간에 근본적 차이가 있음이 기본적으로 인지되었다. 교회유형은 특정한 지역에 기초한 교권제도로서, 그 회원들은 특정한 지역이나 특정한 문화집단을 장악하는 사회와 더욱 명백하게 공존하고 있다. 그 학술대회의 논제 중 핵심적인 것은 "사랑과 무저항의 삶에 대한 급진적 헌신"을 포함한 당대의 기독교적 제자도를 고양하는 것이었다. 이 대회 기간에 한가지 질문이 지속적으로 제기되었다. "이런 종류의 그리스도인을 배출하기 위해서, 우리에게 어떤 종류의 교회가 필요한가?28) 이 질문은 곧 메노나이트 그룹과 연계된 사람들보다 더 많은 그리스도인에 의해 계속 제기되었다. 이 문제가 더 넓은 영역에서 다루어졌다는 사실은 그 이후에 개최된 일련의 초교파적 모임들을 통해 부분적으로 확인될 수 있다. 특히 이 전통이 오늘의 세계에서 참된 그리스도인으로 살아가기 위한 중요한 통찰을 제공하기 때문에, 그 모임들은 신자들의 교회 전통의 다양한 차원들을 탐구하였다. 이런 역사적 학술대회의 목록이 부록 A에 수록되어 있다.29)

최근에 개최된 신자들의 교회 학술대회들은 두 가지 주제를 중심으로 시작되었다. 그 첫 번째의 것은 암스테르담 메노나이트 신학교 네덜란드인 신학교수 요하네스 우스터반Johannes A. Oosterbaan에 의해 주도되었다. 그는 1961년 인도의 뉴델리에서 개최된 세계교회협의회 the World Council of Churches 제3차 총회에 참석하면서, 에큐메니칼 운동에 적극적으로 참여했다. 그는 당대의 몇몇 '급진적 종교개혁' 후예들이 20세기 후반의 세계 기독교에 중요한 공헌을 할 수 있으며, 그러려면 먼저 그들 자신의 공통된 유산에 대한 새로운 인식과 이해가 필요하다는 것을 점점 더 확신하게 되었다. 또한, 그들은 자신들의 관심사항을 통일하고, 에큐메니칼 대화프임에 열심히 참석할 필요가 있었다. 주류 종교개혁에서 기원한 교회들이 이미 하고 있었던 것처럼 말이다. 1963년, 몬트리올에서 열린 세계교회협의회의 신앙과 직제 위원회 모임에 참석하고 나서, 우스터반은 캐나다와 미국의 여러 동료와 대화를 나누었으며, 자신의 관심과 꿈을 위한 후원을 끌어모았다. 그것은 소박하지만 중요한 시작이었다.

초기의 대화를 위한 두 번째 장면은 1964년 인디애나주 리치몬드에 소재한 퀘이커 계열의 학교인 얼햄 대학Earlham College의 윌리엄 쿠퍼William A. Cooper가 주재한 평화—증언 모임이었다. 그곳에서 두 가지 질문이 제기되었다. "자유교회에 집중된 학술대회를 개최하는 것이 어떠한가?"와 "그런 대회는 오직 '평화교회' 학자들만 포함해야 하는가?" 사실, 신자들의 교회 전통에 속한 일부 기구들은 역사적으로 평화주의에 헌신되었으나, 다른 일부는 그렇지 못했다. 첫 번째 질문에 대한 답변은 '예'였고, 두 번째의 것은 '아니오'였다. 예를 들면, 처음부터 핵심적인 대화 상대자 중 한 사람이 프랭클린 리텔Franklin Littell이었다. 그는 『교회의 아나뱁티스트적 비전』The Anabaptist Vision of the Church, 1952, 1958, 1964과 『자유교회』The Free Church, 1957를 저술한 탁월한 감리교 학자였다.

보다 구체적인 행동이 필요한 때가 되었다. 젊은 메노나이트 신학자인 존 하워드 요더John Howard Yoder의 제안을 통해, 우스터반 교수의 관심과 비전이 채택되어, 미국에 있는 한 저명한 침례교 신학교에서 최초로 실행되었다. 이어서 제임스 레오 가렛James Leo Garrett의 주도 하에 신자들의 교회 최초의 공식적인 학술대회가 1967년, 캔터키 주 루이빌에 소재한 남침례신학교에서 개최되었다. 1966년에 있었던 두 차례의 준비모임에서 다가오는 1967년 대회를 위한 계획서가 작성되었다. 그 계획서에는 참석자들이 검토해야 할 다음의 전제들이 포함되어 있었다.

> 그런 기독교 그룹들의 유산 속에는 이런 것들이 포함된다. 신자들의 침례(세례), 믿음의 고백, 가시적 회중들, 명백하고 일관된 교회와 복음의 본질에 대한 인식. 이것들은 에큐메니컬 대화 속에서 신학적으

로 가치 있는 대안과 필요한 공헌을 제공한다.

다른 말로, 역사적, 문화적, 그리고 다른 차이점이 무엇이든, 독특하고, 일관되며, 의미 있는 신자들의 교회 전통 같은 것이 있는가? 만약 있다면, 이 전통이 여전히 중요한가?

1967년 남침례신학교에서 열린 대회는 일군의 신자들의 교회에서 파견된 150명의 대표가 참석했고, 미국교회협의회, 세계교회협의회, 그리고 에큐메니컬 업무를 위한 천주교 주교 위원회the Roman Catholic Bishop's Commission for Ecumenical Affair에서 참관인들이 참석했다. 신자들의 교회 개념에 대한 그 최초의 주요한 학술대회에서 채택된 『일치와 헌신 결의안』Resolution of Consensus and Commitment은 다음과 같다.

> 신자들의 교회 개념에 대한 본 대회에 모여, 그리고 우리 자신들을 다양한 자유교회 전통의 후예들로 이해하면서, 우리는 역사와 현재 우리의 교제 속에서 공통되고 성서에 근거를 둔 유산을 발견했다고 고백하는 바이다. 이 유산은 현재의 삶에 적합하며, 다른 교회 전통들 속에서 발전하는 것이다.
>
> 연구와 비교를 통해서, 우리는 이 유산 속에 다음과 같은 인식이 포함된다고 밝히는 바이다. 즉, 그리스도의 주권, 말씀의 권위, 성령에 의해 거듭난 교회 회원들, 신자들의 계약, 교회의 영구적 회복의 필요성, 세상과 분리될 필요성, 세상에 대한 선포와 봉사, 그리고 기독교적 일치라는 특별한 개념.
>
> 그러므로 오늘날 우리는 함께 우리의 공통된 유산을 연구하고, 기도 속에 서로 기억하며, 우리의 공통된 입장에 대한 보다 넓은 인식을 증진시키고, 다가올 시대에 서로 간의 접촉을 확대하려는 노력에 헌신하는 바이다.

이런 신자들의 교회 전통은 길고, 억세며, 극적인 역사를 갖고 있으며, 그 대부분은 20세기 이전에 일어난 것이다. 하지만, 1950년대, 특별히 1967년 학술대회는 여러 면에서 새로운 시작이었다. 그 전통의 역사는 널리 주목받고 재인식되었으며, 최소한 분명한 질문이 제기되기 시작했다. 즉, 필요한 미래를 위해 이 전통의 자랑스러운 역사로부터 무엇을 보존해야 하며 또 보존할 수 있을 것인가? 그 성공적이고 잘 알려진 1967년 루이빌 대회에서 발진 된 동력-그 대회의 결과로 제임스 가렛James Leo Garrett, Jr.이 편집하여 출판된 책 『신자들의 교회 개념』The Concept of the Believers' Church을 포함해서-이 도날드 던바우Donald F. Durnbaugh와 존 하워드 요더의 협조 속에 진행된 '대화를 위한 계속 위원회' Committee on Continuing Conversations에 의해 지속되었다. 30여 년이 지난 오늘, 이런 연구, 기억, 증진, 그리고 노력은 캐나다와 미국에서 여전히 계속되고 있다. 신자들의 교회에 대한 일련의 주요 학술대회들이 남침례교회, 캐나다 침례교회, 형제교회, 메노나이트, 그리스도의 교회, 하나님의 교회(앤더슨 파), 그리고 연합 그리스도의 교회 같은 교단들의 교육기관들로부터 주된 후원을 받아 왔다.30) 이 학술대회들에 대한 완벽한 기록은 부록 A에서 찾아볼 수 있다. 여기에는 위치, 일정, 주제, 그리고 각 대회의 결과물로 출판된 자료 등이 담겨 있다.

살아 있는 유산의 중심

신자들의 교회 유산 중 오늘날의 기독교적 삶에 지속적인 적합성을 지닌 것은 무엇일까? 이 책의 나머지 부분들이 이 질문에 대한 정답을 찾고자 할애될 것이지만, 이곳에서 단초적 개관을 검토해 볼 수 있을 것 같다. 1950년대와 60년대의 이해를 되살려 본다면, 이 유산의 중심이 어디든 간에, 최소한 그것은 예수 그리스도의 주되심에 초점을 맞추고, 하나님 말씀의 권위에 기초를 둘 것이다. 그것은 죄인들의 중생을 통해 그리스도의 몸을 구성하는 그리스도의 영에 대한 살아 있는 믿음일 것이다. 그리스도 안에서 이 같은 새로운 피조물은 서로 자발적 계약을 체결함으로써 성령의 공동체를 구성하는 헌신한 제자들이 될 것이다.31) 그런 공동체들은 자신들의 독특한 그리스도-정체성을 육성하기 위해 세상으로부터 떨어져 있으려고 노력할 것이다. 역으로 그런 정체성 때문에 그들은 성령에 의해 세상으로 파송될 수도 있다. 이런 성령 공동체들 내부의 차이점이 어떠하든, 그들은 기독교적 일치의 특별한 개념을 발전시킬 것이다. 이 일치는 신조나 구조에 대한 어떤 형식적이고 강제적인 획일성에 의한 것이 아니라 성령 안에서의 삶에 의해 실현된다.

17세기 유럽에서, 자유교회 지도자들은 신자들의 침례(세례)에 대한 그들의 견해가 선동적인 것으로 여겨져 자주 박해를 받았다. 그런 급진적 견해는 자발적인 교회 회원권, 종교적 자유, 그리고 교회와 국가의 분리(철저한 정교유착 체제에선 참을 수 없는 급진주의)를 의미했다. 프랭클린 리텔Franklin Littell은 그 유산의 중심은 "확신에 찬 신자들의 자발적 연합"인 참된 교회의 비전이라고 주장한 바 있다.32) 너다인 펜스 프란츠Nadine Pence Frantz는 급진적 유산의 핵심에 대해 이렇게 말한다. "그들을 대적하며 신앙의 척도로 사용된 신조와 교리에 의혹을 제기하면서, 그 전통에서 강조점은 활동적이고 살아 있는 신앙, 즉 신자들의 교리보다는 삶의 방식에 의해 표현된 신앙에 놓여 왔다."33) 아놀드 스나이더C. Arnold Snyder에 따르면,

…아나뱁티스트운동의 영혼과 심장은 그 운동의 구원론에서 발견된

다. 그리고 그 구원론의 중심은 신자들의 내적 삶과 외적 삶이 총체적으로 연결된 것이다… 인간은 반드시 하나님의 영Gelassenheit의 내적 작용에 복종해야 한다. 그들은 꼭 이런 은혜에 동의해야 한다(인간의 자유의지를 사용하라), 그리고 성령에 의한 중생 덕택에, 그들은 가시적인 순종과 제자도의 삶을 살게 될 것이다.34)

21세기 시작과 함께, "자유교회 전통의 풍성한 미래가 우리 앞에 놓여 있다." 그리고 그런 풍성한 미래에 꼭 필요한 것으로, 복종의 정의와 개념을 명확히 정리할 필요가 있다는 프랭클린 리텔의 확신을 우리가 믿음으로 수용하고자 한다.35) 그 작업을 진행하는 과정에서 이 책이 도움되길 바란다. 제2장부터 5장까지, 그 '정의'를 구성하는 핵심 영역들을 탐구한다. 제6장은 '우리의 복종 개념들을' 확립하려는 노력에 집중될 것이다. 그것은 신자들의 교회 전통이 더욱 커다란 기독교 공동체 내에서 그리고 21세기 불신의 세상을 향해 독특하고 중요한 증인으로 계속 존재하길 원한다면, 꼭 필요한 태도와 행동이다.

지금이 세상에서 이런 자유교회 혹은 신자들의 교회 유산을 회상하고, 그럼으로써 그리스도의 교회의 통전성을 보다 온전하게 형성시키기에 특별히 적절한 때이다. 세속주의와 종교 다원주의가 현대사회의 진정한 특징으로, 분명히 경악할 만한 것이지만, "그리스도 왕국의 상실은 우리에게 복음 선포의 자유를 회복할 즐거운 기회를 제공해 준다. 교회의 주된 사회적 과업이 국가를 지탱하는 많은 버팀목 중 하나로 기능을 할 때는 불가능했던 방법으로 말이다."36) 다른 말로, 기독교가 특정 문화의 '공식' 종교로서 더는 역할을 하지 않을 때, 기성체제의 지배권력으로 부상하는 유혹에서 자유롭게 되고, 자신의 본래 정체성을 회복하며, 세상에서 그리스도의 예언적 도구와 증인이 될 수 있다. 그리스도인들이 이 도전과 기회를 수용하기로 결단한다면, 그때가 바로 신자들의 교회 전통에 대해 진지하게 재고할 때이다. 1968년에 도날드 던바우가 내린 판단이 여전히, 아니 점점 더 사실로 판명되고 있다.

> 혁명의 신학, 세상에서 행동하는 교회, 평신도에 의한, 평신도를 위한, 그리고 평신도의 목회에 대한 요청이 들려오는 시대에, 16세기 아나뱁티스트들에 의해 시작되었고, 좌파 청교도를 통해 전달된 자유교회의 주된 관심은 우리 시대의 필요에 대해 분명하게 발언하는 것이다.[37]

우리 '근대' 세계는 정치적·종교적 전체주의에 대한 경향을 노출하지 않았다. 현재 여러 나라에서 그리스도인들이 통용되는 공적 규범들에 쉽게 순응하지 않기 때문에 혹독한 박해에 직면해 있거나, 팽배한 다원주의나 관용의 원칙을 어떤 가치나 신앙체제에 성공적으로 적용하는 지배적인 세속문화의 공격적 문화변용에 직면해 있다.(모든 대안에 직면해서도 배타적 진리만을 고집하고, 신뢰할만한 방식으로 그런 주장을 용감히 실천하려는 사람들을 제외하고). 메노 시몬스Menno Simons, 1496~1561를 기억하는 것이 오늘의 기독교 신앙 공동체에 관심을 집중하고 활력을 부여하는 좋은 방법이다. 20여 년 동안, 메노는 16세기 화란 아나뱁티스트 회중들 속에서 비밀리에 활동했다. 그 시대의 제국은 그의 머리에 엄청난 현상금을 걸었다. 그의 소박한 동지 중 많은 사람이 피의 침례(세례) 속에 목숨을 잃었고, 그것이 당시에 자원volunteerism과 양심의 자유를 특징으로 하는 신앙생활의 대가였다. 그는 자신의 신념 때문에 당시의 지배문화에서 주변으로 밀려날 수밖에 없었지만, 이 세상에서도 주님the Master의 뜻과 길의 중심에 거했다. 궁극적으로 그의 진정한 시민권은 예수 그리스도의 영역 속에, 그리고 그리스도의 영적 통치 아래에 있다고 그의 믿음이 주장했다. 그런 관점과 헌신의 필요성이 지금까지 지속하고 있다.

메노와 다른 아나뱁티스트들은 사회적 무정부주의자들이 아니었다. 단지 하나님 나라의 충성스런 시민이었을 뿐이다. 그 나라는 그 시대의 지배적인 정치적·종교적 제도와 갈등 관계에 있음이 여러 면에서 분명하게 발견되었다. 그들은 성서를 따르는 급진주의자들이었다. 다른 무엇보다, 그들은 기독교 왕국에서 사제, 신학자, 그리고 법관(로마의 박사들) 같은 고위 공직자들의 태도와 행동을 자주 비판했기 때문에, 기독교 목회 자체를 해체한다고 비난을 받았다. 그들이 고민했던 것은 교회 지도자들이 '돈을 위해' for hire 설교했고, 하나님의 소명과 일반 신자들의 필요보다는 지방 의회나 영주로부터 받는 돈에 더 밀착되어 있었던 것이다. 그들은 성령과 하나님의 사랑보다는 그들이 받는 돈에 따라 행동했다. 그러나 언제나 하나님의 영의 목소리에 귀를 기울이고, 자신들이 들은 것에 순종하기 위해서 기꺼이 위험을 감수하는 사람들이 존재했고, 또 존재하고 있다.

예를 들어, 보다 최근에는, 같은 종류의 신자들의 관심사항들이 더 열정적으로 표현되고 있다. 데니얼 워너Daniel Warner, 1842~1895는 견딜 수 없이 폐쇄적인 교권 구조 안에서 뛰쳐나와 칼슨 시티Carson City, Michigan 결의안을 발표하게 되었다. 그 결의안에 서명한 어떤 이들은 자신들이 "어떤 기구나 조직에 속한 것이 아니라, 그리스도의 보혈에 의해 구속 받고, 성령에 의해 조직되며, 성서에 의해 운영되는" 하나님의 교회에 속한다고 말했다. 다른 서명자들은 "우리는 설교자들에게 자격증을 발행하는 관행이 하나님의 말씀 속에 어떤 지침이나 실례도 없는 것으로 무시하는바"이며, 어떤 문서보다는 우리 삶의 열매에 의해 평가되길 원한다고 주장했다.38) 어떤 때이던지, 그렇게 급진적이고 용감한 그리스도인들에게 성령 충만한 삶의 열매는 필연적으로 성령-공동체를 내포한다. 공동체 자체가 자신의 존재와 신실함을 통해 세상에 대한 성령의 증인이 된다. 존 하워드 요더는 이렇게 적고 있다.

> 하나님이 세상에 부여하는 정치적 신선함은 통치하는 대신 섬기는 사람들, 해를 가하는 대신 고통을 견디는 사람들, 자신들의 교제를 통해 사회적 구분을 강요하는 대신 그것을 극복하는 사람들의 공동체다. 이처럼 그 안에서 인간적 이상주의나 민주적 율법주의가 아닌 그리스도의 사역에 의해 장벽들이 허물어지는 새로운 기독교 공동체는 복음의 전달 도구나 열매일 뿐만 아니라, 그 자체가 복음이다. 그것은 단지 선교의 매체나 선교 기관의 구성원이 아니다. 이것이 바로 선교다.39)

다른 말로, 참된 그리스도 공동체는 주님과 함께 변두리에서 더불어 살아가는 신실한 삶을 그 특징으로 한다. 그런 예수 공동체의 변경들 내에, 하나님의 영이 자유롭게 갱신하고, 은사를 베풀고, 파괴적인 사회적 장벽들을 허물고, 고통스러운 구조들을 초월하고, 그럼으로써 성령공동체를 창조한다. 이 공동체는 세상에서 자신의 존재만으로도, 그리고 특별히 자신이 성령의 삶을 구체적이고 뚜렷하게 실천함으로써 신뢰할만한 증인이 된다. 진정한 교회 갱신의 참된 기원은 성령 안의 삶으로 다시 시작하는 것이다.

2장. 성령과 함께 시작하라

2
성령과 함께 시작하라

아무든지 나를 따라오려거든 자기를 부인하고 날마다 제 십자가를 지고 나를 따를 것이니라.예수, 눅9:23 오순절 날이 이르매 그들이 다 같이 한 곳에 모였더니…. 행2:1

복음은 현실을 선포한다. 그것이 핵심이다. 복음은 과거에 일어난 것과 현재에 일어나는 것에 대해 선언한다…오순절에 일어난 일은 과거와 현재를 연결하는 고리를 제공해 주었다. 예수의 역사적 현존과 우리의 현재적 구원 사이의 연속성은 성령의 살아 있는 현존 속에서 드러난다. 1)

21세기가 시작되는 시점에서, 우리 기독교인들은 어떤 면에서 한 번의 큰 주기를 끝낸 것이다. '급진적' 그리스도인들이 생명을 상실한 교권주의에 저항하고, 성령의 생명 대신 시민적·교회적 삶에 대해 참을 수 없는 인간적 전통과 통제를 선택하는 것에 도전했던 것이 바로 16세기였다. 20세기가 열리면서, 세계 기독교에 강력한 흔적을 남긴 '오순절' 운동이 출현했다. 1959년 1월 23일, 교황 요한 23세가 로마 가톨릭 교회의 제2차 바티칸 공의회 계획을 공포하면서, 기독교 공동체 안에서 하나님께서 죽음의 기운을 몰아내고, 신선한 갱신의 바람을 희망하면서, 하나님의 숨결성령을 위해 교회의 창문이 열리도록 기도했다. 공동 기도문은 다음과 같았다. "오소서, 성령님. 새롭게 오셔서 당신의 생명을 통해 우리를 자유롭게 하사, 당신의 뜻대로 되게 하옵소서."

예수께서 오래전에 성령의 필요성을 분명히 했다. 예수의 제자들은 세상에서 그를 위해 사역하기 전에 기다림의 시간을 가져야 했다. 미래에는 그 사역들 때문에, 그들은 세상의 변두리에 거하게 될 운명이었다. 따라서 그 사역을 성취하는 최고의 방법은 그리스도의 영에 의해 모양이 만들어지고 통제되는 도구가 되는 것이었다. 예수는 저항하는 피조물을 위한 하나님의 사랑과 목적의 중심에 확고히 설 수 있었기 때문에, 변두리에서 살 수 있었다. 비록 예수의 충성스러운 제자들이 세상의 쓰레기 취급을 받는 어려움을 겪었지만,고전4:13 그들이 하나님의 권능을 받았을 때,빌4:11~13 하나님이 뜻하신 모든 일을 감당할 수 있었다는 사실을 바울도 알게 되었다. 헌신한 제자들에게 필요한 권능, 영감, 그리고 은사를 부여하는 것이 성령의 역사이며, 우리가 앙망해야 하는 사역이다.

사람들은 신자들의 교회 전통이 성령 중심의 지속적인 개혁 세력이라고 말한다. 이 전통은 잃어버린 본래의 모습으로 개혁하려고 한다. 이 전통은 성령을 기다리고, 성령의 통찰력과 힘을 통해 섬기려고 한다. 일반적으로 개혁을 위한 노력은 성령에 대한 신선한 집중과 더불어 시작된다. 예수의 제자들은 일단 그분의 부활을 목격하고 나서, 하나님의 사역이 본격적으로 시작되었음을 알게 되었다. 그들의 유대교 전통이 아무리 풍요롭고, 예수의 삶, 가르침, 죽음, 그리고 부활 속에서 하나님의 구원 사역이 아무리 극적일지라도, 하나님은 또한 신자들을 미래로 던져 놓으셨다. "그들은 그리스도인이 되는 것은 위험을 감수하는 자가 됨을 배웠다. 매일 그들은 성령께서 예수의 현존을 실제적인 것으로 만들면서 창조적인 사역을 하실 것이라고 기대할 수 있었다."2) 그리스도 안에서 산다는 것은 하나님의 사랑하는 은총의 힘으로, 또 부활 이후 예수 사역의 연장으로서, 영원히 현존하시는 성령을 통하여 산다는 것이다. 그리스도의 몸으로서 함께 산다는 것은 그리스도의 영의 지속적인 사명 공동체, 즉 교회가 되는 것이다. 진실로 이런 거룩한 여정을 시작하고 싶다면, 성령과 함께 시작해야 한다.

봄철의 전통

16세기의 아나뱁티스트들은 로널드 녹스Ronald Knox가 자신의 저서 『열광』Enthusiasm에서 미국의 로마 가톨릭 신자들에게 묘사한 캐리커처를 통해 가장 잘 알려져 왔다.3) 그 책에서 발견되는 아나뱁티스트의 초상은 미성숙하게 방종한 삶을 살다가 단순한 감정의 격류-성령을 잘못 섬김-에 휘말려 버리는 특이한 사람들이다. 최소한 1960년대의 제2차 바티칸 공의회 이전에는 가톨릭 교인들이 "흔히 일차적으로는 편견에 의해서, 다음으로는 무지에 의해서, 그리고 교만 때문에, 아나뱁티스트들에 대한 관심을 스스로 억제해 왔다."4) 하지만 그런 편견, 무지, 그리고 교만의 시대는 아득한 과거가 되었다. 이제는 아나뱁티스트 운동이 범한 간헐적 오류들 때문이 아니라, 그 운동이 교회에 끼친 수많은 공헌 때문에, 그 '열광'을 재고할 때가 되었다. 의문의 여지 없이, 일반적인 아나뱁티스트들은 중세 로마 가톨릭교회에 대한 개신교의 기본적 비판을 수용하면서, 사제들이나 그들이 집행한 성례전들이 하나님의 은총을 전달할 수 없고, 기독교적 삶을 시작할 수도 없다는 점에서, 같은 생각을 하고 있다. 이런 일은 오직 성령의 사역일 뿐이다.

성령의 현존과 사역에 집중하는 것이 교회생활에서 꼭 주관주의라는 진흙탕에 빠지거나 무정부적 상황을 가져오는 것은 아니다. 물론, 이런 비판을 자주 듣긴 했지만 말이다. 성령중심의 신앙생활은 신자들이 인위적이고 강제적인 신앙과 교회생활의 틀에서 벗어나겠다는, 그리고 현재의 영적 실재, 진지한 제자도, 그리고 하나님이 의도하시는 신뢰할만한 계약 공동체에 헌신하겠다는 의식적 결단이다. 골로새교회의 신자들은 "먹고 마시는 것과 절기나 초하루나 안식일을 이유로 누구든지 너희를 비판하지 못하게 하라. 이것들은 장래 일의 그림자이나 몸은 그리스도의 것이니라"는 교훈을 받았다. 골2:16~17 특별히 신자들의 교회 전통의 퀘이커적 요소는 그리스도의 내적 실재에 너무 집중하여, 골로새서의 정신처럼, 침례(세례)와 주의 만찬을 포함하여 외부의 구조적·예전적 형식을 이차적인 것으로, 혹은 전혀 무가치한 것으로 깎아내리는 경향을 보인다. 기호나 상징 대신 실재를 선호하는 이런 경향은 신자들의 교회가 가진 전통의 본능 중 하나이다. 물론 이 전통의 많은 부분이 퀘이커들처럼 그리스도교의 고전적 예배 형식들을 제거할 정도로 과도한 입장을 취하진 않았지만 말이다.

아나뱁티스트들이나 성령 중심의 일반적 개혁가들이 흔히 미성숙하다, 감정적으로 '열광주의자'[5]이다, 제도적으로 비현실적이다, 심지어 기괴하다는 비판을 받는 것은 이해할 만하다. 그런 식의 비판은 로마의 수도원장이었던 피오레의 요아킴이 환상—이 환상에 근거해서 그는 매우 극적이고 영향력 있는 결론에 도달했다—을 보았던 1100년대에 부분적으로 뿌리를 둔 인식을 반영한다. 그는 인류의 역대가 삼위일체적 체계에 따라, 성부 시대, 성자 시대, 그리고 성령시대가 단계적으로 전개될 것이라고 결론을 내렸다. 이 마지막 시대에, 하나님께서 당신의 뜻을 파악하는데 방해가 되는 모든 장애물을 제거하고, 자신을 직접 계시할 것이다. 16세기에 이르러, '급진적 종교개혁'은 신자들이 말세, 즉 그 세 번째 시대에 살고 있으며, 그 시대에 가장 중요한 것은 새로운 성령의 부으심이라고 믿는 경향을 보였다.6) 이런 경향은 자연스럽게 교회 전통, 그리고 사제들과 통치집단 간의 유착관계에 대해 강력히 반발하고 심지어 경멸하는 모습을 노출했다.

초기 아나뱁티스트들은 자신들을 성령에 의해 영감 받은 새로운 운동으로 이해했다. 사실, 성령론이 초기 아나뱁티스트들의 핵심이었다고 말하는 것은 결코 지나친 표현이 아니다. 성령의 활동적 사역에 대해 이렇게 강조하는 것은 이 운동이 성서의 권위를 강조하는 것과 성령이 조명하시고, 적절한 이해를 공급하신다는 기대감과 긴밀히 연결되어 있다는 것을 의미한다. 따라서, 아나뱁티스트들이 '성서원리'를 출발점으로 삼았으나, 그들의 관점에서, 신적 권위는 루터의 "오직 성서만으로"보다는 **'성서와 성령 모두'**에 기초할 필요가 있다고 말하는 것이 더 정확할 것이다.7) 성령의 영원히 현존하는 사역은 침례(세례)와 제자도로 이어지는 적절한 성서 해석, 그리고 회심과 신생을 위해 꼭 필요하다. 성령에 대한 이러한 관심은 곧 변화하고 말았다. 아놀드 스나이더C. Arnold Snyder는 그 이유를 이렇게 설명한다.

> 하지만, 아나뱁티스트의 성령론적/성령주의적 측면이 왜 그 운동 내에서 호감을 상실했는가 하는 문제는 결코 이해 못 할 일이 아니다. 즉, 특정한 예언들의 특별한 실패와 묵시적 프로젝트들이 사람들로 하여금 좀 더 신중하게 생각하게 하였다. 그래서 보다 개인주의적이고 영적 성향을 띄는 아나뱁티스트들이, 다른 사람들을 설득하여 자신들의 아나뱁티스트 신앙을 철저히 내적인 것으로 만드는 데 실패하여, 그 운동에서 탈퇴하거나 축출되었다. 16세기가 계속 진행되면서, 살아남은 운동–그 운동 중 신자들의 교회 전통에 전수된 부분–내부의 일반적 경향은 성령론적 표현을 제한하거나 억제하는 것이었다.

즉, 문자가 영보다 우월한 입장을 차지했고, 행동에 대한 외부의 교권적 규범에 대한 순응이 내적 중생의 경험을 압도하게 되었으며, 교회와 세상을 구분하던 가시적 경계선들이 점점 더 정교하게 정의되었다.8)

아나뱁티스트들을 포함하면서 동시에 초월하는 신자들의 교회 전통에 중심적인 것은 '적절한 충성의 문제'이다. 헌신한 그리스도인은 다른 어떤 것보다 하나님의 통치에 복종하는 사람이라는 점에 대해서는 의문의 여지가 없다. 그리스도인의 삶은 그리스도 및 동료 신자들과 계약을 맺은 공동체적 삶이다. 하나님 나라의 시민권은 그것의 공동체적 특성과 함께, 그리스도의 은총과 신자들의 공동체 내에서 훈련된 제자도의 삶을 받아들이기로 자유롭게 선택하는 개인들의 자발적 행위에서 기원한다. 기독교적 삶의 출발점은 오셔서, 확신시키고, 구속하고, 사명과 은사를 주시고, 위로하시는 성령이다. 성령은 공동체 및 세상에서 공동체의 사명을 위해 공동체를 통해 역사하시며 항상 우리 가운데 머물러 계신다. 클락 피녹은 이렇게 요약한다. "그리스도인이 된다는 것은 성부와 성자를 아는 것이며, 성령의 권능을 통해, 십자가와 부활의 길을 따라 걷는 것이다." 한발 더 나아가, 교회는 성령의 관점으로 볼 때 가장 잘 보인다. 교회는 성령의 기름 부음 받은 사건-예수 그리스도-의 연장이다.9) 창조에서 구속 그리고 종말까지의 모든 것이 성령과 함께 시작한다.

신자들의 교회라는 개념 자체가 어떤 강요도 받지 않은 사람이 자신의 의식적 결정에 따라 성령께 복종하는 것에 근거하고 있다. 유아세례 제도가 16세기 대부분의 아나뱁티스트들에 의해 파기된 이유 중 하나는 그 제도가 양심을 억압하고, 교회 생활에 공권력이 부적절하게 침투하는 도구로 사용된다고 생각되었기 때문이다. 즉, 하나님의 은총과 정치적 시민권이 같은 것으로 간주하고, 어린이의 의식적 참여와 별도로 진행되기 때문이다. 예를 들어, 그리스도의 교회와 하나님의 교회앤더슨파 모두 신자들의 교회 개념에 헌신 되어 있다. 그들에게 이 개념은 유아와 어린이는 아직 침례(세례)의 주체로 적합하지 않다는 것을 부분적으로 의미한다. 이유는 무엇일까? 유아와 어린이들은 아직 자신들의 필요에 직면하여, 개인의 신앙고백 및 헌신을 실행할 수 없기 때문이다.10) 하나님은 어떤 강압적 헌신도 원치 않는다. 하나님은 국가적 시민권이나 타인의 신앙 및 행동에 의해 강제적으로 교회에 입회하는 것을 원치 않는다. 그리스도의 충성스런 어린이와 신실한 제자가 된다는 이 즐거운 사역은 성령이 다스리는 헌신한 공동체 내에서 자유롭게 선택되고 진지하게 추구되어야 한다.11) 너무 어린 아이들은 자신들의 신앙을 고백할 수 없고, 신앙공동체의 제자도에 참여할 수 없다.

하나님의 백성을 위한 사명이 하나 있다. 이들은 이 거룩한 사역을 담당하기 위해 부름 받았다. 이 사역은 '만국의 빛'이 되는 것이다. 이 세상에서 생명의 증거가 되는 것이다. 다른 무엇이 있겠는가? 하나님의 나라, 성령의 삶. 진실로 그리스도를 믿는 자들은 하나님께서 통치하시는 영역의 충성 되고 생산적인 시민이 되도록 부름 받았다. 하나님에 대한 복종보다 더 높은 수준의 충성은 없다. 어떤 시민권도 신적 통치의 궁극적 요구들을 대신할 수 없다. 그 모든 것 속에서 하나님의 영이 인도하고, 가능하게 하고, 통치하고, 파견한다.

그러므로 신자들의 교회 유산은 그리스도인의 역사에서 봄철을 불러오는 것이다. 보통 봄철은 해마다 갱신, 청소, 그리고 준비의 때로 이해된다. 자연에는 재생, 신선한 꽃, 잠자던 대지가 녹색으로 가득한 현상이 벌어진다. 가정에서는 봄에 대청소를 한다. 창고에 쌓아두었던 쓰레기들이 제거되고, 겨우내 때가 끼었던 유리창을 청소한다. 야구팀은 봄에 훈련을 한다. 몸의 지방이 떨어져 나가고, 기술들이 연마되고, 다가오는 긴 여름 시즌을 앞두고 팀의 일체감과 사기가 진작된다. 새로운 삶, 정체성의 형성, 신선한 헌신, 그리고 조심스러운 준비 같은 것이 중심 주제다. 얼었던 대지가 부드럽고 풍요로운 땅으로 바뀌고, 섬세한 아름다움이 새롭게 출현하여 감동을 안겨 준다. 죽음의 정적으로 보였던 것이 삶의 활력에 자리를 양보한다.

기독교는 봄철의 신앙이라고 말할 수 있다. 죽음은 생명에 길을 내준다. 넘어진 것들이 다시 일어난다. 예수의 죽음과 그 이후의 새 생명의 부활은 순식간에 토대, 희망, 그리고 완성된 신앙의 모형이 되고, 미래에 대한 새로운 약속이 주어진다. 이어서 오순절에 삶의 핵심이 집중된다.12) 사도행전에 의해 제기된 핵심적인 신학적 문제는 예수 이후의 시대에 이스라엘이 어떤 형태의 삶을 추구해야 하는가와 관련되어 있었다. 부활하신 예수의 승천 이후, 하나님의 구원 사역 및 신앙공동체 내의 계시의 중심 주체였던 성령께서 오셨다.요14:16~17, 25~26 사도들과 다른 사역자들이 부활하신 예수에 대해 증거할 수 있는 권능을 부여받은 것행4:28~31과 하나님의 말씀이 땅끝까지 "확장되는 것"6:7은 바로 성령에 의해 행해진 것이다. 예수의 신앙공동체가 하나님에 대해 적대적인 세상에서 하나님께 충성하는 독특하고, 원기가 왕성하고, 증거하고, 때로는 고난받는 사람들로 출현하게 되는 것도 성령에 의해 가능한 일이다.행2:46~47, 5:40~42, 7:51~59 등등, 13) 죽은 자들로부터의 부활은 춥고 희망 없는 세상에 봄날을 의미했다. 그래서 그리스도 영의 극적인 도래는 거룩한 햇볕과 비를 가져다주었는데, 그것들은 장래의 교회 사명을 위해 꼭 필요한 성장과 권능을 가능케 한다.

발튼 스톤Barton Stone, 1772~1844과 알랙산더 캠벨Alexander Campbell, 1788~1866은 미국에서 환원운동Restoration Movement의 주요한 개척자들이었다. 스톤은 기독교의 일치는 모든 신자가 하나의 공통된 교리를 고백한다고 실현될 수 있는 문제가 아니라고 확신했다. 유일한 참된 희망은 "불의 일치"Fire Unity다. 성령의 불에 의해 견고하고 무정한 마음이 부드러워지며 초자연적 사랑으로 충만해진다. 일치는 하나님의 현존이 사람들을 새로운 피조물로 변화시키고, 그 후에 사람들이 함께 신앙, 사랑, 증거의 새로운 공동체들을 구성할 때 출현한다.14) 그러나 캠벨은 더욱 합리적 성향이 있었고, 자신이 개혁파와 청교도 전통에서 전수받은 환원주의 철학과 이성의 시대에서 전래한 계몽주의적 접근방법을 통합하였다. 그래서 그는 발튼의 성령중심적 성향과 "합리적 관점 모두를 포괄하였는데, 합리적 관점에 따르면, 성서 자체가 일종의 과학적 지침서, 헌법, 혹은 기술적 청사진이 되었다."15) 그래서 이 전통이 본래의 비전에도 불구하고, 자신만의 합리주의와 파편화를 양산하고 있을 때, 로버트 리차드슨Robert Richardson, 1806~1976이 이와 같은 개혁전통reforming tradition을 향해 예언의 목소리가 되었다. 1840년대와 50년대에, 그는 피상적이고 무심한 형식주의가 그 운동을 장악함으로써, 오늘날 성령의 중요한 역할을 부인하게 될까 심히 두려워했다. 종교에서 과도한 감정적 분출은 분명히 부정적이라고 그도 쉽게 인정했다. 하지만, 그는 성령 없는 신앙이 더 심각한 악이라고 계속 주장했다.16) 예수께서 부활하시고 성령께서 오셨다. 이 두 가지 사실이 교회의 역사적 토대이며 현재의 동력이다.

이 부활-오순절 사건 속에 있는 기독교적 정체성과 권능이 바로 봄철 신자들의 교회 전통의 씨앗들이다. 이러한 전통의 가장 중요한 뿌리에 새 생명의 경이, 인간적 기원 혹은 통제를 넘어선 권능, 그리고 겸손히 복종하려는 의지 등이 놓여 있다. 또한, 믿음으로 양육 받고, 자발적으로 그리스도 안에서 공동체적 삶의 일부가 되며, 성령의 은총을 통해 현재 가능한 그리스도의 삶에서 이탈하고 방해하려는 모든 것에 저항하려는 의지가 있다. 따라서 이런 뿌리에 집중하는 것, 즉 이렇게 '성서적'이고, '급진적'인 경향의 영향 아래, 존 하워드 요더는 신자들의 교회 개념이 "이미 완성된 것establishment과 혼돈 사이에 있는, 단지 저울의 어떤 중간점이 아니라, 너무 지나친 전통과 너무 부족한 전통 사이의 중도via media"라고 주장했다.17) 그 논점은 더 근본적이다. 그것은 다가올 하나님의 통치를 이 세상에서 미리 경험하게 될, 성령에 의해 구성된 공동체 안에서 성령께 온전히 충성하는 것과 관련이 있다. 사실, "16세기 이후 개신교 전체에는 지리적 영역들을 구분하는 단층선fault-line이 관통하고 있다. 자유교회들은 단지 변두리도 아니고, 주류 개신교에 대한 교정도 아니다… 그들은 교회사, 신학, 윤리, 그리고 기독교적 삶에 대한 근본적으로 다른 입장을 대표한다."18)

이러한 주장은 하나의 중요하고 필요한 논제를 설정한다. 개념정의가 필요하다. '단층선'은 무엇을 말하는가? '자유교회'는 무엇인가? "근본적으로 다른 입장"이란 무슨 뜻인가? 이 장과 다음 장에서 이 질문에 대한 답들을 제시하려 할 것이다. 기본적인 문제들이 명료해진 다음, 제4장과 5장에서, 어떻게 자유교회 비전이 기독교 신앙의 실체와 기독교적 제자도의 과업을 이해하는데 영향을 끼쳤는지 탐구할 것이다. 마지막 장에선 현재에 주목하면서 어떻게 하나님의 은총의 봄날, 그리고 이 현재의 세상에서 하나님의 통치에 진지하게 헌신하는 일이 교회로 하여금 이 잃어버린 세상에서 예수 그리스도의 복음의 도구로서 자신의 참된 자아를 실현할 수 있도록 도울 수 있는지 질문을 던질 것이다. 전체교회가 21세기의 문을 여는 이 시점에서 자신의 정체성과 사명을 추구할 때, 신자들의 교회 전통에서 배운 교훈이 유용한 지침서가 될 수 있을 것인가? 우리는 그럴 수 있다고 생각한다.

그렇게 교회의 미래를 준비하는 것은 교회의 과거를 진지하게 관찰함으로써 도움을 얻을 수 있다. 예를 들어, 2세기 전 영국에서 하나님의 섭리가 나타난 것으로 보인다. 존 웨슬리는 삶을 변화시키는 기독교의 토대가 붕괴하는 모습을 지켜보았고, 이런 종교적 쇠퇴는 명목상의 그리스도인들이 진정한 기독교real Christianity를 용납하고 마침내 수용하도록 준비시키는 방법의 하나로 간주할 수 있다고 판단했다. 그는 18세기 영국사회가 "어떤 종교에 대해선 무관심을 일으키고", 그 과정에서 "하나님의 은총을 입은 유일한 종교의 부흥을 위해 길을 여는 모습"을 보았다.19) 보다 최근에, 웨슬리 해석가인 하워드 스나이더Howard Snyder는 당대 서구 사회의 세속화 과정에서도 유사한 신적 섭리가 작동하는 모습을 보았다. 또한, 그는 무시당하는 종교의 재ashes에서 신선한 기독교적 신앙, 그리고 하나님의 이름을 붙이기에 진실로 합당한 갱신된 교회의 출현을 고대했다. "현 체제의 붕괴가 혁명적 기독교의 새로운 발흥으로 이어지길" 그는 희망했다.20) 혁명적 기독교는 수 세기 동안 중심적인 것으로 꿈꾸어 왔던 것을 지적한다. 혁명을 꿈꾸는 것은 하나님의 은총, 새로운 창조, 그리고 하나님의 통치에 대한 순종 중 하나다. 결코 기독교 공동체의 안팎에서 어떤 것을 취하거나 강제하는 것이 아니다. 그 길은 평화의 길이며, 이 일에 관련된 사람들은 모두 자발적으로 참여했다.

타협한 자들의 몰락이 새로운 시작을 가능케 한다는, 이처럼 열정적이고 영구적인 희망은 '급진적' 형태의 기독교 신앙, 즉 하나님께서 의도하시고, 또 기꺼이 그렇게 하실 수 있는 인간적·사회적 변형을 가능케 할 수 있는, 유일한 형태의 신앙이 존재할 수 있다고 가정한다. 그 각 세대에, 일부의 영적 탐구자들은 한때 웨슬리에 의해 제기되었고, 또 웨슬리의 시절에는 이미 오랜 역사를 지니고 있었던 신자들의 교회 전통에서 다루어졌던 중요한 질문들을 제기할 준비가 되어 있었다. 이 질문들은 다음과 같다. 그리스도의 복음에 대한 온전한 기대 속에 산다는 것은 무슨 뜻인가? 부활의 권능과 성령의 현재 사역은 어떠한가? 거룩하신 그리스도의 의미와 종 같은 그의 삶의 방식을 진지하게 취급하는 사람들을 전혀 이해하지 못하고, 신경도 쓰지 않고, 심지어 견디지도 못하는 타락한 세상에서, 교회는 어떻게 살아야 하는가? 교회 자체의 타락상에 대해 어떻게 생각해야 하는가? 자신들의 가장 고귀한 의도에도, 빈번히 인간적인 동기들과 대단히 인간적인 방법들이 자신들의 삶을 지배하도록 허용하는 교회 구조 안에서, 하나님은 어떻게 사시고, 또 그 구조를 통해서 어떻게 역사 하시는가? 대담하게 예언적 삶을 사는 것의 대가는 무엇이며, 누가 그 대가를 낼 준비가 되어 있는가?

그 탐구는 바로 하나님의 영과 하나님의 교회의 교리를 발견하고 삶으로 실천하려는 것이다. 참된 기독교적 삶은 신자와 하나님 사이의 생동감 있고 발전하는 관계를 요구한다. 또한 그것은 신자와 다른 신자들 간의 책임 있는 관계를 요구한다. 신자들의 교회 전통의 두 역사가가 그들의 교단역사서 제목에서 이러한 핵심적 특징을 포착했다. 그리스도의 형제단the Brethren in Christ의 칼튼 위트링거Carlton O. Wittlinger는 『경건과 복종에 대한 탐구』Quest for Piety and Obedience라는 제목을 사용했지만, 하나님의 교회앤더슨파의 존 스미스John W. V. Smith는 『성결과 일치의 탐구』Quest for Holiness and Unity란 제목을 선택한다.

위트링거는 '경건'이란 말을 "예수 그리스도를 통한 하나님과의 인격적이고 진심 어린 관계"란 뜻으로 사용하고 있다. 그리고 '복종'은 "신실한 제자의 삶을 통해 중생이라는 내적 경험을 외적으로 표현하는 것"이라고 주장한다.[21] 스미스가 말한 바로는, 이것들은 그 운동의 개척자들에 의해 그 교회의 결정적인 두 특징으로 판명된 것, 즉 그리스도가 의도하셨던 종류의 교회를 세울 때, "서로 풀리지 않도록 단단히 묶어야 하는 두 특징으로 판명된 것이다"[22] 성령 안에서 새로 깨어 있다는 것은 분명히 교회 안에서 봄철을 맞이하는 것이다. 신앙의 일치 속에서 다른 신자들에 대해 책임있는 삶을 사는 것은 신생 new birth을 이 세상에서 효과적인 사역으로 전환하는 것이다.

중생과 급진적 제자도

기독교 신앙은 그리스도 안에서 진리를 아는 것일 뿐 아니라, 그 진리에 의해 **변화되는** 것이다. 그것은 개별 신자들과 그 신자들의 공동체, 즉 교회의 인식 및 변화 모두를 포함한다. 노만 크라우스Norman Craus에 의하면,

> 약속이 현실이 되었다. 그것이 신약의 핵심 메시지다… "하나님이 거기에 계시다"란 사실을 드러내고자 정확한 철학적 공식이 발견된 것은 아니다. 남자와 여자를 율법주의의 독재로부터 해방하기 위해 아가페 사랑이란 새로운 윤리적 원칙을 준 것도 아니다. 복음은 바로 이것이다. 즉, 구원을 위해 약속된 '하나님의 권능' 롬1:16이 볼 수 있는 눈과 들을 수 있는 귀를 가진 모든 사람을 위해 현실이 된 것이다.[23]

4세기에 시작된 콘스탄틴주의Constantianism가 기형적 포용성으로 교회를 왜곡시켰다면, 18세기에 시작된 계몽주의는 그 부담에 무감

각한 합리주의를 첨가했다. 1980년대 이후, 계몽주의 정신의 부정적 측면에 대한 거부감이 점증해 왔다.24) 이 거부감이 신자들의 교회 전통의 오래된 통찰력에 대해 진지하게 고민하는 길을 새로 열고 있다

급진적 제자도가 그 핵심이다.25) 루터주의가 인간의 죄라는 추한 얼굴에도, 자비로우신 하나님에 대한 탐구에 일차적으로 집중하는 전통(우리 인간이 어떻게 구원받을 수 있을까?)이라면, 아나뱁티즘은 "참회와 중생의 경험 이후, 주님과의 의로운 동행이라는 사상을 중심으로 발전했다(그렇다면 우리 인간들은 어떻게 살아야 하는가?)."26) 메노 시몬스Meno Simons는 그리스도 안에서 새로 태어나는 경험이 죄를 용서받는 개인적 경험 그 이상이라고 끈질기게 주장했다. **신생과 새로 태어난 그리스도인의 삶** 사이에는 연결고리가 꼭 필요하다. 기독교 신앙이 참된 것으로 인정받길 원한다면, 제자도는 구속의 은총이란 선물의 가시적 증거를 제공해야 한다. 메노는 공동체적 차원을 내포하지 않는 어떤 종류의 은총의 복음도 설교하지 않았으며, 또 그 은총의 헌신적 책임을 포함하지 않는 복음도 설교하지 않았다.27) 다른 방식으로 말한다면, 교회의 참된 개혁은 반드시 성결에 대한 탐구와 성결의 열매를 포함해야 한다.

참된 기독교 신앙은 단지 교회 회원들이 믿는 바가 아니다. 물론 그것은 대단히 중요하지만 말이다.제4장 참조 또한 '세상'에 대립하여 헌신한 신앙공동체로서, **누가 신자들이며, 그들은 어떻게 살아야 하는가**도 중요하다. 하워드 스나이더가 18세기 영국과 미국의 갱신운동에 대한 연구에서 다음의 내용을 강조할 때, 존 웨슬리의 사상을 각색한 것이다. 즉, "사람들은 스스로 복음을 실천하게 하는 도덕적 변화가 없다면, 결코 복음을 **믿지** 않는다. 신앙은 믿을 뿐 아니라, **행동한다**. 두 가지 의미 모두를 포함한다."28) 오순절 날 성령 하나님의 근

본적 사역은 성령의 새로운 공동체를 구성한 것이다. 이 공동체, 즉 교회가 신실할 때, 성령처럼 행동하고, 그 후에 스스로 '성육신 드라마'의 일부가 된다.29)

이런 효과적 은총의 필연적 가시성은 제자들 개인과 교회의 통전적 삶 자체와의 관계 속에서 신자들의 교회 전통이 지속적으로 주장해 온 것이다. 예를 들어, 1939년에 교회사가인 찰스 브라운Charles Brown이 『분열을 넘어선 교회』The Church Beyond Division를 저술했는데, 이 책은 성령이 의도한대로 연합되고 가시적인 그리스도 백성의 성서에 따른 모습을 설명한 것이다. 이 책은 찰스 네일러Charles Naylor와 앤드류 바이어스Andrew Byers가 그 이전에 하나님의 교회앤더슨파의 널리 사랑받는 찬송가 중 하나에서 시적이고 음악적으로 묘사했던 교회의 비전을 산문으로 표현한 것이다.

    하나님의 교회는 한 몸이며,
    그 안에 한 영이 거하신다오.
    그래서 모든 회원이 구원받고,
    죄에 승리한다오.

    오 하나님의 교회! 나는 당신의 전당을 사랑하오.
    당신의 자유인의 어머니.
    당신은 모든 구원받은 자의 복된 가정.
    나는 당신 안에서 만족하며 산다오.30)

신자들은 은혜 충만한 신약의 이상주의에 적합하며, 세상이 믿을 수 있도록 돕는, 하나의 가시적 표현이 되는 방식으로 교회를 바라보는 비전이 영감처럼 필요하다. 정의상, 교회의 모든 회원은 '자유인의 어머니'로 역할을 하는 거룩한 전당에서 '구원받고', '만족하며 산다'. '죄에 승리' 하는 것은 성결에 헌신하는 것, 즉 교회와 세상에서 하나님의 백성이 성령을 통해 하나님을 닮아가는 것을 의미한다.

메노 시몬스에 따르면, "참된 복음주의적 신앙은 오직 교리, 예전, 명령, 금지, 그리고 그리스도의 완벽한 모범을 바라보고 고민하며, 자신의 모든 힘을 다해 그것에 일치하려고 노력한다."31) 따라서 신자들의 교회 전통은 로마 가톨릭주의에 대한 일반 개신교의 관점, 즉 본질적으로 제도적인 것과 날카롭게 구별되며, 본질적으로 명제적인 모든 개신교적 스콜라주의와도 다른 삶, 즉 구조적 사고를 능가하고, 합리적이며 교조적인 한계를 초월하며, 세상과 대립함으로써 세상에 대해 증언할 수 있는, 그리스도에게 집중된 삶이다. 클락 피녹이 그 핵심적 진리를 잘 서술하였다.

> …교회의 효용성은 인간의 능력이나 프로그램이 아닌, 역사하시는 하나님의 권능에서 기인한다. 교회는 여름날 하늘에서 쉬지 않고 또 힘들지 않게 맴을 돌며 미끄러지듯 날아가는 솔개처럼, 성령의 바람을 탄다. 교회는 세상으로 달려가고자, 잠시 멈추어서 하늘의 권능을 기다린다…교회의 주된 존재 이유는 성령세례의 모든 내포한 뜻들을 실현하는 것이다.32)

성전을 청소하라

1967년 제1회 하나님의 교회 대회에 의하면, 신자들의 교회 전통의 핵심적 요소 중 하나는 "교회의 영구적 복원의 필요성에 대한 인식"이다. 지상의 교회가 하나님의 성소로 이해된다면, 그 성소는(예수 자신이 예루살렘에서 그러셨던 것처럼) 이따금 청소할 필요가 있다. 이런 필요를 인식하고, 그런 활동의 대가가 아무리 비싸더라도 그런 절박한 개혁에 기꺼이 참여하려는 것이 이 전통의 특징이다.

그리스도 안에서 새롭게 태어난 것은 급진적인 제자도로 이어져야 하는데, 이렇게 새로 태어난 것은 신자들의 교회 전통에서 기독교적 삶의 중심이요, 교회의 본질과 사명을 적절히 이해하려면 꼭 필요하다. 신자들은 거룩해야 하며, 그런 신자들로 구성된 교회들도 거룩해야 한다. 모든 교회가 주변의 기성체제들과 종교적인 혹은 세속적인 타협을 하고 있지만, 이 신자들의 교회 전통은 기독교에 대해 독특하고 매력적인 견해를 대표한다. 16세기 유럽의 정황은 이러했다.

> 루터와 칼뱅 같은 다른 개혁자들은…가시적 교회를 사람들이 조화롭게 살고 예배하는 지역 공동체와 공존하는 것으로 이해했다. 그러나 아나뱁티스트들은 전체 공동체에 관심을 집중한 것이 아니라, 자신들이 국가와 완전히 분리되어 있다고 생각했던 자발적 회원들로 구성된 지역 교회에 집중했다. 그들에게 있어서, 하나의 참된 교회는 오직 참된 신자들로 구성되며, 그들의 지위는 행위와 신앙에 대한 시험을 통해 획득될 수 있었다. 교회 회원자격 기준에 미달하는 사람들은 축출되거나 추방되었다.33)

전형적으로, 오직 헌신한 신자들로 구성된 교회/회중(신자들의 교회)은 제도화된 기성 교회들이 세상과 심각할 정도로 타협했다고 생각했다. 살아계신 그리스도보다 자신들의 전통과 권력구조에 더 종속되어 있다고 생각한 것이다. 이런 부정적 판단 때문에 흔히 종교개혁 과정에서 격리주의적이며 환원주의적인 경향을 노출하게 되었다. 적절한 교회 개혁은 하나님의 성소를 다시 한번 거룩한 곳으로 만들어야 한다고 주장하면서 말이다. 성서적으로 말한다면, 성소는 거룩한 곳이며, 하나님의 목적을 위해 분리된 장소다. 하나님의 본래 목적은 정결하고 거룩한 백성, 즉 세상의 빛과 성소로 봉사하는 백성을 소유하는 것이었다. 그래서, 인류가 타락하여 죄를 범한 이후, 하나님께서 이스라엘을 선택하셨고, 이 민족이 하나님의 목적을 향해, 그리고 그 목적을 위해 분리된 독특한 민족이 되도록 의도하셨다.34)

그러나 신앙과 실천의 실패를 고려할 때, 새로운 계약적 성소가 존재하게 되었다. 이제 하나님의 교회는 지정된 성소다(혹은 성소이어야 한다). 이 교회는 유대인의 성막과 성전에 의해 예견되었는데, 예수 그리스도의 위격, 구원, 그리고 교회에 대한 진리의 그림자였다. 이제 하나님은 이 새로운 영적 집(성소로서의 교회)에 거하고 싶어 하신다. 그 몸을 조직하고 조절하며, 평화와 일치 속에 보존하고, 세상에서 구원의 사역을 감당할 때 효과적으로 작용할 수 있도록 재능을 부여하면서 말이다. 하지만, 교회도 자신의 믿음과 실천에서 자주 실패해 왔다. 그래서 "모든 죄와 불의, 신조, 전통, 그리고 분파주의의 발명품 같은 쓰레기로부터 정결케 함으로써, '자신의 초기 영광'을 회복하도록 요구했다. 특별히 이 쓰레기는 과거 암흑시대들이 교회에 쏟아 부었던 것이며, 백성이 자신들과 동일시하도록 맹목적으로 받아 온 교육이다."35)

신자들의 교회 전통에서 일반적으로 생각하듯이, 교회의 타락에서 기인한 '암흑시대들'은 로마의 황제 콘스탄틴으로 상징되며, 교회가 국민-국가의 포로가 된 것에서 정점에 달한다. 그런 추락의 더 부정적 측면 중 하나는 교회가 로마제국의 사회질서와 대립하길 멈추고, 오히려 시간이 지나면서 그 질서에 점점 더 적응해 갔다는 것이고, 심지어 그것을 통해 성공하고, 그것을 반영하여 자신을 조직하는 데 집중했다는 것이다. 헌신한 신자들이 자발적으로 모인 가시적 공동체로서 교회의 개념이 '모든 사람이 교회' 라는 공적으로 인증받은 견해에 굴복하고 말았다. 침례(세례)받은 모든 사람이 신자라고 이해되었으며, 침례(세례)와 정치적 시민권의 의미가 뒤섞여 버렸다. 교회의 박해는 가라앉았다. 하지만, 중요한 사실은 전혀 다른 두 실재, 즉 교회와 비교회가 비정상적으로 혼합된 것이다. 교회가 길들이면서, 세상이 '침례(세례)'를 받았다. 그 이후의 세월 동안, 교회는 자신을 대체로 사람들이 아닌 성직자들의 무리로 간주하게 되었다. 성직자들에 의해 통제되는 교회의 예전은 민첩하게 국가의 가치들과 심지어 정책들을 섬기는 일로 변질되었다.36)

16세기에 교회를 신약의 기준에 따라 훈련받은 신자들의 자발적 공동체로 생각하게 된 것은 바로 아나뱁티스트들이었다. 그들은 교회가 주변의 세속적, 심지어 교회의 전통과 권세와 별도로 자유롭게 역할을 하는 것으로 생각했다. 그들은 '타락' 이전, 즉 "고위성직자들의 교만, 직업적 신학자들의 오만, 그리고 세속의 통치자들의 야망이 교회의 특권을 외적으로 더욱 과시하게 하고, 교회의 내적 힘을 약화시키기 전"처럼, 참된 교회를 회복하려고 몸부림쳤다.37) 환원주의 restorationism는 초기 아나뱁티스트들 사이에서, 그리고 그 이후에는 다른 다양한 신자들의 교회 전통 안에서 공통된 목표였다. 예를 들어, 스티븐 랜드Steven Land는 오순절 영성을 일종의 '묵시적 비전'으로 설명하는데, 이것은 말세에 사도적 교회의 신앙과 권세의 회복을 포함한다.38)

이처럼 교회에 대한 급진적으로 '은사주의적' 이고 환원주의적인 견해는 교회의 이상주의 속에서 고상하고 때로는 필요한 훈련으로 간주할 수도 있다. 그러나 분명한 것은, 그런 이상주의에 깊이 관여한 사람들은 너무나 자주, 하워드 스나이더가 언급한 것처럼, "제도적이고 사회학적인 실재들에 대해서 순진하고, 그들 자신의 운동이 지닌 제도적 차원들에 대해 무지해진다. 현재의 경험에 대한 그들의 관심 속에서, 그들은 기괴한 묵시적, 세대즈의적, 혹은 천년왕국적 견해의 먹이로 전락할 수도 있다. 그러한 견해는 모두 성서적이지 않고 실재적이지도 않으며, 극단적 희망, 요구, 혹은 행동으로 경도될 수도 있다."39) 스나이더는 존 웨슬리가 감리교회를 더 커다란 교회(성공회와 그 외의 교회들) 내에서 참된 기독교의 한 운동, 즉 그 자신의 제도적 정체성을 유지하면서, 의도적으로 보편적 교회 내에서 보편적 교회를 위해 기능을 하는 일종의 '복음주의적 단체'로 간주했기 때문에, 제도적인 것과 은사주의적인 것의 적절한 통합을 제공한다고 주장한다.40) 신자들의 교회 주창자들에게, 그런 통합은 이상理想의 실천적 성숙이나 미묘한 일탈, 즉 근본적 타협으로 회귀하는 첫걸음으로 간주될 수 있다. 최소한, 성령의 현존 및 변혁 능력의 결정적 중요성과 더불어 시작하는 것이 중요하며, 이상적 비전이 쉽게 왜곡될 수 있다는 사실을 인식하는 것도 중요하다.

미국에서 19세기에 발생한 스톤–캠벨운동Stone-Campbell movement 은 타협으로 점철된 교회의 과거에 대한 깊은 반성에서 기원했다. 대체로 그런 과거가 혼란, 타협, 분파적 갈등, 그리고 생명력을 상실한 전통주의의 역겨운 모습으로 비추었기 때문에, 이런 과거를 일소하고, 포기하고, 초대교회의 순수한 흐름으로 다시 돌아가겠다는 결단이 바로 갱신의 목표가 되었다. 이런 목표들을 추구하는 방법은 상대적으로 전통에서 자유로운 환경 속에서 초대교회의 완전에 참여하려고 노력하는 것이었다. 유일한 희망은 하나님의 신선하고 자유로운 운동에 참여하는 것이다. 하지만, 오늘날 스톤–캠벨운동의 한 축을 대표하는 레너드 알렌C. Leonard Allen, 제자들의 교회에 따르면, 그런 회복의 과정에는 항상 "희열과 상처의 미망illusion"이 동시에 출현한다. 그 개혁자의 "역사의식 부재 때문에, 우리 지도자들을 비현실적 인물들, 종교적 천재들, 혹은 영원한 진리와 유한한 육체를 혼합하지 않은 사람들로 만들어 버렸다. 그래서 우리는 흔히 일군의 무지와 비 진리 속에서 순결한 진리만을 추출하여 낭만적 역사서를 만들었다. 이것은 대단히 흥미로운 이야기였으나, 사실 서사시와 전설로 가득 차 있다." 41)

하지만, 더욱 커다란 신자들의 교회 전통에는 비역사성 이상의 것들이 존재해 왔다. 이 전통은 그리스도 신앙 공동체의 참되고 가시적인 표현의 중요성을 강조하는데, 여기에는 독특한 역사관이 포함되어 있다. 전형적으로, 이 전통은 제도권 교회에 대한 급진적 비판을 지속적으로 전개해 왔고, 공동체, 순종, 훈련, 상호보조, 그리고 그리스도의 사역에 참여란 면에서 일상의 삶과 실천의 통전적 결합을 열렬히 주장했다. 이 전통은 성령의 현존과 현재적 활동에 대한 전제로부터 시작하며, 주변의 교회 혹은 교회적이지 않은 문화와 타협함으로써 이 사역의 품위를 떨어뜨리는 행동에 대해서는 절대로 용납하지 않는다. 그것은 독특한 성서적, 신학적, 역사적 접근을 특징으로 하는 새로운 갱신운동의 모델을 제시한다. 이 전통의 접근 이러했다.

> 이 전통이 신약성서의 가르침과 신앙공동체를 교회의 존재에 대한 규범적 모델로 이해한다는 점에서 성서적이다. 또한, 이 전통이 콘스탄틴주의를 교회의 타락으로 간주하고, 신약의 모형으로 복귀하라고 요구하면서 교회사를 이런 모델의 관점에서 해석하기 때문에, 신학적이며 역사적이다.42)

의로운 갱신운동의 지도자들은 이 운동을 심각하게 왜곡된 교회의 역사 앞에서 하나님의 성소를 청소하는 도구로 이해하였다. 이 상황에서 직면하는 역설은 종교개혁적 혹은 환원주의적 정신은 전통에 반대하는 수사학과 그 자신도 인식하지 못하는 망상, 즉 자신은 급속히 진화하는 자신만의 전통이 없다는 생각 속에서 자신의 강력한 전통(최소한 처음에는 비교적 덜 제도화되었다)을 발전시키는 것이다. 갱신운동의 주체들이 자신들의 소명을 잘 감당하려면, 항상 자신들의 고유한 역할과 업적들에 대해 겸손해야 한다.43) 그렇게 할지라도, 급진적 소명은 그대로 남아 있다.

한 신자가 자신의 삶과 교회에서 하나님의 온전한 통치에 진심으로 헌신하고자 한다면, 진지한 반응이 요구된다. 구원은 성례전적 형식보다 관계적 용어들 속에서 가장 잘 해석된다고 생각한다. 부활하신 그리스도와 신앙적 일치, 즉 부활 속에서 행하는 것에 강조점이 주어진다.44) 교회에서 왕, 입법부, 교단구조, 공적 예전, 그리고 어떤 종류의 인간적 '주인들'에 대해 승리하길 원하시는 그리스도의 영으로부터 그 소명은 기원한다. 그리스도의 교회는 그리스도의 영의 현존과 권능을 통해, 독특한 문화, 삶의 방식, 그리고 그리스도의 공동체가 되어야 한다.45) 하나님의 통치에 대한 비전 외에 그 어떤 '정치적' 비전이 있어선 안 된다. 신자의 시민권 문제는 신자와 세상 모두에게 분명해야 한다. 예수 그리스도, 오직 그분만이 주님이다

온전함에 대해 생각하며

예수는 자신을 따르고자 하는 모든 이들에게 현재 임한-그러나 또한 도래하는-하나님의 통치에 순종하는 삶을 살도록 요구한다. 우리는 하나님의 나라가 임하도록, 즉 하나님의 뜻이 하늘에서 이루어지는 것처럼,마6:10 이 땅에서 이루어지도록 계속 기도해야 한다. 우리는 하나님 나라의 도래를 위해 기도해야 하며, 이미 현존하는 예수 그리스도의 영의 권능을 통해, 도래하는 그 나라의 삶을 실제로 삶으로써,

그 나라의 도래를 준비해야 한다. 하나님의 통치에 민감하려면, 그리스도의 자녀와 사역자가 될 우리가 하나님 나라의 첫 열매를 성령을 통해 **지금** 경험해야 한다. "다가오는 시대의 권세들"히6:5에 은혜로 참여함으로써, 책임 있는 신앙공동체 내에서 살 수 있을 것이다. 이런 삶을 통해, 신자들은 아직 완전하지 않지만, 신적 통치의 실재를 현재에 맛보고 또한 반영하게 된다.

그러는 동안 삶은 변화되고, 성소들은 청결하게 청소되며, 고난과 위험은 기꺼이 감당하게 된다. 신자들은 기성교회들의 타협된 입장들로부터 철저히 분리되어야 한다. 이 교회들은 예수에 의해 시작되었고, 현재 하나님의 영에 의해 그리고 신실한 교회를 통해 계속 수행되고 있는 성육신의 드라마와 관계를 맺고 있을 뿐만 아니라, 세상의 가치 및 구조에도 깊이 물들어 있다. 기성교회들 내에서 자주 발견되는 타협적 환경들로부터 분리하는 것이 제도교회 자체의 필요성과 적법성을 부정해야 하는가 하는 문제는 대단히 중요하고 지금도 지속하는 질문이다.46) 그러나 하나님이 뜻하는 교회는 다름 아닌 성령에 의해 탄생한 교회, 즉 성령에 의해 설립되고, 채워지고, 은사를 부여받고, 보냄 받은 교회라고 하는 기본적 사실은 신자들의 교회에 의심의 여지가 없다. 신자가 여기에서 시작하여 여기에 머물지 않는다면, 그 신자는 설령 다른 것들이 옳을지라도 현재 잘못하는 것이다.

신자들의 교회가 물려받은 전통의 생명력은 살아계신 그리스도와 지속적 만남에 있다. "신자들의 교회"가 존재하게 된 것은 죽은 나뭇가지들을 살아있는 포도나무에 접붙였기 때문이다. 하지만, 신자들의 교회는 이제 존경받는 늙은 나무가 되었다. 뿌리는 깊지만, 일부 잎사귀들은 시들었다. 오늘날 이 전통 내에서 발생하는 도전은 생명과 회중이 성령에 의해, 그리고 성령 안에서 사는 것을 방해하는 모든 것을 지혜롭고 신중하게, 그리고 인내하며 잘라내는 것이다. 거룩한 생명의 원천인 성령과 함께 시작하는 것이 중요하다. 그리고 신자들의 교회 전통에 존재와 존재의 의미를 부여했던 그 비전을 기억하는 것이 중요하다. 제3장의 목적이 바로 이 비전을 회복하고 탐구하는 것이다.

3장. 비전 바라보기

3
비전 바라보기

요한복음의 기록처럼, 우리에게 경영의 언어 대신 우정의 언어, 참여의 언어가 있다. 통제적 우정에 반대되는 것으로서, 십자가와 변혁적인subversive 우정은 속이기보다는 경청하고, 기계적이기보다는 유기적이며, 합리적이기보다는 관계적이며, 계산적이기보다는 얼마든지 수정할 수 있다… 이런 관점에서, 우정을 위해 교회가 감당해야 할 즉각적이고 확장된 사명은 복음을 선포하고 구체화하여 우정에 대한 대안적 언어, 대립적 문화를 교육하고 개발하는 해방적 사명이다…[1]

종교개혁자들의 "오직 성서만으로"Sola Scriptura를 인정하지만, 그들의 강조점은 "오직 그리스도만으로"Sola Christus였다고 말할 수 있다. 왜냐하면, 그리스도로서 예수가 신앙의 중심이기 때문이다. 아나뱁티스트들에게, 그리스도적 삶은 그리스도의 자유 속에서 행하는 제자의 삶을 의미했다. 이것은 그리스도와 완전히 일치된 삶을 살고, 성령 안에서 온전히 행하는 것이다…그래서 그들에게 성결한 삶은 제자도, 즉 그리스도의 왕국을 열정적으로 추구하며, 그리스도에게 순종하고 세상과 분리된 삶을 사는 것을 의미했다.[2]

개혁운동을 추진하던 중 특별히 위험한 때는 그 운동에 영감을 불어 넣은 비전을 본 적이 없는 지도자들에 의해 수행될 때이다. 의문의 여지 없이, 이전 세대 신자들의 교회 전통은 무언가 중요한 것을 보았다. 그러므로 우리가 모두 그것을 다시 바라보는 것은 충분한 가치가 있다. 롤란드 베인턴Roland Bainton은 아나뱁티스트들의 가치가 "그들이 역사에 이바지한 관점에서 판단되어선 안 된다고 하는, 의미 있는 지적을 한 바 있다. 그들은 역사 속에 무슨 일이 일어날 수 있는지와 상관없이, 영원의 관점에 근거해 있었다."3) 무슨 일이 벌어지든, 위험을 무릎 쓸 가치가 있었던 입장은 무엇이었을까? 이 장의 목적은 이 '급진적' 개혁자들을 사로잡고 그들에게 동기를 부여했으며, 대가와 상관없이 추구할 특별한 길을 제시했던 비전을 확인하는 것이다.

21세기가 시작되는 시점에서, 이런 비전을 추구하는 우리 주변에 독특한 상황이 전개되고 있다. 위에서 인용한, 요한복음의 우정에 관한 로드니 클랩Rodney Clapp의 발언은 그것이 "후기 기독교 사회"post-Christian society에서 당장 실천되어야 한다는 것을 전제하고 있다. 그런데 너무 광범위하고, 문제 해결의 가능성이 너무 빈약하다는 것이 문제다. 또한, 현재 북미의 교회가 사회의 광포한 물질주의와 상업주의로 무절제하게 형성되고 있다는 것도 문제다. 언젠가 월터 부루그만 Walter Bruggemann이 언급했듯이, "기독교적 의식이 잘못된 감각영역과 우상숭배적 언어와 수사학 체제에 지배되고 있다." 부루그만에 따르면, 가능성은 "기독교적 예언자 됨"the Christian prophet being에 근거한 "예언적 상상력"과 목회에 달렸다. 그 예언자는 문화의 자식이 아닌 신앙전통의 자식으로서, 전통의 기억, 언어, 감각에 의해 형성되며, 신앙과 신앙의 문화적 포로생활 사이의 불일치를 용감하게 드러낼 수 있다. 예언적 목회의 핵심적 사명은 "우리를 둘러싼 지배문화의 의식과 감각에 대한 대안 의식과 감각을 양육하고 양분을 공급하며 일깨우는 것이다."4)

교회사 전체를 관통하는 하나의 예언적 흐름이 있다. 그것은 다른 지배적 종교문화의 일시적 과시 행위에 대한 강력한 대안이었다. 이 흐름의 결정적인 반문화적 동력의 핵심은 기독교 신앙의 본질과 내포한 뜻에 대한 과감한 비전이었다. 이 비전은 자신의 독특성과 중요성을 확신하면서, 신실한 신자들이 예수 그리스도에 대한 믿음을 이 세상 한복판에서 최대한 실천하며 살겠다고 다짐하도록 자극한다. 이 비전이 무엇이든, 그것은 세상의 단순한 확장이 아니다.

기독교인들에게 그런 문제가 예전에 극적으로 발생했다. 예수는 로마제국의 권위가 제국의 동부지역에서 위협받을 가능성 때문에 십자가에서 처형되었다. 그의 첫 세대 제자들은 주류사회의 주변부에서 살아가는 이상한 사람들의 작은 무리처럼 보였다. 그러나 서기 4세기에, 로마황제인 콘스탄틴이 로마와 기독교를 결합시키는 데 이바지했다. 이것은 기독교인들을 주류 로마사회의 직물 속에 핵심적 실이 되게 만든, 매우 부자연스러운 결합이었다. 이제 기독교는 국가종교가 되었다. 이제 교회와 국가는 뒤섞이기 시작했고, 불가피하게 교회는 자신의 독립적이고 독특한 본성 일부분을 타협할 수밖에 없었.

신자들의 교회 전통은 그처럼 교회가 자신의 독특성을 상실한 것에 대한 반작용으로, 하나의 예언적 목소리, 심지어 반항적 신앙공동체로 출현했다. 이 전통은 자신의 판단에 신약적인 교회를 되찾고자 노력한다. 이 교회는 세상이 용납하고 심지어 지원하는 타협적 종교공동체에 대한 대안으로 하나님께서 의도하신 교회다. 단지 세상이 용납할만한 이타주의의 한 형태가 아닌, 하나님의 교회로서 신자들의 교회 전통은 본질적으로 반 문화적 성향을 보인다. 예수의 교회는 하나의 새로운 시작으로 간주한다. 이 교회는 항상 자신을 포위하여 통제하려는 인간적·사회적 구조들 속에서 하나님에 의해 구성된 자신만의 사회다. 이 전통이 꿈꾸는 것은 단지 사물의 표면에 주름살 몇 개를 새로 만드는 것이 아니라, 완전히 새로운 사회를 건설하는 것이다. 이 사회는 하나님의 통치에 완전히 순종하는 사람들로 구성된다.

교회사에서 이런 신자들의 교회 비전을 발견하는 작업은 교회를 위한 다음의 질문에 응답하는 신자들을 발견함으로써 실행될 수 있다. 즉, 일차적으로 하나님께선 이 세상에서 기존의 사회적·정치적 권세들을 통해 일하길 원하시는가? 아니면 하나님의 창조물인 교회라는 거룩한 사회를 통해 일하길 원하시는가? 이 질문은 두 공동체 사이의 중요한 차이에 초점을 맞춘다. 일차적으로 인간사회의 구조 내에서 혹은 그것을 통해 기능을 하는 갱신세력으로 이해되는 기독교인들의 신앙공동체와 그 자체가 인간사회에 대한 급진적 대안이자 세상 한복판에서 독특한 자아가 되는, 성령 하나님의 교회에 의해 일차적으로 가능해진 이 세상에 대한 갱신의 원천으로서의 새로운 사회 사이의 차이 말이다.

> 사회 내부의 갱신운동으로서 기독교(이것은 서서히 그 사회를 하나님의 나라로 변형시킨다)와 교회는 존재하는 사회의 대안, (하나님의 사회에 참여하기 위해, 최소한 상징적으로라도 개인들에게 기존 사회를 떠나도록 요청하는) 하나님 나라의 전초기지를 구성한다는 생각 사이의 차이다.5)

그렇다면, 신자들의 교회는 신자들이 의식적으로 헌신한 결정에 기초한 전통이다. 이렇게 '급진적인' 방식과 연루된 기독교인들은 필연적으로 이 세상에 존재하는 그리스도의 새로운 피조물, 즉 교회에 참여하고 소속되길 선택한다. 그런 선택을 하는 것은 그렇게 선택하는 사람이 책임 있는 선택을 할 수 있는 나이가 되어야 하며(그러므로 유아침례(세례)는 용납될 수 없다), 그리스도 영의 변혁적 현존 속에서 믿음으로 새 피조물이 되어야 한다(그러므로 오직 진실로 회개한 자들만 가능하다). 이런 식으로 믿음과 교회를 이해하는 것은 매우 급진적이다. 부분적으로 그것은 교회가 공적으로 '기독교적'이라고 명명된 특정 지역이나 국가의 모든 사람을 포함하는 종교제도라고 하는, 부패한 '기독교 왕국' 주장을 거부하기 때문이다. 역으로, 그리스도인이 된다는 것은 그리스도 안에서 새 생명을 허락하시는 하나님의 은총을 선택하고, 그리스도의 새로운 신앙공동체 안에서 회원의 특권에 자발적으로 복종하는 것이다. 기독교인이 된다는 것은 자신의 의지와 상관없이 출생지역이나 어떤 정치적 이유에 의해 신앙전통에 소속되는 것이 아니다. 오히려, 신자는 하나님의 은총과 개인적 선택에 의해 그렇게 되는 것이다. 하나님 나라의 시민이 된다는 것은 믿음으로 시민의 지위를 받아들이는 것이다. 어느 특정한 때와 장소에서 우세한 정치 및 공식적 교회구조들과는 상관없이 말이다. 거듭나고 자발적인 회원들로 구성된 교회는 자유롭다. 세상에서 그리스도처럼 되고자 그리스도 안에서 자유를 얻는다.

루터의 '비현실적' 모델

예수 안에서, 그리고 예수를 위한 자유의 모델은 16세기 유럽에서 거의 같은 때에 여러 나라에서 수많은 그리스도 공동체에 의해 개척되었다. 물론, 그것은 유명한 개신교 종교개혁자들인 마틴 루터와 존 캘빈의 시대였다. 분명히 그들의 개혁은 새로운 시작이었지만, 장차 '아나뱁티스트'로 불리게 된 자유공동체만큼 몇 가지 면에선 급진적이지 못했다. 19세기 한 예를 살펴본다면, 훨씬 덜 인지되지만 훨씬 더 극적이었던 아나뱁티스트 개혁과의 관계 속에서 16세기 루터의 입장이 훨씬 더 명확하게 드러날 것이다.

다니엘 워너Daniel Warner는 1870년대 후반 미국성결운동 내부에서 출현한 예언적 목소리였다. 그는 교회 내의 심각한 분열에 반대하여 울부짖었으며, 분열은 교회의 선교활동에 해를 끼칠 뿐만 아니라, 신자들이 성결을 체험하는 것이 그리스도인들 안에서 죄를 범하고 분열적인 영혼들을 위한 치료책이라고 주장했다. 이런 체험은 개별 신자들을 진정으로 그리스도를 닮은 사람들로 변화시켰고, 마음을 하나로 묶고, 사랑의 연합을 가능케 하며, 그 결과 교회가 세상에서 증인의 삶을 능력 있게 살도록 하여 교회에 영향을 끼쳤다. 한 사회학자의 구분을 사용한다면, 워너는 개혁자라기보다는 예언자였다. 개혁자는 "문제를 작은 조각으로 자르고 그것을 한 번에 하나씩 다룰 것이다. 하지만, 예언자는 단지 자신이 추구하는 완전한 이상의 비전을 보고, 절대 타협하지 않을 것이다."6) 워너는 그가 꿈꾸었던 개혁의 탄생단계를 대표했다. 그는 개척의 위치에 있었고, 곧 건설적인 단계에 자리를 양보하게 된다. 이 단계에서는 잘못을 비판하는 수사학이 훨씬 나은 꿈을 실현하려는 노력에 자리를 양보한다.7) 그는 신자들의 교회 전통을 대표하는 '급진적' 목소리였다.

　　워너와 당대의 많은 사람이 16세기 고전적 개혁자들의 어깨 위에 서 있었다. 마틴 루터도 분명히 예언자였으며, 고민하며 구도활동을 했던 로마 가톨릭 신부였고, 비전과 열정을 지닌 16세기 독일의 저항자였다. 면죄부의 남용 등을 공개적으로 반대하면서, 마침내 그는 교황과 황제를 더욱 광범위하게 반대해야 했다. 그의 관심은 1517년 10월, 독일의 비텐베르크에 있는 교회에 95개조 반박문을 게시함으로써 극적으로 표출되었다. 1520년에 이르러 그는 대담하게 교황을 적그리스도라고 불렀으며, 그와 주요 동지들은 새로운 복음주의 교회를 조직하는 건설적 과업에 직면했다. 루터는 워너를 너머, 개혁과정의 건설적 단계에 진입했다.⁸⁾ 예를 들어, 1526년에 루터는 새로운 가르침을 전통적 형식에 결합시킨 자국어 미사를 책으로 출판했다. 하지만, 도날드 던바우가 지적했듯이, 루터가 정말 필요하다고 생각한 것은 "진정한 그리스도인이 되길 원하여, 손과 입으로 복음을 고백하는" 사람들을 위해, 사적 모임을 허용하는 "참으로 복음주의적인 질서"였다.⁹⁾

그러나 루터는 그런 열정적 기독교인들의 질서를 확립하려 하지 않았다. 그는 이 목적이 더 급진적인 신자들의 교회 비전의 핵심에 놓여 있는 것으로 생각했지만, 그 목적을 향해 놓여 있는 길에 적극적으로 발을 들여 놓지 않았다. 그런 복음주의적인 질서는 그에게 불가능한 꿈이 되었다. 이유는 그 일을 수행할 인력의 부족과 그의 충돌하는 욕망 때문이었다. 루터는 역동적으로 신앙을 고백하는 사람들과 특정한 지역에 사는 사람들을 모두 포함하는 교회를 설립하는 방식으로 종교개혁을 추진하고 싶어 했다. 다시 말하면, 그는 '고백' 교회와 '지역' 교회를 동시에 포괄하는 개혁을 갈망했던 것이다. 이런 이유로, 루터는 효과적 임무수행에 필요한 도구를 마련하기 위해 정치권력에 호소했다. 그 결과, 그의 종교개혁은 관이 주도하게 되었다. 즉, 정치권력magistrates과 관련이 있거나 심지어 의존하게 된 것이다. 이렇게 초래된 국가-교회는 그가 한때 꿈꾸었던 "진실로 복음주의적인 질서"와는 일치하지 않았다. 대신, 이렇게 급진적인 비전을 공유하여, 이 질서의 실제적 실현을 추구하는 과업을 대담하게 추진한 것은 아나뱁티스트였다.

던바우는 새롭고 복음주의적인 질서에 대한 루터의 비현실적 모델이 신자들의 교회 전통의 중심적 특성과 관심에 대한 탁월한 스케치라고 판단한다. 어떻게 그런 그룹이 형성되어야 하는가에 대한 루터의 이루지 못한 꿈은 그 자신에 의해 다음과 같이 설명되었다. 진정한 그리스도인이 되고 싶어 손과 잎으로 복음을 고백하는 신자들은

> 서명을 해야 하며, 기도하고 성서을 읽고 침례(세례)를 베풀며, 성찬에 참여하고, 그 외 다른 기독교적 업무를 수행하기 위해 한 집에 모여야 한다. 이런 질서를 따르면, 기독교적인 삶을 살지 않는 사람들은 마태복음 18:15~17에 나오는 그리스도의 규칙에 따라, 규명되고, 비판받고, 교정되고, 추방되고, 파문되어야 한다. 여기서 사람들은 고린도후서에 나오는 바울의 모범을 따라, 가난한 자들에게 나누어줄 사랑의 헌금을 모금할 수도 있다. 여기서는 정교하고 많은 수의 찬송이 필요하지 않을 것이다. 여기서는 침례(세례)와 성찬을 위한 간략하고 짜임새 있는 의식을 도입할 수 있으며, 모든 것의 중심을 말씀, 기도, 사랑에 두어야 한다.10)

루터의 저작에서 인용한 이렇게 간단한 글이 16세기 최초의 '자유교회' 주창자들에게 알려졌다. 이 글을 해설하면서, 조지 윌리암스 George Williams는 다음과 같이 말한다.

> 그가 결국에는 특정 지역 교권의 정치적 통제에 굴복했지만, 루터는 선택적 친화성에 기초하여 모인 교회를 이상적으로 여겼다는 사실을 한 번 이상 강조하며 이론적으로 표현했다.11)

불행히도, 자신이 꿈꾸었듯이 열정적인 그리스도인들이 출현했을 때, 루터는 그들을 벌통 주변에서 통제 불능의 소음을 내는 위험한 벌 떼 같은 사람들로 규정했다. 많은 개혁자가 루터보다 종교적·정치적 기성체제에 대해 더 참지 못하고 관용적이지도 못했다. 루터는 현상 유지의 핵심적 요소들을 묵인했다. 비타협적인 '급진주의자들'은 루

터, 쯔빙글리, 캘빈을 "반쪽자리 인간들"half-way men로 간주하게 되었고, 루터와 다른 사람들은 온전한 비전을 소유하지도 못했으며, 자신들의 이상을 실현하기 위해 앞으로 나설 용기도 부족하다고 탄식했다.12) 그래서 루터가 유명한 95개조 반박문을 게시했던 사건의 450주년 기념식에서, 조지 윌리엄스는 다음과 같은 소감을 발표했다.

> 하지만, 루터에게 있어 훌륭한 점은 그가 몇 개의 짧은 문장으로 국제적인 라틴 예전과 교회, 자국어 미사, 그리고 고도로 훈련된 소모임 등을 형상화한다는 것이다. 이런 것은 다른 환경에서 그가 그토록 강하게 반대했던 아나뱁티스트들의 특별한 주장들과 전부 일치했다... 그러므로 우리는 헌신적인 신자들의 훈련된 공동체라는 더 커다란 전체 속에서 신자들의 교회 자리를 예견했던 루터를 치하한다.13)

루터의 광범위한 비전에도, 루터주의 자체는 새로운 기성체제로 빠르게 이동하기 시작했다. 이 체제는 자신이 저항적 광신자, 열광주의자, 폭도로 신속히 정형화한 사람들의 방해와 시달림을 두려워했다. 최근의 한 학자는 '급진적' 종교개혁을 "종교개혁에 대한 개혁" "가톨릭교회의 교정에 대한 교정"으로 덜 비판적으로 언급했다.14) 그것은 루터 자신의 비전을 실현하려는 시도였다. 그가 비현실적 혹은 최소한 시기적으로 부적절한 꿈이라고 치부하며 뒤로 물러섰던 것을 어떤 대가를 치르더라도 실현하면서 말이다. 교회사가인 제임스 머치 James Murch는 다음과 같이 결론을 내린다. "여러 면에서, 아나뱁티스트운동은 루터가 신봉했던 원리들의 절정이었다. 아마도 그는 이 사실을 인정했던 최후의 사람이었을 것이다. 왜냐하면, 그는 죽는 날까지 아나뱁티스트들을 격렬하게 반대했고 심지어 박해했기 때문이다."15) 비록 그렇게 했을지라도, 기성 개신교의 정부주도적 종교개혁과 나란히, 더욱 급진적인 종교개혁이 출현하고 생존했다.

급진적 종교개혁(아나뱁티스트)

최근에 나타난 신자들의 교회 전통에서 가장 주목할만한 현상은 흔히 '아나뱁티스트' 운동으로 불린 16세기 유럽의 운동이었다. 이런 광범위한 명칭 아래에, 다양한 그룹의 '급진적' 기독교인들이 유럽의 다양한 지역에서 출현했다. 이들은 최소한 교회가 법적으로 국가권력과 연계되어 있거나 의존한다는 개념을 거부하고, 루터교회가 진정한 복음주의적 질서에 대한 자신의 비전을 포기했던 것을 필요하거나 용납할만한 것이라고 인정하지 않는다는 점에서 공통점을 지닌다. '아나뱁티스트'라는 경멸적 이름은 그들이 오직 신앙을 고백하고 헌신한 신자들에게만 침례(세례) 주는 것에 대해, 비판자들이 자신들의 유명한 교회 관행에 근거해서 붙여준 것이다. 교회에 대한 국가적 통제와 아이를 국가의 시민으로 인정하는 체제 속에서 흔히 침례(세례)후보자들이 유아기에 침례(세례)를 받았기 때문에 그런 이름이 붙은 것이다. 다시 침례(세례)를 받은 성인 신자들은 국가와 교회(처음에는 로마 가톨릭 교회, 다음에는 개신교에 의해)의 혹독한 박해를 받게 되었다. 그들은 독일어를 사용하는 지역에서는 **"형제들"**이라는 이름을, 네덜란드에서는 **"침례(세례)를 중시하는 사람들"**Doopsgezinde이라는 이름을 선호했다. 최초의 재침례(세례)는 이미 루터의 종교개혁이 왕성하게 진행 중이던 1525년에 스위스의 쮜리히에서 행해졌다.

아나뱁티스트들과 후에 경건주의자들은16) 16세기 종교개혁을 논리적 결론까지 추진하려고 강력히 열망했다. 그 결론은 신자들이 교회로서 함께 모이는 독특한 방식이었다. 데니 위버Denny Weaver가 다음과 같이 요약했다.

> 교회는 자발적 형제애 혹은 공동체로서 특징을 지녔다. 이 교회는 종
> 교문제에 권력을 행사하는 정부를 포함한 지배사회와 그 정부에 의존
> 하며 사회의 모든 것을 포괄하는 척하는 기성교회 모두에 대한 대안
> 사회의 지위를 자신에게 부여한다.17)

그런 자발적 공동체 혹은 '복음주의적 질서'가 교회를 '급진적'으로 만드는 것은 교회가 예수를 알지만, 세상은 예수를 모른다는 것이며, 그 교회는 예수가 교회와 모든 삶의 진정한 주가 되길 의도하지만, 기독교 왕국의 교회들은 상당한 유보조항을 갖고 예수의 주되심을 인정한다는 것이다.18) 하지만 이런 공통점을 넘어서면, 초기 아나뱁티스트들 중에는 커다란 다양성이 존재했다. 그런 반대자들은 더는 가톨릭 신자도 아니었고, 다양한 개신교 운동에도 어울리지 못했다. 그들은 로마 가톨릭 교회와 개신교회처럼, 주요 지역에 합법적으로 존재했던 국가교회들 주변에 있던 일종의 영적·교회적 갱신운동이었다. 이 용감한 개혁자들에게는 그들을 통합할 독보적인 신학 지도자도 없었으며, 주요 이슈들에 대한 많은 차이가 그들 내에 존재했다. 어떤 경우에는 심지어 재침례(세례) 자체에 대해서도 생각이 달랐다. 그럼에도, '아나뱁티스트'라는 용어가 널리 수용된 명칭이 되었다. 그러므로 그들이 육성한 개혁전통의 핵심은 신자들의 교회다.

16세기 초반은 기독교 유럽의 격동기였다. 마틴 루터1483~1546와 울리히 쯔빙글리1484~1531는 교회신앙과 생활에 대한 로마 가톨릭의 종교-정치적 지배 및 통제를 깨뜨림으로써, 다양한 종교적 견해와 정치적 근심을 가져오는 일을 주도했다. 도날드 던바우의 말에 의하면,

> 복음주의적 자유에 대한 설교에 고무되고, 묵시적 경향에 흥분했으

며, 터키의 침략 위협에 경악했고, 야심에 찬 신흥중산층과 점점 절망에 빠져든 농민들 사이에 끼여서, 유럽인들은 자신들이 진정한 용광로 속에 빠져 있음을 발견했다.19)

복잡하면서도 자료들이 제대로 정리되지 않았으나, 유럽의 여러 지역에서 거의 동시에 발생한 아나뱁티스트운동은 소규모의 스위스 '형제단'과 더불어 최초로 출현한 것 같다. 그들은 자신들이 스위스 내 혹은 근처에서 필요한 교회개혁으로 생각했던 것을 쯔빙글리가 지체하거나 방해하는 것을 용납하지 않았다. 그 도시에서 쯔빙글리는 개혁추진사업을 시의회 손에 "적절하고 방해 없이" 맡기려고 했다. 비록 그가 자신이 시작해서 돕고 있던 교회개혁의 유일한 권위로 성서를 인정했지만, 개혁을 시의회에 위탁함으로써 교회의 '외적' 생활을 통제할 수 있는 시당국의 권리를 재확증하고 말았다. 1525년, 가톨릭 미사가 정말 희생제사인가에 관한 공개토론이 벌어지고서, 더 비타협적인 개혁자들 스스로 침례(세례)식을 거행하여 시당국의 권위에 도전했다. 쯔빙글리의 지도를 받았던 그들 지도자 중 한 명인 콘라드 그레벨Conrad Grebel, 1495~1526은 근대 '자유교회' 운동의 시작을 알리는 데 이바지했다.20) 그레벨과 동료의 판단에, 쯔빙글리는 교회가 성서에 따른 진리에 충실한 일보다 쮜리히의 일치를 더 중시한다는 사실이 명백해졌을 때,21) 아나뱁티즘이라는 급진적 형태가 원칙적으로 필요해졌다. 물론 아직 유아침례(세례)는 중요한 문제가 아니었지만 말이다.

대단히 헌신적인 일부 그리스도인들에게, 성서에 따른 가르침이 세속적 통제에 종속되는 것은 쓸모없고 용납할 수 없는 기독교적 타협이었다.22) 그 내용을 프랭클린 리텔Franklin Littell이 다음과 같이 요약한다.

> 아나뱁티스트들의 관점에서 볼 때, 시당국의 권위는 교회의 문 앞에서 멈추었다. 신앙문제는 회중들 안에서 성령 하나님의 통치를 위해 보존되어야 한다. 국가주도형 종교개혁을 추구하는 이들에게, 종교는 '기독교국가' Christendom라고 불리는 연속체의 한 차원에 불과하며, 백성은 정치문제뿐만 아니라 신앙문제에서도 온순함과 침묵 속에 복종해야 한다.23)

아나뱁티스트들은 성서에 따른 권위 아래 신앙과 생명에 철저히 헌신한 독립적이고 자발적인 기독교 모임을 발전시키기 위해서라면 어떤 대가도 치를 준비가 되어 있었다.24)

그런 단체들은 1527년에 작성된 간략한 쉴라이트하임 고백서 외에 명백하고 공통된 신앙규범을 갖지 못했으며, 대단히 다양한 특성을 보여주었다. 특별히 쉴라이트하임 고백서는 그 운동의 관심과 원칙에 대한 가장 대표적인 초기 선언문이다. 그들의 다양성은 다음과 같이 살펴볼 수 있다.

> 스위스 형제단은 시민정부에 의한 기독교의 통제를 포기하고, 쮜리히 시의회에 의해 인가받지 않은 교회를 소집했으며, 그들의 지역과 세상을 향한 자발적 선교사들이 되었다.
>
> 야콥 후터Jacob Hutter, 1536년 사망를 따라, 후터파들은 유럽을 장악한 자본주의와 군국주의에 등을 돌리고, 칼로 보호되지 않은 집단적 소유권을 실험했다.
>
> 독일과 스위스 경계지역에 있는 마을 쉴라이트하임에서, 급진적 신자들이 1527년에 독립적 노력을 포기하고, 자발적으로 "형제들의 연합" a Brotherly Union을 결성했다. 이 연합은 그리스도의 구속적 보혈로 인

친, 독특한 삶의 방식을 맹세했다. 이것은 쉴라이트하임 고백서로 알려졌으며, 어린 스위스와 남부 독일 아나뱁티스트운동을 강화시켰다.

남부 독일에 있는 발트슈트Waldshut는 교구 사제인 발타자르 휩마이어Balthasar Hubmaier의 지도로, 부패한 성직자 종교를 포기하고, 발타자르의 "18개 조항"으로 요약된 새로운 유형의 삶과 사상에 자발적으로 참여했다.25)

북부독일과 화란의 침례교인들은 군국주의자들의 끔찍한 정부경험(1535년의 뮌스터 학살, 아래 참조)에 자극받아 무력사용을 거부했다. 그들은 메노 시몬스Meno Simons란 이름의 지도자를 따르면서 평화적 안정을 추구하는 공동체, 메노나이트를 자발적으로 구성했다.

영국과 후에는 영국의 새로운 미국 식민지에서 급진적 기독교인들이 유사한 포기들을 공유했고, 청교도와 침례교도를 탄생시키면서 유사한 신앙 및 생활 공동체를 자발적으로 실험했다.

초기 아나뱁티스트들 사이의 공통점이 이런 강력한 확신들 속에서 발견될 수 있다. 이 확신은 1527년 2월, 스위스의 샤프하우젠 켄톤에 있는 쉴라이트하임 마을에서 탄생한 유명한 쉴라이트하임 고백서의 일부다.

> 침례(세례)는 삶의 회개와 수정을 익힌 모든 사람에게, 자신들의 죄가 그리스도에 의해 제거된다고 진실로 믿는 사람들에게, 그리고 예수 그리스도의 부활 속에 걸으며, 그와 함께 부활하기 위해 그와 함께 죽음 속에 장사 되길 바라는 모든 사람에게, 그리고 이런 의미에서 우리의 침례(세례)를 요구하는 모든 사람에게 주어져야 한다. 이것은 모든 유아침례(세례), 교황의 가장 혐오스런 비행들을 배제한다.

그리스도의 깨어진 몸을 기념하여 떡을 떼고 싶은 모든 사람과 그리스도의 흘린 피를 기억하기 위해 포도주를 마시고 싶은 모든 사람은 먼저 그리스도의 한 몸(하나님의 교회)으로서 침례(세례)를 통해 연합되어야 한다.

악과 그 악이 세상에 심은 사악함으로부터 분리되어야 한다. 그는주님 우리에게 바빌론과 지상의 이집트에서 물러나도록 훈계하신다. 주께서 그들에게 안겨주실 고통과 아픔을 우리가 겪지 않게 하려고 말이다. 이것으로부터 우리는 우리 하나님과 그리스도와 연합되지 않은 모든 것이 우리가 피하고 꺼려야 하는 혐오의 대상일 뿐임을 배워야 한다. 즉, 이것이 의미하는 바는, 모든 가톨릭 및 개신교 행위와 예배, 모임과 교회출석, 술집, 공공사업, 불신 속에 행한 맹세, 그리고 그런 종류의 다른 일들이다. 이것들은 세상이 귀한 것으로 간주하는 것이며, 하나님의 명령과 명백히 대립하고, 세상에 존재하는 모든 불의와 일치하는 것이다.

제3의 길

위의 역사, 다양성, 그리고 공통점을 염두에 두면서, 독특한 교회전통의 일반적 모습, 즉 제3의 길이 출현한다. 이것은 정치와 교회의 동맹체였던 로마 가톨릭 교회와 개신교. 그리고 뮌스터의 경우처럼 폭력적이고 혁명적인 아나뱁티스트 사이에 놓인 길이었다. 이 제3의 길을 대표하는 한 명의 공식적 인물을 지명하는 것은 불가능하다. 그렇지만, 메노 시몬스는 한 사람의 유용한 원천이며 모델로서 추천할 만하다. 최소한 그는 아나뱁티스트 그룹 중 거대하고 지속적인 분파의 대변인으로 널리 인정되고 있다.

"메노파들"은 16세기 아나뱁티스트를 대표하는 가장 거대한 20세기 그룹이다. 마침내 메노 시몬스란 이름이 특별히 미국에서 화란, 스위스, 그리고 남부 독일에서 기원한 아나뱁티스트들 중 많은 사람을 가리키는 데 사용되었다. 메노는 충성스러운 로마 가톨릭 신자로 시작했다. 크리스토퍼 콜럼버스가 미국을 발견한 지 4년 후에, 북해에서 몇 마일 떨어진 위트마르숨Witmarsum이란 화란의 마을에서 한 낙농업자의 아들로 태어난 그는 1524년에 신부 서품을 받고 충실하게 봉사했다. 곧 그는 마틴 루터 같은 종교개혁자들의 논쟁적인 저작들 몇 편을 읽었으며, 유아침례(세례)와 화체설(성찬식의 떡과 포도주가 실제로 그리스도의 몸과 피로 변한다는 교리)의 성서에 따른 적합성에 대해 개인적으로 의문을 갖게 되었다.26) 이제 양심의 고통을 겪게 되었지만, 여전히 그는 성직자의 특권을 누렸고, 심지어 그가 후에 인정했듯이 자신의 명성을 얻으려고 분투했다. 하지만, 머지않아 그런 위선의 탈을 벗어 던져야 한다고 스스로 깨닫게 된 때가 이르렀다.

그가 로마 가톨릭 교회와 관계를 단절하게 된 것은 그의 교리적 의혹보다는 류바르덴Leeuwarden, 1531과 뮌스터Munster, 1534~35에서 벌어진 극적인 사건들에 의해 촉진되었다. 두 사건은 처참한 비극으로 막을 내렸다. "하나님을 두려워하는 영웅"으로서, 1531에 순교한 시케 프리릭스 스니즈더Sicke Freeriks Snijder가 메노를 자극하여 성서를 더욱 세심하게 읽도록 했다. 왜 선한 사람이 재침례(세례)를 그렇게 강력히 신앙하여, 시당국에 의해 목이 잘릴 지경이 되는가? 뮌스터의 대실패는 텍사스 주 웨이코에서 1993년에 발생한 다윗파the Branch Davidians의 이야기처럼 큰 영향을 남겼다. 수백 명의 네덜란드계 아나뱁티스트들이 뮌스터가 새 예루살렘, 즉 하나님의 지상 통치를 재건하기 위한 장소라는 확신에 이끌리어 이 도시에 모여들었다.27) 처음에는 그들이 뮌스터 시의회의 다수로 선출되었으나, 상황은 점점 악화하였다. 종교적 광신 현상이 출현하여, 얀 반 라이덴Jan van Leyden은 스스로 왕이 되어 12명의 아내를 거느렸고, 사유재산을 폐지했으며, 도시의 비아나뱁티스트 시민에게 침례(세례)를 강요했고, 선택된 자들이 불신자들을 물리치게 될 것이라고 믿은 최후의 전쟁을 준비했다. 하지만, 그 여름에 가톨릭 주교의 군대가 그 도시를 공격하여 모든 사태를 무력으로 종식했다. 이제 그 지역에서 아나뱁티스트들에 대한 부정적 평판은 더욱 악화하였고, 그런 이유 때문에 그들은 더욱 애통해했다.

당시에 메노는 오류라고 스스로 판단했던 가톨릭 교리들을 여전히 가르치고 있었는데, 비록 어떤 신앙과 행동 면에서는 분명히 잘못이지만, 자신들이 믿는 바를 위해 재산과 목숨까지 포기한 이 기독교인들에 깊이 감동하였다. 이제 그는 자신의 위선적 삶을 용서해 달라고 하나님께 간청하였고, 종교개혁의 회개 교리를 더욱 담대하게 설교하기 시작했다. 그는 성서를 사용하여 모든 죄, 우상숭배, 거짓 예배를 반대했다. 지금까지 남아 있는 그의 가장 오래된 소책자는 얀 반 라이덴에 대항하여 작성한 논쟁적 글이다. 그 글에서 메노는 사적인 환상과 하나님의 이름으로 폭력을 사용하는 것을 비난했다. 1536년에 메노는 마침내 자신의 성직을 포기하고 순회 전도자가 되었다. 그는 침례(세례)를 받았고, 1537년에 화란 아나뱁티스트 평화주의 그룹의 지도자로부터 목사안수를 받았다. 남은 생애 동안, 그는 이단의 누명 속에서도 네덜란드와 북부독일에 흩어져 있는 아나뱁티스트들을 하나로 결집하기 위해 분투했다. 분명히, 메노 시대에 참된 그리스도인이 날마다 십자가를 지는 삶을 피할 길은 없었다.[28]

1535년의 뮌스터 비극과 전투적 천년왕국운동에 대한 불신 이후, 교회를 초대교회로 회복하려는 더 이상의 강력한 아나뱁티스트 시도는 없었다. 이제 타락한 교회와 국가 모두로부터의 전략적 퇴각에 초

3. 비전 바라보기 97

점이 맞추어졌다. 메노 시몬스의 지도력 하에(그의 동생이 뮌스터나 프리스랜드의 무력 충돌에 참여했다가 목숨을 잃었다), 네덜란드와 북부독일에 남아있던 아나뱁티스트들은 기존의 막강한 정치적·종교적 질서로부터 상대적 거리를 유지하려고 애쓰면서 자발적 공동체를 구성했다. 1540년에, 메노는 그의 가장 영향력 있는 저술인 『기독교 교리의 토대』The Foundation of Christian Doctrine를 출판했다. 이 책에서 그는 뮌스터파의 특징들을 비난하면서, 무저항적이며 평화주의적인 아나뱁티스트들을 대변했다. "칼, 일부다처제, 외적 왕국과 왕, 그리고 다른 유사한 오류들 때문에, 무고한 사람들이 너무 많은 고통을 당해야 한다."29) 그의 책은 아나뱁티스트들이 칼 대신 십자가를 선택한 이유를 설명했다. 하지만, 메노는 정치적 권세의 적법성을 인정했고, 성서에 따른 신앙의 요구 사항들을 범하지 않은 모든 영역에서 권세에 복종할 것을 맹세했다.

그렇다면, 급진적 기독교인들로 구성된 자발적인 '복음주의 단체들'이 세상과 어떻게 관계를 맺어야 할 것인가? 만약 한 가지 방법이 세상과의 정치적 동맹이었다면, 즉 루터 같은 주류 종교개혁자들에 의해 영구화된 옛 콘스탄틴적 종합이라며, 그리고 두 번째 길이 뮌스터 같은 혁명가들이었다면, 메노는 분명히 제3의 길이었다. 기독교인들은 기독교인이 되는 것, 즉 먼저, 온전히, 그리고 평화롭게 하나님의 통치 아래 있는 종이 되는 것에 집중해야 한다. 그리고 나서, 오직, 그들은 최대한도로 세속정부에 복종하고 협조해야 한다. 1561년에 세상을 떠날 때, 메노는 성서에 근거한 중도적 운동을 뒤에 남겼다. 이 운동은 '메노파' 추종자들 속에서, 그리고 그들의 범위를 넘어서 보다 광범위하게 아나뱁티스트 전통을 실천했다.

급진적 종교개혁의 첫 10년은 혼란스럽고 다양하며 실험적인 시기였다. 하지만, 메노가 죽을 무렵, 그리고 그의 사역 때문에, 참된 교회와 자유교회 삶의 양식에 대한 아나뱁티스트의 견해가 어느 정도 역사적, 신학적, 그리고 사회적으로 성숙했다. 프랭클린 리텔은 다음과 같이 관찰했다.

> 우리가 안전하게 결론 내릴 수 있듯이, 급진주의자들의 기본적인 문제는 함께 모여 하나의 운동을 형성하고, 참신한 영적 체험의 강력한 개인주의와 세계와 역사 속에 살아가는 공동체의 진지한 필요 사이에서 합리적 균형을 이루는 것이었다.30)

메노의 신앙관은 제3의 선택이었다. 일반적으로 급진적 종교개혁은 내면화된 구원의 과정을 대단히 강조했다. 신생의 체험은 물침례(세례)를 위한 예비조건으로 이해되었다. 하지만, 내적이고 개인적인 영적 체험이 사적 환상이나 '영적' 영역에 한정되어서는 안 된다고 분명히 가르쳤다. 신앙과 그것의 의도된 열매는 삶의 모든 측면에서 결코 분리될 수 없다. 메노와 그의 도움으로 아나뱁티스트들은 이신칭의라는 루터의 법정적 교리를 수용하지 않았다. 왜냐하면, 그런 교리의 추상성이 거룩한 삶으로 이어지는 '살아 있는' 믿음에 방해가 된다고 생각했기 때문이다. 메노는 자신이 발견한 루터의 이신칭의 교리에 숨겨진 율법폐기론적 경향 때문에 마음이 매우 불편했다. 최소한 그는 그런 경향을 루터 교인들의 삶에서 감지할 수 있었다. 메노는 한번 루터 교인들에 대해 매우 신랄한 비판을 토로했다.

> 그들은 술에 떡이 된 입과 코 위에 맥주와 포도주를 질질 흘리면서 시편을 암송한다. 그들의 삶이 얼마나 속물적이든 상관없이, 대충 성서를 암송할 수 있는 사람은 훌륭한 복음주의자요 고귀한 형제로 인정

받는다.31)

티모시 조지Timothy George의 관찰에 따르면, "옛 생활에 대한 철저한 포기와 주 예수에 대한 온전한 헌신으로 이해되는 아나뱁티스트의 제자도 개념은 하나님 은총의 무절제한 남용을 용납할 수 없었다."32) 로버트 프리드만이 다음과 같이 잘 요약했다. 16세기 아나뱁티스트들은

> 그리스도의 참된 제자도에 일치하는 삶, 즉 세상에 순응하지 않고 어렵고 좁은 길을 걸어갔다. 사실, 그것은 일종의 '기독교 혁명'이 되었으며, 그들의 일차적 관심은 그리스도의 계명을 지키는 것이었다. 다른 말로 하면, 복종이었다… 그들은 서로 형제라고 불렀는데, 형제들은 모든 그리스도인에게 잘 알려졌지만, 역사 속에서 거의 실천되지 않은 두 가지 위대한 원칙을 따르고자 노력했다. 즉, 사랑과 십자가… 사랑은 이 세상에서는 잘 알려지지 않은 형제애와 영원한 친교로 이어진다. 반면 십자가는 그리스도에게 배운 것처럼 세상과의 결정적 대립의 피할 수 없는 결과다.33)

그처럼 복종을 강조하기 때문에 발생할 수 있는 곤경을 피하고자, 메노는 엄격한 예정론을 거절했다. 대신 '행위를 통한 의로움'과 당시의 주류 개신교인들의 전형적 특징이었던 신학적 결정론 사이에서 균형을 이루고자 노력했다.34) 그는 하나님의 구속은총이 모든 사람을 위한 것이지만 누구에게도 강요되어선 안 된다고 주장하며 관용을 주장했다. 극단적인 묵시적 선언의 유혹을 피하는 것, 대신 두 가지의 근본적인 성서에 따른 이상에 근거한 비전이 한계선이었다. 이것들은 ⑴ 교회(헌신한 사람들의 공동체요 성령의 공동체) 안에서 실천되는 ⑵ 실천적 성결과 관련이 있다.35) 이 비전과 관련된 요소들은 교회와

세속정치의 완전한 분리, 양심의 자유와 관용, 높은 도덕적·사회적 이상, 평화의 선포와 실천 등이며, 이 모든 것은 세상에서 자신의 자녀에 대한 그리스도의 지고의 주권을 전제로 한다.36) 메노 모델은 세상을 포기하는 것이 아니라, 신자들과 세상을 위해 진정으로 세상에서 교회가 되라는 부름이었다.

16세기나 20세기에도, 메노는 신자들의 교회 전통에 속한 모든 그리스도인에게 모든 주제에 대한 해답을 제공하지 않았으며, 그 누구도 그렇게 하지 않았다. 하지만, 그는 영향력 있게, 권위 있게, 그리고 탁월하게 말했다. 이 전통에 대한 현재의 두 해석자가 그의 핵심적 관심 중 하나를 이렇게 표현했다. 교회에는 "사회적 전략이 없다. 교회가 사회적 전략이다."37) 현재에 교회가 자신의 본래 모습으로 존재하려면, 교회는 먼저 자신의 본래 모습이 어떠했으며, 자신의 이상적 모습이 어떠해야 하는지를 알아야 한다. 전형적으로, 신자들의 교회 전통에서, 이렇게 교회가 자기인식을 추구함으로써 교회의 사도적 기원에 진지하게 집중하도록 했다.

사도적 이상주의

일시적인 묵시적 극단주의보다 16세기 아나뱁티스트운동에게 더 기본적인 것은 사도적 이상주의에 양분을 공급했던 성서에 따른 헌신이었다. 16세기 종교개혁에서 기원한 신자들의 교회 전통의 '급진적' 본성은 단지 로마 가톨릭 교회의 과도함, 주류 종교개혁의 한계, 그리고 뮌스터에서 발생한 폭력사태에 극단적으로 대항하는 것 이상의 의미가 있었다. 이 전통은 당위에 대한 독특한 비전 속에, 반동적이면서도 동시에 미래지향적이었다. 지배적인 교회구조와의 제도적 단절을 완료하고 메노 시몬스 같은 지도자들의 비폭력적 중도주의에 지도를 받고 나서, 급진주의자들은 진실로, 루터의 말대로 "복음주의적 질서" 속에서 '진정한 그리스도인'이 되고자 노력했다. 당대의 기성교회들을 **개혁**하는 과업 이외에, 신약성서 시대에 존재했던 교회의 핵심적 요소들을 구체적으로 **재현**하려는 의도도 갖게 되었다.

쯔빙글리는 자신의 성서관 덕택에, 루터를 너머 기독교적 '원시주의' primitivism에 집중하게 되었다. 루터는 성서 외에 자신의 권위를 인정하는 기존의 로마 가톨릭 교회에 깊이 뿌리를 두고 있었지만, 아나뱁티스트는 수용된 권위의 위치를 보다 단호하고 신속하게 "성서에 따른 유형"biblical pattern으로 이동시켰다. 그리스도의 제자들 교회 역사가인 제임스 머치James Murch에 의하면, "자유교회가 A.D. 30년의 첫 예루살렘 교회 때부터 오늘날까지 기독교 국가 내에 중단 없이 존재해 왔다." 그는 이 존재의 여정을 추적한다. 왈도파부터 아나뱁티스트, 좌파 청교도를 거쳐 마침내 스코틀랜드의 부흥회(이것은 할데인 형제들이 주도했으며, 미국에서 토마스 캠벨과 알렉산더 캠펠에 의해 촉발된 회복운동에서 절정에 달했다)에 이르기까지 말이다.[38] 이처럼 미국에서 탄생한 회복운동은 신약성서에서 묘사된 것으로 이해된 이상들로 교회를 회복시키려는 의도 속에 1800년경 시작되었다. 이 이상들은 도대체 무엇인가? 제임스 노스James North에 의하면, 그 이상은 "예수 그리스도의 한 몸 안에서 모든 그리스도인의 연합에 대한 관심과 그리스도인의 신앙과 실천을 위한 유일한 권위로서 성서에 대한 관심"이다.[39] 다른 그룹들에 의해 조명된 회복의 특징적 요소들이 무엇이든, 신자들의 교회 전통은 일반적으로 사도적 전례가 있으며, 역동적이고, 유형적인 것에 근거한 '참된 교회'를 모으고 훈련하려는 의도를 지니고 있다.[40] 교회사가인 필립 샤프Philip Schaff는 이 문제를 이런 식으로 다루었다. "개혁주의자들은 옛 교회를 성서로 개혁하려는 목적이 있었다. 반면 급진주의자들은 성서로부터 새 교회를 세우려는 목적이 있었다."41) 후자는 자신들이 사도적 이상으로 이해한 것 위에 '참된 교회'를 모았고 훈련했다.

신자들의 교회가 꿈꾼 회복42)은 최소한 세 가지 핵심적 요소를 지닌다. (1) 갱신된 교회는 최근에 설립된 교회와 지배적인 세속문화 모두의 대안이 될 것이다. (2) 갱신된 교회의 규범은 진리의 규범 그 자체로 수용되는 성서에 따른 가르침, 특별히 예수 그리스도가 될 것이다. (3) 교회의 갱신된 신앙과 삶의 양식은 어떤 과거에 대한 기계적 모방 그 이상이 될 것이다. 사실, "신자들의 교회 사상은 단순한 회복의 사상에 반대한다. 일종의 원칙, 개관, 혹은 기독교적 삶에 대한 접근으로서, 신자들의 교회 사상은 모방을 위한 객관적 실재가 아니다."43) 회복운동은 지속적인 갱신과정이다. 초대교회를 포함해서 어떤 특정한 시기에서 기원한 신조, 혹은 교회구조와 실천을 영원한 것으로 동결시키는 것은 성서 이후에 출현한 권위를 절대적인 것으로 확립하려는 것이다. 그렇다하더라도 기초적이고 독창적인 것으로 판명된 것을 회복하려는 노력이 있었다. 이것이 바로 신자들의 교회 전통이 추구하는 사도적 이상주의다.

대부분의 16세기 아나뱁티스트들에 따르면, 적합한 '사도성'은 베드로부터 지금까지 끊임없이 이어진 안수의 전통이 아니다. 그것의 진정한 의미는 신약성서시대가 규범적이고, 신자들은 언제나 그리스도의 참된 제자들의 영감 어린 성서에 따른 가르침에 진실해야 하며, 교회가 '타락하기' 전의 보다 확고한 토대로 교회를 복구하기 위해 어느 정도의 회복이 필요하다는 것이다. 진실로 신자들은 "고위성직자들의 교만, 전문 신학자들의 오만, 그리고 세속 통치자들의 야망"이 교회의 외적 명성을 고양한 대신 참된 내적 힘은 약화시키기 전의

모습을 회복할 필요가 있다.44)

이스라엘과 그리스도 안에서 하나님의 존재에 대한 성서의 이야기는 기독교 신앙의 토대다. 하지만, 토대 이상의 것이 필요하다. 신자들의 교회 전통에 따르면, **정통**orthodox의 토대는 급진적 타당성과 짝을 이루어야 한다. 과거는 서론이다. 그것이 중요하지만, 그래도 예비적일 뿐이다. 신자들이 과거에 감동하고 변화되는 것은 결국, 현재와 미래에 영향을 끼치는 존재가 되기 위함이다. 현재의 기독교적 삶과 사명을 위해선, 초대 기독교 공동체가 이해했던 성서의 계시에 의해 형성된 진정한 기독교적 정체성을 획득해야 한다. 여기에 핵심적 질문이 놓여 있다. 고대의 성서시대로부터 지금까지 전해오는, 기독교 신앙의 불변하는 핵심으로 간주할 수 있는 것은 과연 무엇인가?

밀라드 에릭슨Millard Erickson은 가능한 다섯 가지 답변을 제시한다. 각자는 교회사에서 공통된 것이다. 변치 않는 핵심은 (1) 제도적이며, (2) 하나님의 역사적 행위들, 특히 구약의 출애굽과 신약의 그리스도-사건, (3) 불멸에 대한 보편적 희망 같은 지속적인 영적 체험, (4) 독특한 삶의 방식, (5) 일군의 오래된 교리들, 즉 변치 않고 권위 있으며 성서에 따른 토대를 지닌 신학 명제들.45) 신자들의 교회 전통은 이런 대안 중에서 올바른 선택을 위해 노력해 왔고, 이 목록의 첫 번째와 마지막에 대해선 늘 마음이 불편했다. 왜 그럴까? 확립된 교회 전통과 제한된 신앙고백문이 추상적, 합리적, 전통적, 그리고 구조적인 것에 지나치게 의존하는 경향이 있기 때문이다. 이것들은 성령의 역동적 현존보다 인간적 제도들을 더 존중하고, 예수의 제자들이 실천적 신앙의 삶에 우선하여 헌신하지 못하도록 방해한다.

'사도적'이 되는 것은 매우 중요하다. 한편, 어떻게 현대 기독교인들이 과거를 맹목적으로 신성시하지 않으면서 역사적 토대에 충실할 수 있을까? 어떻게 교회 지도자들이 현대 혹은 고대의 최고 지혜를 우상시하지 않으면서, 그것들에 주의를 기울일 수 있을까? 과거의 특정한 시대에, 특히 예수 그리스도 안에서 우리와 함께 하시는 하나님에 대한 성서에 따른 계시가 신자의 특별 계시요 안내자다. 그리스도에 대한 성서 이야기 속에 드러나듯이, 과거는 제한적이다. 그래서, 도날드 블로쉬Donald Bloesch는 "복음주의적 망각을 향한 통로 중 하나"를 반드시 피해야 한다고 경고한다. 즉, "하나님께서 지금 이곳에서 교회에 제공하시는 다양한 가능성을 예민하게 인식하는 대신, 과거에 집착한 것 말이다."46) 진실로 사도적이면서 동시에 현재에도 적절한 존재가 되는 것은 참으로 어려운 과제다. 회복주의적 사고방식이 과거에 대한 다소 기계적이고, 노예적이며, 비실재적인 모방으로 이어지지 않을까? 단지 부분적으로만 기억되고, 여전히 불확실한 미래를 이끌기에 전혀 적절하지 않은 과거 말이다.

하나님의 교회앤더슨파의 릴리 맥컷천Lillie McCutcheon은 다음과 같이 지혜롭게 조언했다. "개척자들이 직면하는 어려움은 그들이 너무 빨리 정착자가 된다는 것이다…비록 1세기 교회를 재생하는 것이 가능할지라도, 그 교회가 오늘의 세계를 섬기기는 전혀 쉽지 않고, 심지어 부적절할지도 모른다…하나님은 이 시대의 교회를 위해 하나님의 뜻을 펼쳐보일, 성령에 의해 형성된 일군의 사람들을 찾고 계신다."47) 1967년 신자들의 교회 대회 조사위원회Findings Committee(부록 B의 3B 항을 참조하라)는 다음과 같이 동의했다. "우리는 신약교회의 문화형태를 특별히 상세하게 모방하는 일의 가능성 혹은 바람직함을 지나치게 강조하고 싶은 유혹에 노출되어 있다."

언어, 형식, 교리, 혹은 관행에 대한 기계적 모방이 아니라면, 사도적 교회가 오늘날의 기독교적 표준으로 작용하려면 어떻게 해야 하는가? 교회사가인 찰스 브라운Charles Brown은 건강한 아기와 완전히 성장했지만, 치명적 질병으로 장애를 갖게 된 성인을 비유함으로써 이 문제에 대답한다. 그 어른은 어린 시절의 무지나 미성숙을 회복할 필요는 거의 없지만, 그 시절의 건강과 정상적인 상태는 되찾아야 한다. 마찬가지로, 오늘날의 교회는 초대교회와 현재 사이의 기간에 발생했던 거대한 문화적 변화를 반영하지 않는 식으로 사도적 교회를 모방해선 안 된다. 대신, "성령께서 우리 삶을 완전하게 통제하시는 놀라운 경험(이것은 사도적 교회 내에서 널리 알려져 있었다) 뿐만 아니라, 만인제사장의 영성생활, 진리, 교리, 거룩한 평등, 그리고 따뜻하고 풍요롭고 깊이 있는 친교와 뜨거운 구속의 메시지를 재생산해야 하는 막중한 책임을 우리가 지고 있다."48)

'원시' 기독교는 신자들이 완벽한 미래의 현존(이것은 예수 그리스도의 인격 속에서 이미 도달했다) 속에 살고 있었음을 날카롭게 인식하였다. 그러므로 신자들의 교회 전통은 "사도들과의 연속성이란 최소한의 사도적 교리를 구성하거나 끊임없이 이어온 사도적 지도력과 연결되는 것을 의미하지 않는다"는 루터교 신학자의 견해에 동질감을 느끼는 경향이 있다. 그렇다면, 그것은 무슨 뜻인가? 그것은 "**초대교회 사도직의 종말론적 성향**을 견지하고, 시간과 역사의 단절을 관통하여 그 경로를 추적하는 것"을 의미한다.49) 이런 초기의 종말론적 성향은 예수 그리스도의 인격과 사역에 굳건하게 뿌리를 두었다. 참된 원시주의는 성서에서 기원했으며, 예수 그리스도에 대한 신실한 증인이다. 하나님은 예수 그리스도 안에서 말씀하신다. 그리스도인들에게, 예수는 진리요, 길이요, 생명이며 희망이다. 예수에 대한 성서 이야기는 성령에 의해 생기를 얻을 때, 오늘날에도 적합성을 확보할 수 있는 '사도적' 진리와 접촉하며 감동할 수 있다.

오늘날에도 교회가 진실로 사도적 교회가 되려면, 그리스도의 초림 때 강력하게 시작된 하나님의 은혜로운 통치를 더욱 확장시키는 그리스도의 사역에 동참해야 한다. 그렇다면, 기독교 신학의 과제는 무엇인가? 또 다른 현대 루터교 신학자인 위르겐 몰트만Jügen Moltmann의 말에 의하면, 신학은 "그리스도에 대한 근본적이고 역사적인 기억의 관점에서 현재를 해석하고, 그런 역사적 과거 속에서 지향하는 미래의 문을 열려면, 그 기억을 현재화해야 한다."50) 퀘이커 철학자요 신학자인 데이비드 앨튼 트루블러드David Elton Trueblood는 다음과 같이 보고한다. "내 머릿속에 들어온 가장 자극적인 사상 중 하나는 신앙이 살아 있고 새로운 형태를 취할 수 있는 한 여전히 우리는 살아 있는 **초대 기독교인**이라는 것이다."51) 한때 성도들에게 전달된 유일한 신앙으로서 지위를 유지해 온 신앙은 끊임없이 새롭게 구성되고 구체화한 형태를 취할 필요가 있다. 우리 같은 현대 기독교인들은 정녕 세속적이고 다문화적인 세상에서 살아가는 '초대 기독교인들'이다.52) 초대교인 및 사도적이 된다는 것은 즉시 신앙의 본질에 근접하고, 새로운 상황에서 새로운 방식으로 신앙을 공유하고 실천하는, 거대하고 미지의 힘든 미래를 대비하는 것이다.

비록 신약성서가 성령의 영감을 받았고, 그 결과 사도 지향적 기독교인에게 특별히 권위적이지만, 신약성서에 나타나는 이미지들이 가장 확실하게 사용되었다. "왜냐하면, 그것들이 어떤 특별한 장소와 상황에서 그리스도의 사역을 설명하는 데 필요했기 때문이다."53) 진실로 사도적이 된다는 것은 변치 않는 속성/실체와 새롭지 않은 표현/적용을 구분할 수 있는 능력을 포함한다. 필요한 새로운 표현과 적용 속에서 대단히 적합하기 위해 노력함으로써 신실해진다. 과거의 모든 측면에 단단히 붙들려 있지 않으면서 정통적이 되는 것이다. 변하는 현재의 모든 측면에 맹목적으로 압도되지 않으면서 급진적이 되는 것이다.

1963년 캐나다 몬트리올에서 소집된 세계교회협의회 신앙과 직제 대회에서 중요한 혁신이 이루어졌다. 교회 '전통들'과 기독교 '전통' 사이에 중요한 구분이 이루어졌다. 대의원들이 "성서에서 증거되고, 성령의 권능을 통해 전달된 복음전통"의 회복으로서 에큐메니컬 신학의 목적에 대해 말했다. 기독교 신학의 적절한 과제는 "잔가지와 가지를 비교하는 것이 아니라, 공통의 그루터기를 **함께** 탐색하는 것이다. 목적은 단지 우리의 고백적 전통을 흠 없이 보존하는 것이 아니라, 복음전통을 함께 고백하기 위해 쿤투하는 것이어야 한다."54) 이런 신선한 초점은 신자들의 교회 전통의 복음지향성 및 사도적 본능과 여러 면에서 비슷하다. 하지만, 그것은 '전통'이 '기성' 교회에 대한 미묘한 긍정으로 비치지 않는 경우뿐이다(국가교회나 주류교단은 주류문화와 긴밀한 동맹관계를 맺고 있다). 어떤 교회 전통도 예수 그리스도의 심장, 생애, 그리고 사명을 진정으로 반영할 때만 진정한 기독교 신앙을 반영하는 것이다.

에큐메니컬적 차원에서 말한다면, 신자들의 교회 전통의 비전은 그런 혁신을 진지하게 고민하는 경향이 있다. 이 전통의 일치에 대한 비전은 회중적이며, 특성상 '가시적'이다. 신자들의 교회 전통 조사위원회가 1967년에 주장했듯이, 일치의 목적은 "순수하게 비가시적인 일치의 영적 개념"이 아니다. 하지만, 그 가시성은 "모든 기독교인을 모으고, 대표하고, 혹은 지도하기를 추구하거나 요구하는 한 기관"이 아니다. 일치는 기독교인들 사이의 살아 있는 실재가 될 것이다. 비록 "무정부상태, 경쟁적 삶, 그리고 소외"의 위험에 명백히 직면하지만, 참된 일치는 "그리스도 몸의 일치를 더욱 자유롭고, 유동적이며, 선교적이고, 값지게 표현하는 일에 열정적으로 헌신하는 것"을 포함할 것이다. 더 고상하고, 구조적이며, 교조적이고, 예전적인 토대 위에 세워진 일치가 아니란 말이다.55)

도널드 블로쉬Donald Bloesch는 자신이 개인적으로 긍정한 "고백신학"confessional theology에 대해 훌륭하게 설명한다. 고백신학은 '반동적'이지 않고, '보편적'이다. 고백신학은 "과거로 회귀하는 것이 아니라, 과거의 지혜를 신중하게 재활용하길" 주장한다. 그것은 '전통과의 연속성'을 옹호하지만, 교회전통을 하나님 말씀의 판단에 기꺼이 종속시킨다." 그러므로 그것은 편협하게 분파적이나 기계적으로 환원주의적이지 않으면서, 신앙공동체 전체('복음주의'와 '가톨릭')와 더불어 고대의 복음을 옹호한다.56) 그런 고백신학은 성서에 따른 계시의 메시지를 기쁘게 수용한다. 그것은 오늘날 진정한 신학의 필요한 토대라고 고백하면서 말이다. 신자들의 교회 전통은 이것에다 다음의 것을 첨가해야 한다고 주장할 것이다. 어떤 신학이나 다른 어떤 것도 교회를 노예화해서는 안 된다는 점을 확실히 하면서 말이다. 이 세상에서 순례자로 살아가는 사람들인 교회는 어떤 대가를 치르더라도, 자신이 정부, 세속적 삶의 방식, 혹은 '시대정신'과 타협함으로써 속박되고, 그 후에 변화되도록 허용해서는 안 된다. 교회가 그렇게 **타협할 때**, 교회는 정말 **죽는다**. 신자들은 예수 그리스도의 성서에 따른 계시에 종속되고, 그리스도의 영에 의해 변화되어야 한다. 오직 그러고 나서, 교회는 진정으로 사도적 교회가 된다.

다섯 가지 주요 징표

전직 형제교회the Church of the Brethren의 총회장은 형제가 된다는 의미, 그리고 더 일반적으로, 신자들의 교회 전통의 일부가 된다는 의

미의 다섯 가지 징표를 지적한다.57)

1. 우리는 죄를 고백하고, 그리스도를 주로 받아들이며, 신약성서의 정신과 가르침에 일치하는 삶을 살겠다고 제안하며, 그리스도 몸의 신실한 회원이 되겠다고 다짐하고, 기독교적 침례(세례)로 그런 헌신을 확증한 사람들이다.
2. 우리는 말씀과 행동의 일치를 위해 노력하는 사람들이다. 사람들이 알렉산더 맥Alexander Mack에게 어떻게 형제들이 인식되어야 하는지를 물었을 때, 그는 "그들의 삶을 통해서요"라고 대답했다. 그들이 무엇을 믿는지에 대한 말이 아니다. 신조는 말할 것도 없고…나는 예배와 삶의 일치를 꿈꾸며 성장했다.
3. 우리는 미완성의 신앙인이다. 형제들은 신약성서 외에 어떤 신조도 없다. 어떤 이들에게는 그것으로 충분하지 않다. 그들은 신조가 더 명확하게 정의되고, 더 분명하고, 덜 개방적이며, 더 통제할 수 있기를 바란다…
4. 우리는 공동체적 삶을 살아가는 사람들이다. 신앙이 완성되지 않았고 항상 진행 중이기 때문에, 우리 삶은 결코 완전히 분열적일 수 없으며, 아군과 적군을 구별하는 울타리를 세울 수 없다. 성령의 새로운 인도하심에 개방적이면서 동시에 신실하길 추구할 때, 우리에게 서로가 필요하다. 다른 사람과의 관계에서 충실한 것은 말과 행실이 일치하는 것만큼 중요하다.
5. 우리는 섬김에 헌신한 사람들이다. "너희가 소자들 중 한 사람에게 행한 것"이란 말씀은 성숙과 성장을 위한 말씀이며, 하나님 나라를 위한 우리의 사역을 시험하는 말씀이지, 다른 사람의 신앙적 확신의 진정성을 확인하기 위한 말씀이 아니다.

그런 결정적 징표의 관점에서 볼 때, 진정한 기독교 공동체, 교회, 혹은 교단의 정체성은 신조, 고백, 전통, 그리고 구조적 배열보다는,

예수 그리스도 안에서 공유된 신앙경험, 그리고 개인과 신자들의 집단적 모임으로서, 이런 신앙이 삶에 대해 의미하는 모든 것에 헌신함으로써 형성된다. 이 장 첫 페이지에서 인용한 로드니 클랩의 글을 기억할 때, 교회는 자신의 삶을 특징짓고 주입하기 위해 우정의 언어가 필요하다. 그 삶은 세상의 문화와 완전히 다른 문화가 되어야 한다. 그 삶은 기계적이고 합리적이며 조작적이기보다는 유기적이고 관계적이며 개방적이어야 한다.

교회사에선 에른스트 트뢸취Ernst Troeltsch, 1865~1923가 1911년에 쓴 영향력 있는 저서, 『기독교 교회의 사회적 가르침』Social Teaching of the Christian Churches에서 제시된 범주를 참조함으로써, 신자들의 교회 흐름의 사회학적 정체성을 확인할 수 있다. 그는 교회사를 관통하여, 교회의 본질에 대한 기독교적 이해의 이중적 경향을 발견했다. 한 경향은 바울에서 기원하여, 어거스틴, 토마스 아퀴나스, 그리고 주류 개신교 그룹들을 통과하고서 오늘에 이르렀는데, 포용적이고 성례집행적이며 제도화된 교회의 토대를 제공한다. 다른 것은 제도적으로 타협된 사람들 한복판에서 진리를 보존하기 위해 소금의 역할을 감당하는, 훈련되고 순종적인 '분파'를 위한 토대를 제공한다. 신자들의 교회는 이 두 번째 전통이었다. 이것은 16세기 아나뱁티스트를 통해 구체화 되었으며, 후에 영국의 청교도를 통해 전달되었고, 이 청교도는 후에 북미에서 자명한 것으로 확증된 세 가지 원칙(자발적 교회, 정교 분리, 종교의 자유)을 예견하고 실천했다.

이 역사적 고리에서 핵심적인 부분은 18세기 영국과 미국에서 발생한 감리교 부흥이다. 하워드 스나이더Howard Snyder는 이렇게 결론을 내린다. "만약 감리교가 로마 가톨릭 교회에서 일어났다면, 그것은 하나의 공인된 교단이 되었을 것이고, 아마도 웨슬리는 교황 베네

딕트 14세와 평화로운 관계를 추구했을 것이다. 역으로, 만약 감리교가 2세기 먼저 종교개혁 내부에서 탄생했다면, 하나의 분리된 신자들의 교회가 되도록 압력을 받았을 것이다."58) 이유는 무엇일까? 국가교회를 거느린 정치적 실재들은 달랐다(최소한 영국성공회는 감리교 갱신운동에 관용을 베풀었다). 전혀 다르지 않은 것은 반문화적 계약 공동체 내에 함께 모인 진지한 기독교인들에 대한 웨슬리의 급진적 비전이었다. 이 공동체는 모든 회원이 은총 속에서 성장하게 하며, 세상과 제도권 교회에 예언적으로 발언할 수 있게 한다.59) 그런 급진적 개신교는 헌신한 공동체 내에 존재하는 기독교적 제자도다. 그 교회는 예수 그리스도의 인격과 모범 주변에 자발적으로 모여, 세상에서 그리스도 사명의 현재적 목표를 위해 모든 것을 희생할 준비가 된 교회다.

그런 자발적 모임 중에서 기독교 신앙의 온전한 전통 중 하나인 신자들의 교회 전통(다음 세기에 다양한 문화적 환경에서 진화하여 여러 모습을 지니게 되었다)이 포함되었다. 많은 표면적 차이점에도, 이런 모습들은 어떻게 기독교 신앙이 신학적으로 이해되고, 순종적인 제자도 속에서 실천되는지 뚜렷한 공통점을 보여준다. 이런 공통점은 제4장과 제5장에서 탐구되며, 먼저는 신학에, 다음에는 제자도에 초점을 둘 것이다.

4장. 믿음의 확증 : 신학

4
믿음의 확증 : 신학

이는 내 생각이 너희와 다르며 내 길은 너희의 길과 다름이니라. 여호와의 말씀이니라. 이는 하늘이 땅보다 높음 같이 내 길은 너희의 길보다 높으며 내 생각은 너희의 생각보다 높음이니라. 사 55:8~9

먼저, 아나뱁티스트 공동체는 박해받고 고통당하는 사람의 관점에서 성서를 읽으면서 형성되었다. 우리 시대 지식사회학의 이해를 고려할 때, 우리는 아나뱁티스트들이 가톨릭교회나 주류 개신교회와는 다른 렌즈를 통해 성서를 읽는다는 사실을 인지할 수 있다. 대부분 신약성서의 글들이 처음 3세기 동안 박해받고 고통당하는 교회(이 교회는 자신이 목숨을 걸만한 가치가 있는 문헌들, 즉 고통 속에서 그들을 강하게 만든 문헌들만 보존했다)를 통해 보존되어 왔기 때문에, 고통당하는 아나뱁티스트들은 자신들의 경험에서 자신들을 지탱하는데 성서가 얼마나 강력한 도움을 주는지 깨달았다.[1]

신자들의 교회 전통은 하나님의 생각이 인간의 생각보다 훨씬 뛰어나며, 사55:8~9 기존의 신학이 빈번하게 성서에서 일탈하여, 신실한 신자들을 박해하는 결과를 가져왔다는 인식과 함께 자신의 신학작업을 시작한다. 최후의 답변은 흔히 손에 넣을 수 없고, 언제나 하나님의 존재, 의지, 방식을 이해하려면 신실한 순종이 꼭 필요하다. 이 전통은 이따금 억압적 상황에서 신학작업을 추구해야만 했다. 따라서 후대의 해석자들은 상황이 관점과 강조점에 끼친 영향을 인지할 필요가 있다.

이 전통은 자신의 신학적 특징을 어떤 특정한 신학개념이나, 어떤 개혁자 혹은 대표적 교단의 가르침에 의존하지 않는다. 메노나이트 신학자 존 하워드 요더가 명확히 했듯이, 그 특징은 "은총에 대한 공유된 경험과 공통된 **입장**에서 기원한다." 요더는 이 입장을 다음과 같이 규정한다. 즉, 가시적 교회의 회원권의 경우, 포용주의에 대한 콘스탄틴적 헌신이 '근원적 오류'라는 믿음 말이다. 그가 말하는 포용주의는 중요한 성서에 따른 근거가 빠진 교회회원권, 심지어 특정한 정권이 다스리는 지역에서 사람의 거주, 집안배경, 혹은 시민권 때문에 자동으로 주어지는 회원권이다. 적응주의적 포용주의에 직접적으로 반대하여, 진정한 기독교는 "성인의 정상적인 신앙고백에 근거한 공동체의 형성을 요구한다."[2] 자신의 단호한 의지를 교회에 강요하는 어떤 세속권력이나, 다른 신자들에게 특정한 체계의 신앙이나 구조를 강요하는 교회 내의 지도자는 기독교적 신앙과 증거에 파괴적 영향을 끼친다. 그리스도안에 거하는 것은 자유로운 선택이어야 한다. 그 선택이 신의 뜻이라고 판명된 것에 대한 정직한 탐색과 전적인 헌신의 여지를 남겨두는, 진정한 신자들의 자발적 공동체를 가능케 한다.[3] 그러므로 1967년에 열린 신자들의 교회 대회는 다음과 같은 결론을 내렸다. 즉, 우리는 "개인의 동의나 요구 없이, 기독교적 충성이 확증되고, 강요되고, 혹은 당연시되는 국가교회 체제나 교회의 어떤 관행도 거부하는 바이다."[4] 따라서, 사람은 대단히 지적인 조직신학에 대해 어떤 경향도 기대해선 안 된다. 특별히 그것이 실제적인 기독교적 삶과 분리되고, 신자들에게 권위적인 것으로 주제넘게 진술된다면 더욱 그렇다.

이 전통의 독특한 신학적 비전은 성서에 따른 계시와, (완성된 교회구조, 전통, 신학 체계가 아니라) 계약공동체 내에서 실현되어야 하는 진지한 제자도의 중심성에 근거한다. 이 전통의 가르침 대부분은 지난 수 세기 동안 교회연합적 차원에서 형성된 '정통' 신학의 범주 내에 잘 자리 잡고 있다.5) 하지만 정통성은 강압적 전통이 아니라, 예수를 믿는 참된 신자들의 섬김 공동체에서 성령이 인도하는 신실함으로 이해된다. 이것은 후대에 철학적으로 재구성된 예수와 반대되는 것이다. 신자들의 교회 전통은 앨리스터 맥그래스Alister McGrath가 '영성'으로 정의한 것과 비슷한 방식으로 기독교 신학에 접근한다. 그가 말한 바로는, "영성은 기독교적 사상이 아니라, 기독교적 삶을 지칭한다. 그 사상은 기독교의 개인과 단체 속에서 자신을 가시적으로 드러내야 한다. 영성은 사상과 삶, 기독교 신학과 인간의 실존 사이의 만남을 대표한다."6) 이런 식으로, 신자들의 교회는 강력한 사상이 부족한 전통이 아니라, 사상과 삶, 공동체, 섬김의 관계에 대해 깊은 관심을 두는, 일종의 통합적 전통interface tradition이다.

1930년대와 1940년대에 로버트 프리드만Robert Friedman과 헤롤드 벤더Herold Bender는 제자도, 무저항적 사랑, 그리고 친교를 중심으로 16세기 아나뱁티스트 운동의 핵심에 대한 자신들의 이해를 발전시켰다.7) 이 같은 신학적 동기의 세 축은 1527년 쉴라이트하임 시절과 네덜란드에서 메노 시몬스의 목회 시절(1536년과 그 이후) 이후, 일차적 관심사였다. 이런 동기들의 정확한 신학적 의미와 윤리적 뜻은 초기 아나뱁티스트들의 다양한 분파들 내에서 매우 다양했다. 하지만, 정부가 주도하지 않거나 혹은 급진적 종교개혁을 대표하는 이 전통의 핵심을 들여다보는 방법이 있다. 그것은 바로 "그리스도 안의 연대"

원칙이다.

그 옛 축은 "그리스도 성육신의 연장으로서 그리스도의 현존하는 몸이란 사상 속으로 흘러들어 간다…이것은 그 몸의 모든 개별 회원들이 그 머리를 가시적으로 닮고 모방해야 한다는 뜻이다."[8] 루터와 캘빈도 비슷한 연대에 대해 가르쳤지만, 그들에게 있어서 그 가시성은 교회의 개별 회원들의 삶보다는 교회의 직무에서 기원한다. 참된 교회는 말씀이 바르게 선포되고, 성례전이 적절하게 집행되는 곳이라고 그들은 말했다. 하지만, 더욱 급진적인 아나뱁티스트들은 모든 신자가 삶의 전 영역에서 그리스도와의 유대를 반영해야 한다고 기대했다. 이처럼 그들 안에서 그리스도를 닮은 모습과 그들의 자발적 모임은 이 세상을 향해 참된 교회의 증인이 된다. 그러므로 참된 교회는 세상 한복판에서 그리스도를 섬기는 신실한 교제 속에서 말씀이 올바로 수용되고 구체화하는 곳이다. 신학과 제자도는 긴밀하게 연결되고 하나가 되어야 한다.[9] 1967년 신자들의 교회 대회 조사위원회가 주장했듯이, 사도들에 의해 충실히 보고된 것처럼, 그리스도 사건에 근거한 기독교적 규범이 있다. 따라서, "교회는 이런 사건들이 보고되고, 그것들의 의미가 믿는 청중들을 향해 믿는 증인들에 의해 해석되는 곳에 존재한다."

실천적 신앙의 우선성

신자들의 교회 전통에서는 소외된 신학, 즉 신학 자체를 위한 신학은 용납되지 않는다. 미론 아우구스버그Myron Augusburger의 관찰이 중요하다. 16세기의 아나뱁티스트들과 그들의 풍요롭고 '급진적인' 기독교 전통을 공유하는 사람들 대부분은 사색reflection보다는 실천praxis의 신학자들이었다. 그들의 신학은 그리스 사상의 범주에 영향을 받은 '합리주의적 신학'이 아니라, 관계중심의 실존주의적 성서신학이었다."10) 1967년 신자들의 교회 대회 조사위원회가 언급했듯이,

> 하나님 은총의 가장 명백한 현현은 그분이 신자들을 함께 부르시는 것이다…그러므로 '신자들의 교회'는 가시적 공동체를 정의할 때 무엇보다 신봉하는 교리들의 내용이나 신자의 주관적 신앙이 아니라, 헌신의 건설적 특징을 보다 중시한다.11)

하나의 좋은 예는 영국에서 초기의 '퀘이커' 운동신우회, Society of Friends이다. 조지 폭스George Fox, 1624~1691는 강렬한 개인적 갈등 후 교회출석을 포기했고, 당대의 종교적 논쟁들을 무가치한 것으로 치부했으며, 1647년부터 진리는 영혼을 향해 말씀하시는 하나님의 음성 속에서 발견되어야 한다고 설교하기 시작했다. 1650년까지, 그는 신성모독죄로 감옥에 갇혔고, 그가 정부관료들을 향해 주님의 말씀에 떨어야 한다고 권고한 후, 그의 추종자들에게 '퀘이커'(떠는 사람들)라는 별명이 생겼다. 로버트 바클레이Robert Barclay, 1648~1690는 폭스의 개척적이고 예언적인 사역에 중요한 지적 구조를 부여한 스코틀랜드 신학자였다. 이 구조의 핵심적 역설은 "무식한 사람들이 발견한 것으로 유식한 사람들과 접촉하고자 했다"는 점이다.12) 무식한 사람들이 발견한 것은 **역사**의 그리스도와 세심하게 균형을 이룬 **경험**의 그리스도였다. 그는 기독교적 가르침 전체를 실험적 종교와 생생한 관계를 맺게 하는 방법을 탐색했다. 그 결과, 기독교 전통, 특히 성서가 중요하며, 진정한 신앙은 "현재 시제 속의 종교"가 되어야 한다는 점을 강조하게 되었다.13)

세심한 긴장 속에 유지되어야 하는 핵심적 역설이 하나 있다. 예를 들어, 그런 전략적 균형은 아나뱁티스트, 경건주의, 그리고 웨슬리의

유산을 보유한 그리스도 형제단the Brethren in Christ의 역사적 관심사였다.14) 그것은 또한 다소 보수적인 성서에 따른 설교와 "경험이 당신을 회원으로 만든다"(삶을 바꾸는 예수 그리스도와의 영적 경험을 말한다)는 강령의 결합을 특징으로 하는 하나님의 교회앤더슨파에게도 핵심적이다. **역사적** 그리스도는 다름 아닌 **살아계신** 그리스도다. 절대적으로 중요한 '내적 빛'도 참된 그리스도인이 되기 위한 '그리스도의 빛'이어야 한다.

제자도에 대한 관심이 이론적 사색을 압도했다. 성결은 진정한 기독교적 삶의 핵심으로 이해됐다. 흔히, 하나님 말씀과 성령을 통해 중계되는 하나님의 **변화** 은총의 가능성은 약화시키면서, 하나님의 **사죄** 은총(부분적으로 성례전을 통해 중계된다고 생각했다)의 필요성을 강조하는 개신교의 가르침에 대한 깊은 근심이 있었다. 또한, 일차적으로 기독교 신앙은 고정된 사상체계, 특히 국가나 교회 권력에 의해 명령받은 추상적이고 생명 없는 사상체계로 간주하여선 안 된다는 우려가 있었다. 교회의 적절한 신학 활동은 주어진 신앙체계를 일반 신자들은 이해 못 하는 지적 투쟁 즉, 변증법적 결투로 유지하는 것이 아니다. 오히려, 그것은 기독교적 제자도와 복음전도를 자극하고 활성화하는 것이어야 한다. 로드니 클랩과 신자들의 교회 전통 일반에게, "일차적으로 중요한 것은 실천적 신앙이나 실제적인 기독교 공동체다."15) 기독교 신학의 적절한 기능은 예수 그리스도의 통치에 전적으로 헌신한다는 것의 토대와 의미를 세심하게 규정하는 것이다.

20세기 전체를 가로지르면서 기독교회의 세계적 네트워크의 중심 목표가 되었던 교회연합의 비전은 하나님의 주권에 대한 공통된 긍정에 기초한다. 모든 인간적 개념, 제도, 프로그램 위에 계신 하나님의 관점에서, 이런 비전은 지상에서 교회생활의 부수적 사건을 포함하여 모든 인간적인 것이 상대화되어야 한다고 주장한다. 아무리 좋은 의도 속에 진행될지라도, 교회에 구조를 부여하려는 모든 인간적 시도는 항상 기능적 적합성을 결여 한다. 모든 신조처럼, 가장 참되고 가치 있는 것을 온전하게 파악하고 바르게 언어로 표현했다는 인간적 주장들은 홀로 거룩하며, 현명하고, 적절하고, 완벽하신 분의 심판 아래 놓여 있다. 십계명의 처음 두 계명이 그것을 훌륭하게 언급하고 있다. "너는 내 앞에 다른 신을 두지 마라"는 제1계명은 이스라엘의 한 분 하나님, 예수의 "아바", "모든 진리 위에 있는 진리"에 대한 믿음을 요구한다.16) "너는 너를 위해 새겨진 우상을 만들지 말라"는 제2계명은 인간이 하나의 진리를 고수하는 것이 언제나 예비적preliminary이라는 사실을 상기시켜준다. 그렇지 않다고 주장하는 것은 우상숭배에 빠지는 것이다.

자신의 신학적 통찰을 절대시하는 끈질긴 유혹을 포함하여 우상숭배를 피하고자, 신자들의 교회 전통은 개신교 종교개혁자들의 "오직 성서" 원칙에 동의하며, **오직 성서만**을 권위의 원천으로 강조해 왔다. 어떤 **체계**도 제자도에 걸림돌이 되어선 안 되므로, 조직신학보다 성서신학을 선호하는 경향이 뚜렷하다. 형제단운동17)의 초기 지도자인 알렉산더 맥Alexander Mack, 1679~1735이 좋은 예다. 그는 공식적 신학자가 되기보다 자신의 긴박한 상황을 배경으로 글을 썼던 일반론자였다. 그럼에도, 그의 저작에서 몇 가지 분명한 강조점들이 도출되었다.

1. 교회는 하나님에 의해 존재한다.
2. 그리스도는 교회의 주님이다.
3. 성서는 교회의 객관적 권위다.
4. 성령이 교회를 이끈다.

4. 믿음의 확증 : 신학

5. 초대교회, 즉 1,2세기 교회의 삶과 교리가 교회를 위한 규범적 모범을 제공한다.
6. 교회는 자기 회원들의 성품 형성에 책임을 진다.[18]

경건주의, 아나뱁티스트, 그리고 개혁주의적 요소의 상호작용인 이런 신념들은 보다 최근에 '급진적' 혹은 신자들의 교회 전통에 의해 진정한 기독교의 핵심적 특징으로 규정된 세 가지 지배적 주제들에 초점을 맞추어 왔다.

첫째, 진리는 기독교 신앙의 중심인 여수 그리스도에 의해 정의되어야 한다.
둘째, 예수는 (그리스도에게 초점을 맞추고, 성령의 사역을 통해 그리스도에 의해 함께 구성되는) 새로운 사회적 실재, 교회, 신자들의 공동체를 탄생시킨다.
셋째, 예수를 믿는 사람들의 새롭고 독특한 모임은 그리스도의 형상으로 형성되었기 때문에, 그리스도의 독특한 방식으로 이 세상에서 사명을 추구하며 자신의 제자도를 실천한다.

이 세 가지 주장은 "삶의 방식, 대안 사회를 구성하는 일군의 상호의존적 신앙, 규범적 원칙으로 기능을 한다."[19] 이 장에서는 이 세 가지 주제 중 첫 번째 것에 대해 개괄적 설명을 시도한다. 특별히 그것이 신자들의 신앙과 신학적 삶에 대해 알려주기 때문이다. 다음 장에서 신자들의 개인적, 집단적 삶에 특별히 관심을 집중하며, 두 번째, 세 번째 주제를 다룰 것이다. 첫 번째 주제인 예수의 결정적 중요성에 집중할 때, 사람들은 기독교적 신학을 함에 대한 독특한 접근과 스타일을 발견한다. 스스로 '급진적' 개혁자라고 불렸던[20] 18세기의 존 웨슬리의 저서들과 비슷하게, 기독교 신학은 의미를 도출함으로써, 실천적 학문으로 남았다. 따라서, 웨슬리가 신학을 이해하고 실천했듯이, '진정한' 신학자의 결정적 과업은 기독교적 진리주장의 정교한 체제를 개발하거나 그들의 '교양 있는' 경멸자들에 대해 이런 주장들을 방어하는 것이 아니었다. 대신, 이 세상에서 신자들의 삶의 기질과 실천의 틀을 만드는 세계관에 양분을 공급하고 모양을 만드는 것이다…신학의 진정한 실천가는 냉철한 학문적 신학자가 아니었다. 그는 세상에서 기독교 제자들을 역동적으로 돌보는 목회자/신학자였다.[21]

이처럼 '실천적인 것'에 대한 웨슬레적 관심은 신자들의 교회 신학 전통의 역사를 통해 울려 퍼진다.

예수: 진리의 표준

성서 전체의 이야기는 예수 그리스도에게 초점을 맞추고 있으며, 그 안에서 모든 것이 신자들을 위해 새롭게 되었다고 한다. 그리스도로서 예수에 대한 성서에 따른 통찰은 수 세대의 기독교인들에 의해 자신들의 신앙과 삶을 비기독교인 다수에게 변호하고 설명할 목적으로 분석되고, 이론이 구성되고, 철학적 사색이 이루어졌다. 하지만, 무엇보다 신앙은 **명제**가 아니라 하나의 **인격**이며, 복잡한 신조가 아니라 살아 있는 그리스도다. 미론 아우구스버거Myron Augusburger는 다음과 같이 말했다.

> 개신교 종교개혁자들의 '**오직 성서 만으로**'를 수용하지만, 아나뱁티스트의 강조점은 **오직 그리스도만으로**였다고 할 수 있다. 그리스도로서 예수가 신앙의 중심이기 때문이다. 아나뱁티스트에게, 기독교적 삶은 그리스도의 자유 안에서 실천되는 제자도를 의미했다. 이것은

삶 전체를 예수 그리스도와 일치시키는 것이며, 그리스도의 영과 동
행하는 삶에 헌신하는 것이다.22)

일차적으로 그리스도에 대한 기독교적 고백은 예수의 생애, 가르침, 죽음, 그리고 부활에서 경험된 신적 실재에 대한 이야기, 즉 역사적 이야기와 자전적 증언에서 기원했다. 이런 성육신의 실재를 철학적, 신학적으로 설명하는 것은 세상에서 선교활동을 전개하는 과정에서 충돌한 경쟁적 주장 및 도전들과 분투하고 나서 서서히 등장하게 되었다.23) 하지만 예수 그리스도의 생명의 환희에 대한 신약성서의 근본적 증언이 먼저 출현했다. 신자들의 교회 전통의 확신은 기독론을 구성하는 모든 작업은 예수 그리스도의 살아 있는 실재에 대한 성서에 따른 증언과 밀접한 관계를 유지해야 한다는 것이다.

노만 크라우스C. Norman Kraus의 분석에서 올바른 관점을 발견할 수 있다. 아나뱁티스트는 대체로 예수 중심적이었다고 그는 보고한다. 16세기 급진적 기독교인들의 경우, 성서는 그 자체로 목적이 아니라, 거룩한 도구로서 중요했다. 그것은 예수에 대한 권위 있고 꼭 필요한 증거로 수용되었다. "성서무오설"에 대한 근대의 논쟁처럼, 영감론은 거의 강조되지 않았다. 왜냐하면, 기계적 분석이 아니라, 실천적 복종과 진정한 관계에 관심이 집중되었기 때문이다. 신자들의 교회 전통에 속한 신학자들은 20세기 복음주의 안에서 종종 행해진 방식대로 기독교 신앙을 지적으로 설명하기 위해 분투했다. 그럼에도, 그들은 앨리스터 맥그래스Alister McGrath가 제시한 현대적 논제들을 숙지한 것 같다.

맥그래스는 "독특하게 복음주의적인 세계관의 출현을 위한 토대를 놓을" 목적으로, "복음주의의 지적 일관성"을 추구한다. 그는 복음주의자들이 자신들 내에서, 그리고 타인들과의 진지한 신학적 대화에

참여하는 것을 방해하는 반지성주의에 염증이 났다.[24] 그의 핵심적 주장은 진리에 대한 복음주의적 열정은 **진리이신** 예수 그리스도의 인격에 초점을 맞추어야 한다는 것이다(이것은 신자들의 교회 전통에서 강력히 공유되는 주장이다). 기독교는 한 책의 종교가 아니라, 예수의 종교다. 그럼에도 맥그래스는 "성육하신 하나님의 말씀과 성서 속에 있는 하나님의 말씀 사이에는 불가분리의 친밀한 관계가 있다고 경고한다. 예수 그리스도는 그의 인격과 사역에 집중하는 성서의 증언을 통해 우리에게 알려지기 때문이다."[25] 물론, 성서에 따른 증언에 집중하는 것은 중요하다. 하지만, 예수 그리스도에게 집중할 목적으로 할 경우에만 그렇다.

실천적 복종에 대한 진지한 고려는 합리적 차원을 넘어서야 한다. 신자들은 절대적 말씀의 지위, 언제든지 최선을 목적으로 무언가를 생각하고 말하는 최후의 방법을 어떤 신조에 돌려서는 안 된다. 예를 들어, 그리스도에 대한 4,5세기 역사적인 신조들은 기독교 전통의 중요한 신학적 이정표다. 하지만, 그것들은 "예수 이야기를 다른 세계관으로 번역하는 작업의 산물이며, 따라서 다른 모든 선언이 복종해야 하는 절대적 규범의 지위가 부여되어서는 안 된다."[26] 예를 들어, 니케아 공의회325년와 칼케돈 공의회451년에서 나온 선언문들의 한가지 결점은 예수의 생애와 사상에 특별히 집중하지 못했다는 점이다. 하지만, 그런 집중을 통해 신학과 윤리학이, 교리와 제자도가 하나로 묶일 것이다. 사실, 이것이 신자들의 교회 전통의 핵심적 연결고리다.

참된 기독교적 기독론을 위한 서사적 토대를 회복하고 싶다면, 반드시 성서로 돌아가야 한다. 기독교 신앙의 핵심은 예수가 누구이며, 그가 육신에 거하고 있을 때 어떤 일을 했고 가르쳤는지에 의해 정의된다. 예수는 모든 참신한 신학적 사고의 규범이며 핵심적 맥락이다.

4. 믿음의 확증 : 신학

헌신한 기독교적 제자도는 언제나 예수의 역사적 삶에 의해 지도되어야 한다.27) 이런 역사적 삶의 우선성을 고려할 때, 성육신 중심적 신자들은 모든 질문 중에서 더욱 중요한 세 가지 질문을 다루게 될 것이다. 예수는 누구였는가? 예수는 인간의 구원과 관련해서 무엇을 가르쳤고, 무슨 일을 했는가? 그런 구원의 현재적·실천적 의미는 무엇인가?

예수 이야기의 해석

복음서와 예수의 지상생활로 돌아감으로써, 예수의 통치 아래에서 실천되어야 하는 삶의 특별한 방식, 예수의 도래와 함께 우리 안에서 시작된 길을 이해하기 위한 바른 문이 열린다. 신학을 구성하는 모든 요소는 선교를 위한 신중한 동기가 되어야 한다. 그것들은 성서에 따른 토대를 상실하지 않으면서, 예수의 인격과 사역을 개념화하는 신선한 방식을 제공할 수 있어야 한다. 그 목적은 단지 그리스도로서 예수에 대한 추상적 교리를 올바로 이해하는 것이 아니다(비록 그런 교리들이 다른 것들보다 성서에 따른 증언에 충실하더라도 말이다!). 하나님은 예수의 제자들이 **삶의 특별한 방식**, 즉 그것이 고전적 신조들 속에 표현되기 전, 갈릴리와 예루살렘에서 제시되었던 예수의 길을 올바로 이해하길 원하신다. 그리스도를 닮은 진지한 제자도를 자극하는 대신 붕괴시킬 수 있는 과도한 추상화의 위협을 피하려고, 노만 크라우스는 다음과 같이 말한다.

> …이런 메시아적 이미지는 그리스도가 다름 아닌 나사렛 예수라는 사실에 비추어서 이해되어야 한다는 신념을 강조한다. 기독론은 그의 의미를 평가하려는 시도 속에서 역사적 예수의 전기적 범주를 초월한

다. 그러나 기독론은 결코 자신의 역사적 관련성을 포기해선 안 된다. 예수 속의 역사적 계시는 진정한 그리스도 이미지와 하나님에 대한 기독교인의 체험을 정의하는데 규범으로 남아 있다.28)

분명히, 모든 기독교 신자의 하나님 경험은 예수 안의 하나님 현존에 근거해야 한다. 이런 이해는 대체로 그리스도로서 예수에 대한 성서에 따른 증언의 본질에 의존한다. 기독론은 실천적 기독교와 무슨 관계가 있는가? 신학적 이론은 기독교적 실천과 사명에 이바지할 의도를 지닌다.

신약성서 내에서, 사람들은 이미 대면하고 있던 다른 세계관들과의 관계 속에서 초대 기독교인들이 만든 예수 이야기에 대한 몇 가지 해석을 발견한다. 예를 들면, 골로새서 1장에서, 예수는 사람들이 가정하고 있던 초자연적 세력들의 연합체보다 우월한 존재로 제시된다. 요한복음 1장에서, 예수는 일종의 영지주의적 위계질서에 선행하는 것으로 언급된다. 히브리서는 예수를 유대교의 정교한 제사제도와의 관계 속에서 바라본다. 이 세 가지 세계관은 오늘날 우리의 것과 다르다. 그러므로 현대 신학자들은 성서신학자들의 기독론적 해석들 속에서 같은 분별력을 발휘할 수 있고, 또 그렇게 해야만 한다. 기독교적 시각을 표현하면서 문화적으로 민감한 방식들을 추구하는 것은 적절하다. 적절해지고자 하는 관심 속에 탄생한 표현들이 성서에서 제시된 진짜 예수에 근거를 두고 있다면 말이다.

예수의 인격과 사역의 항구적 의미를 표현하는 새로운 방식을 계발할 때 필요한 적절한 분별력은 대체로 복음서의 설명에 근거하여, 예수의 독특성과 지상에서 하나님의 통치와 현존에 대한 그의 가시적 표현을 재확립함으로써 시작한다. 신학자들은 성서의 재료와 근대 우주론 모두를 설명할 수 있는 기독론을 계발한다. 성서의 재료들은 여전히 근본적 중요성을 유지한다. 하나님에 대한 모든 언어는 은유적인 것으로 인식되어야 한다. 도움이 되려면, 신학적 언어가 시대에 적합하도록 형성되어야 한다. 언제나 현재의 맥락에서 제자도가 즉각적이고 실천적인 목적이 되어야 한다. 그러므로 과제는 "예수는 주님이시다"란 명제의 의미와 내포한 뜻을 참신하고 충실하게 번역하는 것이다. 그런 번역은 예수에 대한 성서의 이야기로부터 직접 가져와, 그것을 동시대의 문화적 환경에 적용해야 한다.29)

예를 들면, 존 하워드 요더는 요한1서, 히브리서, 골로새서, 그리고 요한계시록에서 발견된 기독론들을 조사했다.30) 그 기독론은 배경과 표현에서 매우 다양하다. 각각의 기독론은 지배적 사상체계에 대한 반응 속에 예수 그리스도를 규정한 것으로서, 예수를 자신에 대한 새로운 각주로 수용하려고 노력한다. 이런 신약성서의 기독론들은 예수에 대한 이야기를 경쟁체제 속에 포함하며, 그 체제의 사상적 환경 속에서 예수가 적절하며, 그런 세계관의 한계보다 우월하다는 사실을 보여준다. 요더가 관찰했듯이, 신약성서의 기독론들은 각자의 독특한 방식으로 기존의 도전들을 대면할 때, 하나의 공통된 '심층구조'를 공유한다. 그 구조는 (1) 예수를 우주 위에, 그리고 우주를 관할하는 위치에 두며, (2) 인간적 형태를 취한 예수의 거절과 고통에 집중함으로써, 그리스도의 주 되심을 확인하며, (3) 그리스도의 선재, pre-existence 아버지와의 동일본질, 그리고 창조와 섭리에 동참하는 것을 주장하며, (4) 저자와 독자들이 믿음으로 그리스도의 승리를 공유할 수 있다고 가르친다. 기독론들은 다양한 문화적 배경들 때문에 표현들이 다양하다. 하지만, 그것들은 신약성서 심층구조의 이 네 가지 요소들에 충실해야 한다.

그 어떤 신약성서 기독론도 궁극적 혹은 배타적 지위를 독점하지 못한다. 비록 그것들이 공통된 역사적 토대, 일군의 주제, 그리고 제자도의 의미를 공유할지라도 말이다. 그래서 신약성서에서 경험된 것들과 다른 세계관의 틀에서 기독론을 계발할 때, 사람들은 이런 기독론 중 하나를 단순하게 반복해선 안 되며, 대신 예수와 그에 대한 성서에 깊이 뿌리를 둔 주장들로 돌아가야 한다. 그리고 그런 토대 위에서 현재를 위해 그의 인격과 사역을 신선하고 충실하게 번역해야 한다. 니케아, 칼케톤, 그리고 다른 고전적 기독교 신경들은 그런 번역들로서, 그 시대의 사상계를 위해, 그리고 모든 시대 기독교인의 사상적 유산으로서, 매우 중요하고 교훈적인 구실을 했다. 하지만, 그것들이 모든 시대와 배경을 위한 최후의 언어, 궁극적 번역은 아니다. 기독교 신학은 자신의 본래 자리와 지속적 도전을 동시에 지닌다.

기독교 공동체가 베들레헴과 예루살렘, 그리고 계속해서 니케아325년, 콘스탄티노플381년, 칼케돈451년에서 개최된 유명한 공의회의 도로로 여행할 때, 신학적 도적들을 만나지 않았는가? 즉, 예수 안에서 하나님의 행동에 대한 신약성서의 서사적 증언 중 어떤 것은 교회가 자신의 고전적 기독론들을 공식적으로 구성했던 4, 5세기까지 상실되거나 부적절하게 첨가되지 않았을까? 역사의 예수가 열정적인 추종자들에 의해 신앙의 예수로 부당하게 변형되지 않았을까? 로마 제국의 기성권력[31]이 교회를 용납한 것은 결과적으로 세상의 정치적 이해관계에 의해 교회가 길든 것은 아니었을까? "콘스탄틴적 변화" 이후 출현한, 예수 그리스도의 본질에 대한 교회의 신경들은 교회의 산물인 동시에 세속의 산물이었을까? 고전적 기독론은 단지 다른 시대의 철학적 상황에 적합했던 구시대의 추상적 산물로서 현재에는 전혀 적합하지 않은 것인가? 오늘날 신자들의 교회 공동체 내에서 그런 질문들은 격렬한 논쟁을 촉발하고 있다. 신자들의 교회는 독특한 기독교 전통이며, 이 교회 안에서는 그리스도에 대한 기성교회의 신학적 입장보다 그리스도의 실재적 인격이 중심적 위치(물론 어떤 '심층구조' 요소들에서는 약간의 차이가 존재하지만)를 차지한다. 이 교회의 주된 관심은 추상화 작업은 최소화하고, 예수에 대한 성서에 따른 계시의 토대에 근거하여, 제자도의 현재적 의미를 극대화하는 것이다. 교회와 정치적 기성세력의 분리, 그리고 세상에 반대하여 독특하고 그리스도를 닮은 생활방식에 특별히 민감한 반응을 보인다.

신자들의 교회 전통의 한 대표적 사상가는 다음과 같이 결론을 내린다. "현재 메노나이트 신학을 집필하려는 우리의 수고는 이미 성서에서도 발견되는 재해석 작업의 연장선이다. 또 다른 맥락과 우주론 속에서 하나님의 백성이 된다는 것의 의미를 재진술하려는 노력이다."32) 그런 신학적 과정은 성서를 토대로, 그리고 교회를 맥락으로 수용한다. 어떤 이질적인 철학세계와 의제에 통제받기 보다, 예수의 역사적 삶과 가르침의 존중을 훨씬 더 선호한다. 진지한 제자도의 실천적 요구들에 특별히 집중한다. "내 가족인 이 사람들 중 가장 작은 자에게 한 것이 나에게 한 것이다."마25:40 일반적으로 예수를 그리스도로 이해하는 '정통' 신앙에 대한 고전적 신경들의 고려를 인정하지만, 신자들의 교회는 "그의 존재론적 신성을 통해 예수를 알려고 하기보다는 그의 인간적 독특성 속에서 예수를 발견하고 분별하려는 내재적 경향을 지닌다."33) 예수는 제자들이 쓸데없는 사색에 빠지지 않도록 자주 경계하고, "나를 따르라"며 그들에게 도전했다. 다른 말로 하면, "내가 말하는 대로 행하라. 그리하면 너희는 내가 누구인지 알게 될 것이다." 행위의 실패는 언제나 존재나 인식의 실패로 귀결될 것이다.

권세들에 대한 예수의 승리

문화적 상황을 바꾸는 과정에서 발생하는 다양한 신학적 표현들의 한 명백한 실례는 예수 그리스도가 성취한 것, 즉 이제 인간을 구원할 수 있게 한 것에 대한 다양한 기독교적 이해들이다. 최근 몇 세기 동안 많은 보수적 기독교인들 가운데, 인간의 구원을 위해 예수 그리스도가 성취한 것은 일차적으로 '대속' substitution이란 개념을 통해 이해됐다. 즉, 예수는 악한 인류를 위한 대속물이 된 것으로 이해된다. 죄에 대한 하나님의 진노를 흡수하고, 죄로부터의 구속을 위해 필요한 대가를 치르면서 말이다. 예수는 완벽한 희생제물이었다. 그는 죽임 당한 어린양으로서, 그가 흘린 피는 거룩한 정의를 완벽하게 만족하게 했다. 하지만, 최근에 수많은 신자들의 교회 신학자들이 구속에 대한 대속적 모델의 일부 요소는 인정했지만, 다른 요소들에 대해서는 비판적 입장을 취했다. 예를 들어, 존 하워드 요더는 그런 모델 속에서, "하나님은 화해의 주체이지 대상이 아니다"는 신약성서의 핵심적인 주장을 포기하는 위험을 감지한다. 노만 크라우스는 이런 주장에 동의하며 다음과 같이 덧붙였다.

> 하나님은 자신의 도덕적 본성을 만족하게 하려고 강력한 처벌을 요구하는 정의의 법에 매여 있다는 이론은 십자가 상에서 드러난 아가페의 급진적 본성을 제대로 이해하지 못했다. 십자가는 형벌 보복에 대한 아가페의 승리다. 종국에는 사랑도 정의 같은 보복의 도덕적 권리를 인정해야 한다는 인식이 아니다… 그러므로, 십자가는 하나님 성품의 대립적 차원들을 화해시키는 법적 희생행위로 이해될 수 없다. 오히려 스스로 소외된 인류를 하나님과 인류 자신에게 화해시키는 아가페적 희생으로 이해되어야 한다.34)

예수 안에서 성취된 화해의 의미를 추구하는 '승리자로서 그리스도' 모델은 어떤 면에서 신자들의 교회 전통의 일반적인 신학적 입장과 양립할 수 있다. 이 모델의 초점은 하나님의 명예와 정의를 만족시킴으로써 하나님의 진노로부터 인류를 구원하는 것(대속적 구속 모델)이 아니라, 그리스도에 의해 인류가 악한 권세의 종살이에서 구원받은 것이다.35) 이 모델은 안셀름1033~1109, 36)이 출현하기 전까지, 초기 기독교 공동체(그때 교회는 박해를 받는 소수였다)에서 일반적이었다. 그리스도의 구속사역에 대한 안셀름의 대속적 사고는 중세 봉건주의의 지배적 사상을 반영한 것이다. 만족한 하나님의 명예와 그 후에 완성된 정의에 대한 안셀름의 접근은 19세기의 다른 배경에서 "도덕적 영향"모델의 인기가 상승할 때까지, 지배적인 기독교 사상이었다. 20세기 극적인 죄악들에 직면해서, 많은 기독교 신학자들이 삶의 악마적 차원들을 갱신된 진지함으로 다루기 시작했다. 그것들은 예수의 사상과 행동에서 대단히 중요했으며, 단지 성서시대의 '신화'로 가볍게 취급되어선 안 된다.37) 이것은 그리스도의 사역에 대한 '승리자로서 그리스도적 접근'을 부활시켰다.

스웨덴의 신학자 구스타프 아울렌Gustav Aulen, 1879~1977이 승리자로서 그리스도 모델을 부활시켰다.38) 그리스도의 사역에 대한 아울렌의 견해는 군사적 비유(예, 골로새서 2:15)를 강조한다.39) 그리스도는 억압세력으로부터 인류를 해방하고, 자신의 부활에서 승리자로 출현한다. 강조된 이슈는 단지 하나님 앞에서 칭의 과정을 통해 인간이 죄책에서 해방되는 것이 아니다. 인간적 죄의 결과로, 하나님은 인간이 인격적 혹은 제도적 형태를 띤 사탄적 세력의 통제 하에 놓이도록 내버려둔다. 대속적 모델이 예수의 죽음에 집중하고, 도덕적 영향 모델이 예수의 삶과 죽음에 집중하는 경향이 있지만, 승리자 예수 모델은 신자들을 죄의 통제에서 구원함으로써, 권세들에 대한 예수의 승리를 완성한 부활에 특별히 주목한다.40) 그것은 악(혹은 악의 인격화된 우두머리인 악마)과의 관계 속에서 그리스도의 업적을 이해한다.41) 그것은 구원과 교회에 대한 신자들의 교회 개념과 가장 일치되는 것 같다. 부분적으로 그것이 악과 구원의 사회적 요인을 전제하고, 인간적 죄에 직면하여 하나님의 사랑, 희생, 신실함을 통한 승리를 강조하기 때문이다.42)

대부분의 서양교회 전통에 따르면, 죄로부터 해방되는 구속은 배타적으로 예수의 부활이 아니라 죽음에 근거한다. 부활은 중요하긴 하지만 단지 그리스도 사역의 신적 진정성의 근거로 이해된다. 하지만, 그리스도는 우리를 위해 죽고 부활했다.롬5:10 과거의 죄에 대한 용서를 넘어, 예수 안에서 하나님의 목적은 "지나가버린 옛 것"고후5:17을 대신해서, 새로 창조하는 것이다. 죽은 자들로부터 그리스도의 부활은 새 창조의 시작이다. 이것이 바로 동방정교회가 부활절 잔치에서 용서를 선포하고, 부활절을 구속의 절기로 기념했던 이유였다.

승리자 그리스도의 시각 속에 특징적으로 나타난 악한 세력에 대한 승리는 종말론적으로 이해되는 경향이 있다. 즉, 죄와 악과의 전쟁은 원칙적으로 이미 승리로 끝났다. 하지만, 실제 전투는 여전히 진행 중이고, 아직도 더 싸워야 한다. 비록 미래의 승리에 대한 해방적 인식이 존재하지만 말이다. 악한 권세들은 여전히 활동적이며 영향력이 대단하였다. 바울은 우리가 "세상의 초등학문에 종이 되었다고 말한다."갈4:3, 9; 골2:8, 20 이런 학문(영)에는 우리를 포로로 만드는 율법(이것은 기만적이고 억압적이 될 수 있다)과 죄가 포함된다.롬7:11, 23 그리스도의 구속에 대한 도덕적 영향 모델은 교회가 악의 지배를 축소하는 사회적 변화의 변방에 서 있는 것을 보지만, 승리자 그리스도 모델

4. 믿음의 확증 : 신학 133

은 교회가 여전히 적대적 대결 속에 놓여 있고, 결코 빠르고 쉬운 승리를 가정하지 않는다는 사실을 인식하고 있다. 그런 갈등은 종말의 때까지 끈질기게 계속 될 것이다. 그럴지라도, 최종적 승리는 이미 알려졌다. 그리스도의 무덤은 비었고(!) 그의 부활권세는 하나님의 갱신된 몸, 즉 교회 속에서 입증되었다. "부활의 빛 속에서, 사도적 기독교는 이미 시작된 그리스도 이야기의 연속으로 이해될 수 있다"고 맥클랜던은 제안한다.[43]

신약성서는 예수가 지속적으로 사탄을 극복하기 위해 분투했다고 가르친다.마4:1~11, 12:22~32, 27:37~44 악한 세력으로부터의 해방이 중심 주제 중 하나이다.갈1:3, 27:37~44 모든 세력은 그리스도께 굴복할 운명이다.벧전3:22, 딤전3:16 승리자 그리스도 모델의 고전적 진술은 히브리서 2:14~15이다. "자녀들은 혈과 육에 속하였으매 그도 또한 같은 모양으로 혈과 육을 함께 지니심은 죽음을 통하여 죽음의 세력을 잡는 자 곧 마귀를 멸하시며, 또 죽기를 무서워하므로 한평생에 매여 종노릇 하는 모든 자를 놓아 주려 하심이니" 초대교회 신자들은 예수의 십자가와 부활에서 하나님이 "정사와 권세를 벗어 버려 밝히 드러내시고 십자가로 승리하셨느니라"골2:15는 사실을 즐겼다. 승리 모티브는 사람들을 노예로 만드는 악한 권세들과 하나님의 오랜 투쟁에 대한 성서이야기와 조화를 잘 이룬다. 이런 투쟁은 히브리 성서 전체에서 신앙과 구원의 최초 모형인 출애굽사건과 함께 시작했다. 권세와 정사에 대한 그리스도의 승리는 가장 오래된 기독교 신앙고백의 핵심에 속한다.빌2:9~11

그 전투는 계속되며, 오직 영적 영역에서만 활동하는 '내세의' 악한 권세에 한정되지 않는다. 예수의 십자가 죽음과 부활승리는 우리가 사는 물리・역사 세계에서 발생했다. 하나님의 백성이 하나님의 통치에 현재적 실재성을 부여하며, 예수의 모범에 따라 살 때마다, 또 그런 곳에서, 하나님의 승리하는 통치는 실재성과 가시성을 지속적으로 획득한다. 성서에 따른 계시는 그리스도의 사역을 세상의 구조에 반대하며 대립하는 '새로운 사회질서'를 건설하는 것으로 이해한다.44) 그런 대립적 태도는 오직 우리를 위한 그리스도의 승리 때문에 가능하다.

그리스도의 사역에 대한 이런 견해는 속사도 시대에 매우 유행했던 것 같다. 그 견해가 유대 및 이방의 배경을 지닌 기독교인들에게 강력한 설득력이 있었기 때문이다. 그들 중 많은 이들이 억압적인 군사적, 영적 세력들에 대해 잘 알고 있었다. 후스토 곤잘레스는 이것을 '고전적' 구속모델로 부른다. 그는 인간의 문제가 근본적으로 우리가 하나님께 빚을 지고 있거나(만족), 하나님에 대해 필요한 지식이나, 사랑하려는 의지가 부족한 것(도덕적 영향력)이 아니라고 생각한다. 이것들은 성서시대가 지난 오랜 후에, 교회 생활에서 지배적이던 사회적-정치적 이슈들과 밀접히 관련된 이론들이다.45) 그런 이론들은 흔히 많은 문화 속에서 지배 계급들의 통제를 지지할 목적으로 역할을 해 왔다. 오히려, 인간의 일차적 문제는 악의 노예가 되며, "교회가 강력한 힘을 갖게 되었을 때, 구속에 대한 '고전적' 견해가 후퇴하기 시작했던 것은 결코 우연한 일치가 아니었다."46) 그 어떤 구속론도 완벽하게 적합할 수 없으며, 각 이론은 부분적으로 성서에 따른 지지를 주장할 수 있을 뿐이다.47) 상황이 그러하더라도, 21세기가 시작되고, 20세기에 만연했던 대중적 비인간성이 고통스러운 진리로 여전히 남아있기 때문에, 사랑스럽고 겸손한 그리스도를 통한 모든 악에 대한 하나님의 승리는, 우리의 구원을 위한 그리스도 안의 놀라운 하나님의 진리를 잉태하는 강력한 방법이다.

그리스도와 함께 부활하기

16세기에 신자들의 교회는 중세 가톨릭교회가 가르친 인간구원에 대한 전형적인 신학에 성서적으로 용납할만한 적응을 추구했던, 더 커다란 종교개혁의 일부였다. 정부주도형 종교개혁자들(마틴 루터, 존 캘빈 등)이 행한 적응과 보다 '급진적인' 개혁자들의 적응 사이의 결정적 차이점은 인간과 교회생활에서 신적 은총의 의미와 결과였다. 일반적으로 그 차이점은 구속atonement이 신자들과 기독교 공동체에 끼친 중요한 영향들(성결과 윤리의 주제)을 아나뱁티스트들이 강조한 것이다. 그것은 구속자, 모범, 실행자로서 그리스도에게 집중했다. 정교하게 다듬어진 구속이론의 추상화에는 비교적 관심을 덜 두면서 말이다. 예를 들어, 루터는 십자가에서 성취된 칭의 사역에서 믿음의 역할에 관심을 집중했다.

아나뱁티스트들도 법정적 칭의에 반복적으로 관심을 집중했다. 하지만, 그리스도의 구속에 대한 이해에, 윤리적으로 민감한 재창조적 recreative 혹은 성결의 측면을 민첩하게 추가했다. 그리스도는 깨어진 신적/인간적 관계를 바르게 교정했고, 그 결과 하나님과 의롭게 된 신자 간의 연대 가능성 및 책임을 다시 허용했다. 이제 믿음을 통한 은총에 의해 의롭게 된 신자는 신적 본성에 참여할 수 있고, 또 그렇게 해야만 한다.48) 법적 칭의는 신자가 죄의 처벌에서 벗어난 것에 만족하도록 유혹할 수 있다. 그리스도와 일치하지 않는 가치와 행동을 결정적으로 교정하지 않은 채 말이다. 그리스도 구속의 온전한 의도를 제대로 실현하지 않는 것은 절대 용납할 수 없었다. 우리를 위한 그리스도의 자기희생을 통해, 우리는 그의 삶과 사명에 참여하게 되었다(또한, 우리는 우리가 과거에 지은 죄에 대한 죄책감과 처벌에서 자유롭게 되었다). 우리는 **~에 대해** 자유롭기 위해 **~로부터** 자유롭게 되었다. 즉, 세상과 교회에서 그리스도처럼 되려고 말이다. 진정한 구원의 은총은 감사와 책임감 속에 반응하고 이용될 것이다.49)

기독교적 삶의 핵심을 정의하는 데 중요한 신약성서의 한 구절은 예수의 십자가 처형과 제자들의 의도된 변화를 연결하고 있다. 사도 바울은 다음과 같이 증언했다. "내가 그리스도와 함께 십자가에 못 박혔나니 그런즉 이제는 내가 산 것이 아니요 오직 내 안에 그리스도께서 사신 것이라. 이제 내가 육체 가운데 사는 것은 나를 사랑하사 나를 위하여 자기 몸을 버리신 하나님의 아들을 믿는 믿음 안에서 사는 것이라."갈2:20 십자가를 넘어, 여기서는 그리스도의 부활과 그를 통한 우리 자신의 부활이 보인다. 최후의 악인 죽음이 이미 그리스도 안에서 정복되었다면, 그리고 그리스도 안에서 드러난 부활의 권능이 현재 그를 믿는 자들 안에 존재한다면,엡1:19~21 죽음을 포함한 그 어떤 것도 현재 그리스도 영의 사역을 통해 흘러 넘치는 생명과 사랑에 대적할 수 없다.

최초의 기독교인들은 희망으로 충만했으며, 그 희망을 통해 모든 실재, 즉 과거, 현재, 미래를 참신한 눈길로 바라볼 수 있었다. 그들(그리고 우리)은 그리스도 안에서 성취된 **이미**already라는 관점에서 하나님의 구속 경륜의 **아직**not yet을 바라볼 수 있다. 현재에서 사명에 대한 교회의 비전에 생기를 불어 넣을 수 있는 것은 적절한 종말론적 관점이다. 그것이 신실한 교회가 하나님의 과거 관점에서, 그리고 하나님의 미래 자원들을 갖고, 현재에 사역할 수 있도록 힘을 준다. 사실, 한 메노나이트 신학자가 종말론을 핵심으로 하는 신학체계를 발전시켰다.50)

칭의 은총이 하나님과 인간 사이의 뒤틀린 관계를 교정하는 것이라면, 성화은총은 현재의 구원에 대한 기독교 가르침의 절정이다. 예수는 이미 자신의 제자이며 의롭게 된 자들이 하나님의 현존과 진리에 의해 성화 되도록 기도했다.요17:17 교회의 과업은 "우리가 모든 사람에게 그리스도 안의 성숙한 삶을 보여줄 수 있도록" 가르치고 사는 것이다.골1:28, 51) 성령사역의 목적은 신자들이 본래 행하도록 의도된 것처럼, 하나님의 본성을 사랑하고, 섬기고, 반영함으로써 거룩한(그리스도를 닮아 성숙한) 존재가 되게 하는 것이다. 성령의 목적은 신자의 삶이 가능한 한 많이 그리스도의 삶과 연합되도록 하는 것이다. 믿음으로 그리고 시간이 지나면서, 그리스도의 삶과 신자의 삶이 하나가 되도록 말이다.

어떤 역사관은 도움이 된다. 예를 들어, 그리스도 형제단과 하나님의 교회앤더슨파는 에른스트 트롤취Ernst Troeltsch가 정의한 의미에서 '분파'가 되고자 했다. 그는 사회학적 차원에서 분파를 거듭나고 이 세상의 타락한 삶에서 분리된 독특한 양식의 삶을 사는데 헌신한 사람들로 구성된, 자발적 사회로 정의했다.52) 이런 의미에서, 자유교회(아나뱁티스트)나 신자들의 교회 전통은 성결의 중심적 지위를 강조하면서, 분파적 특성을 유지해 왔다. 그런 기독교인들은 영적 거듭남과 훈련을 통해 교회가 순수하고, 세상에 의해 오염되지 않도록 유지하기 위해 분투했다. 이것이 성령의 방법이요 사역이다.

미국에서 침례교인들, 감리교인들, 그리고 "그리스도교회 신자들"Christians, 스톤-캠벨 운동이 흔히 그 길을 주도했다. 오래된 역설이 팽배했다. 어떻게 교회가 세상에 있지만, 세상의 소유물이 되지 않을 수 있을까? 세상에 봉사하면서, 세상의 뒤틀린 가치를 공유하지 않으면서 말이다. 어떻게 성결이 사회적 적합성을 상실하지 않으면서, 실천적 실재, 세상으로부터의 진정한 분리가 될 수 있을까? 신약성서, 특히 바울 서신은 그 답이 성령의 권능, 즉 예수 그리스도 안에서 시작된 메시아 시대의 현재적 권능 속에 살아가는 교회 안에 놓여 있다고 주장한다. "거룩하다"는 것은 성령을 통해, 그 결과 점차 세상을 향한 하나님의 사명 속에 그리스도처럼 됨으로써, 진실로 "그리스도 안에" 있는 것이다.

민음과 참된 회개에 대한 반응으로 신적 은총에 의해 과거의 죄를 용서함으로써, 십자가 상에서 그리스도의 사역은 하나님 앞에서 인간의 법적 지위 이상의 것을 다룬다. 또한, 그것은 타락했으나 이제 용서받은 인류의 재창조를 의도한다. 이미 의롭다고 칭함 받은 자들은 사랑의 영으로 충만하다. 롬5:5 그 결과, 그들은 항상 감사하고, 엡4:15 그리스도의 형상으로 성장한다. 엡4:15 칭의 은총은 "죄인들을 **위해** 일하고, 성화은총은 회개한 신자들 안에서 역사한다…칭의 은총은 법적으로 십자가 상에서 **완성된** 성자의 사역이며, 반면 성화은총은 우리의 가슴과 사회과정 속에서 활발하게 **지속하며** 현존하는 성령의 사역이다."53) 전자는 하나님 앞에서 개인의 상대적 지위에 변화를 가져오며, 후자는 하나님과의 관계에서 신자의 실제 존재 내에 진정한 변화를 가져온다.54)

거룩한 삶을 사는 것은 번영하는 사회의 자기중심적이고 중산층같은 삶의 방식에 매우 값비싼 대가를 치르게 한다. 성결의 길을 걷는 것은 필연적으로 안락한 종교의 습관들과 관계를 단절하는 것이다. 그것은 우리의 세속성에 종교적 사탕발림을 제공하는 '값싼 은총'을 단호히 거절하고, 대신 우리 생명을 위해 비싼 대가를 치르고, **죄책**과 죄의 **권세**로부터 구원할 은총을 가슴에 품는 것이다. 또한, 성결은 이들 중에 "가장 작은 자들, 즉 경멸받는 자들, 버림받은 자들, 소외된 자들, 가난한 자들을 향한 방향전환"을 포함한다.55) 그것은 십자가의 그리스도 안의 새 피조물로서, 상실된 세상의 불결함 속으로 십자가의 하나님을 겸손히 따라가는 것이다. 믿음이 진실한 것이라면, 열매는 반듯이 맺힌다. 사실, 믿음을 통해 맺힌 열매는 '구원이 의미하는 바'의 핵심적 부분이다. 그리스도의 삶을 드러내지 않은 채 "구원 받았다"고 주장하는 것은 거짓말하는 것이다.요1:9~11 '급진적'(아나뱁티스트) 기독교 전통으로부터, 구원은 '부활 속에 행하는 것"이란 견해가 출현한다.쉴라이트하임, 1527 기독교적 행위는 단지 구원의 결과라기보다는 그 자체로 구원의 진정한 토대가 된다. "하나님의 구원 은총과 인간이 예수를 따름으로써 그 은총에 응답하는 것은 한가지 실재의 두 측면이다."56)

하나님께서 과거에, 특히 그리스도의 사역에서 성취하신 것은 다른 사람들을 향해, 그리고 세상에서 하나님의 구속 사역의 완성을 향해 신자들을 보낼 목적이 있다. 기독교적 삶은 "사죄의 수용과 개인적 변화 그 이상이다. 그것은 또한 모든 피조물이 삼위일체 하나님과 협력하여 정의, 자유, 그리고 평화의 새 공동체가 도래하도록 준비하는 일에 참여하는 비전이다."57) 그리스도의 영과 더불어 사는 것은 삶의 전 영역에서 타자들을 진심으로 사랑할 수 있도록 역량을 향상시켜 왔다. 신실한 신자들은 하나님의 사랑 은총을 반영하는 매체가 되었다.58) 그 어떤 것도 신자들의 교회 전통의 특징인 기독교적 삶의 비전에서 제외되지 않는다.

거룩한 공동체인 교회에 참여함으로써 체험하는, 거룩한 삶에 대한 이런 비전은 성서에 근거한 것이다. 신자들의 교회 전통에서, 사람들은 지속적으로 이런 비전을 강조하는 독특한 유형의 성서해석을 발견한다.

독특한 성서해석

'자유교회' 안에서 공통으로 들려오는 한 가지 주장은 "성서가 우리의 유일한 신조다"라는 것이다. 결국, 신자들이 예수의 삶, 죽음, 그리고 부활에 대한 일차적 증언을 얻는 것은 바로 성서를 통해서다. 하지만, 성서는 해석이 필요하기 때문에, 해석학이 정말 중요한 문제로 떠오른다. 사람들이 성서본문을 해석하는 패턴과 기준 말이다.

현대 보수 기독교의 더 근본주의적인 요소들 때문에, "성서무오설"(성서 원본의 완전하고 정확한 영감을 주장하는 교리)을 신봉하는 독자들에 의해 가치 있는 것으로 보증된 명제적 진리나 계시가 된 교리를 위해 성서를 탐색하는 경향이 있다. 하지만, 신자들의 교회 전통은 지난 세기 동안 기독교적 의미에서 '진리'는 정확한 종교적 정보 그 이상이라고 확신해 왔다. 더욱이, 성서는 항상 독자들이 성서의 말씀이라고 이해하는 것에 큰 영향을 끼치는(그 영향이 인식되든 그렇지 않든) 해석 공동체 내에서 읽힌다. 16세기 초반의 로마가톨릭교회는 탁월한 해석 공동체였다. 기존 가톨릭교회의 왜곡된 주장들에 강력히 저항했음에도 불구하고, 곧 다양한 '개신교' 공동체들이 유사한 공동체적 특징을 지니고 출현했다. 또한, 보다 '급진적인' 기독교인들도 있었다. 그들은 모든 형태의 국가지향적이고 권력통제적인 신앙 공동체에 저항했고, 그 안에서 자신들이 성서를 읽고 신앙을 이해하고 실천하는 공동체를 의식적으로 선택하면서, 자신들만의 고유한 관점을 발전시켰다.59)

모든 인간적 전통보다 성서를 중시하면서, 이 '급진파들'은 하나님의 새로운 백성의 맥락에서 수용되고 실천된 구원을 강조했다. 교리적 정통주의에 대한 관심 외에, 신자들의 교회는 "생활방식과 제자도를 대단히 강조했다." 그것이 바로 '복종의 해석학'이었다. 이 해석학의 "목적은 추상적 지식을 획득하는 것이 아니라, 우리가 예수를 따르는 데 필요한 지혜와 용기를 발견하는 것이었다."60) 프랭클린 리텔은 다음과 같이 요약한다.

> 풀고 묶을 수 있는 "베드로의 열쇠"(교회 훈련)와 성서의 문을 열었던 "다윗의 열쇠" 모두는 회중에 속한 것이다. 그렇게 함으로써, 그들은 성서를 권위적 계시의 획일적 몸체로 간주하는 비역사적 개념을 지닌 개혁교회의 오류로부터 보호될 수 있었고, 성서와 성례전을 개별적 통찰과 양심을 추구하는 소수 사람에게 한정시킨 영성주의자들Spiritualizers의 오류로부터도 보호될 수 있었다.61)

그리스도는 성서를 이해하는데 핵심적인 것으로 이해되었다. 성서 본문을 올바로 이해하는 것은, 성서가 교회의 교제와 복종적 삶 속에서 개방될 때, 성령에 의해 중재된다. 그렇다고 그것이 로마 가톨릭교회가 주장하는 것처럼, 교회가 성서의 주인이란 뜻이 아니라, 교회가 아직도 성령에 의해 형성되고 훈련되는 과정 중에 있지만, 하나의 중요한 세력으로 기능하는 활기찬 맥락이라는 뜻이다. 그러므로 교회가 신실할 때, 성서를 통해 전달되는 성령의 지혜를 수용하기 위한 최고의 맥락이 된다. 초기 퀘이커교도였던 로버트 바클레이Robert Barclay가 말했듯이, 성서는 "원천에 대한 선언이지, 원천 자체가 아니다. 그러므로 성서는 모든 진리와 지식의 원리적 근거로 존경받는 것이 아니라, 성령에 종속된 이차적 규칙으로 존경받는 것이다…"62) 바클레이는 현시대에 성령의 주도권을 판단하고 입증하기 위한 핵심적 시험을 성서가 제공한다는 점을 분명히 밝혔다.

네다인 펜스 프란츠Nadine Pence Frantz는 신자들의 교회 전통의 일반적 특징인 여섯 가지 해석학적 특징들을 지적한다.63) 간략하게 말한다면, 그것들은 다음과 같다.

1. **인식론과 복종** 사이에는 핵심적 상관관계가 존재한다. 신앙을 알고 실천하는 것은 중요하게 서로 연결되어 있다. 신자의 복종은 성서의 의미에 대한 지식을 증가시킨다. 이 의미는 기독교 복음이 요구하고 가능케 하는 삶에 헌신적으로 참여하지 않으면 대체로 알 수 없다.

2. 적절한 성서해석을 위한 핵심적 **위치**가 있다. 그것은 모인 공동체, 즉 신자들의 지역교회다. 하나님의 영은 복종하는 공동체가 현재 자신의 기독교적 삶과 증언의 핵심적인 부분을 올바로 이해하도록 돕는다.64)

3. 계시의 수준들 사이에 중요한 **차이**가 있다. 신적 계시는 본질상 **발전적**이고, 그것의 최초의 역사 출현, 정경적 입장, 그리고 현재의 사명 맥락에서 가장 잘 이해된다.

4. 성서에 따른 계시를 이해하기 위한 중요한 **해석학적 초점**이 있다. 그리스도의 이름으로 모인 공동체가 자신의 때에 복종하길 원할 때, 그것이 일차적으로 추구하는 것은 그리스도의 마음이다. 이것은 역사적으로 예수의 가르침, 행동, 죽음, 그리고 부활 속에 담겨 있다. 존 하워드 요더에 따르면, "신약성서의 저자들은 그들의 독자들이 그들의 시대에 예수의 의미에 충실하도록 돕고 있음을 우리가 인식할 때, 가장 잘 이해될 수 있다."65)

5. **외적 말씀과 내적** 말씀 사이에, 성서의 기록된 말씀과 **하나님의 조명하는 영**에 의해 영감 받은 확신 사이에 중요한 상관관계가 있다. 성령은 현존하며, 활동적이고, 핵심적인 힘이다. 성령은 고대의 텍스트가 독자의 가슴과 회중의 삶에서 살아 있는 문자가 되게 할 수 있다.

6. 성령의 조명을 받고, 현재를 위한 성서의 의미와 사명에 복종하는 모인 그리스도 공동체는 **특이한 백성**으로 인지될 것이다.66) 성서에 대한 올바른 독서는 항상 지배 문화에 도전이 될 것이다.67) 성서의 목소리는 강력한 다수의 일부가 아닌 사람들에 의해 가장 잘 들리고, 억압받는 자들을 향한 희생적 봉사로 인도한다. 이것이 **소수의 해석학**

minority hermeneutic이다.

이런 여섯 가지 해석학적 특징 속에 담겨 있는 진실을 분별하는 과정에서는, 성서를 올바로 읽고, 신앙의 핵심내용을 파악하고, 현재 기독교적 삶의 형태를 적절히 비판하는 것, 그리고 하나님의 영의 방향에 개인적/집단적으로 개방적이 되는 것에 대한 책임이 신자들의 공동체에 주어진다.68) 성서는 성령의 책으로 이해되어야 하며, 예수 그리스도 안에 나타난 하나님의 자기-계시란 관점에서 이해되어야 한다. 훈련되고 지적인 해석이 요구되며, 신앙공동체 내에서 해석작업이 진행되어야 하고, 원래 성서본문에 영감을 불어 넣었던 바로 그 성령의 현재 사역에 대해 개방적 태도를 유지해야 한다.

성서는 기독교 신앙의 핵심에 대한 관점을 정의하기 위한 일차적 원천이다. 지속적인 성서해석의 과정은 진리를 탐구하고, 복종을 중시하며, 성령에 민감한, 신실한 신자들의 공동체 내에서 가장 잘 이루어질 수 있다. 성서의 자료는 "일차적으로 자명하게 이해할 수 있는 명제나 신적 인증을 획득한 법전의 도움이 아니다… 그것은 하나님 백성이 역사를 통제하시는 하나님에 대한 신앙의 관점에서 자신들 주변에서 일어난 사건들을 이해하려는 과정에서 발생한, 자신들끼리 그리고 하나님과의 상호작용, 이에 대한 반성과 분석의 기록이며 산물이다."69) 성서는 참된 기독교의 토대다. 사실, 신자들의 교회 전통의 많은 분파 속에서 들려오는 구호는 "신조가 아니라 성서"다. 만약 그 구호가 기독교인들이 사도 시대 이후에 형성된 신앙고백문 없이도 잘 해나갈 수 있다거나, 어떤 식의 성서읽기는 그런 독서과정에 영향을 끼칠 수 있는 선험적 장치도 피할 수 있다는 뜻이라면 잘못이다. 그런 신앙선언문과 전통에 근거한 해석학적 장치는 불가피하며 또 한계가 있다는 것을 인정하면서, 신자들의 교회는 새로운 학문, 새로운 성령의 인도하심, 그리고 지속적인 자기수정의 과정에서 자신들의 것을 포함한 모든 신앙고백문과 해석학적 장치들을 계속 점검하려고 한다.

확고한 비非신조주의

신자들의 교회 전통 내에는 강한 신념이 존재한다. 하지만, 형식화된 신학, 특히 조직적이고 사색적인 성향의 신학에 대해선 기본적인 반감이 존재한다. 예를 들어, 18세기 독일 형제단의 경우, 교리와 삶 사이에는 긴밀한 연관관계가 있다고 생각했다. 그래서 적절한 신학 방법은 내용 면에서는 성서에 근거를 두고 있어야 하며, 스타일 면에서는 경건하고 실존적이어야 한다. 이것은 개신교 스콜라주의의 신학방법론을 전적으로 거절했던 경건주의가 초기 형제단에 끼친 영향을 반영해 준다. 그래서 형제단의 알렉산더 맥Alexander Mack은 다음과 같이 그 생각에 대해 설명한다.

> 신앙의 현대적 표현들은 하나님 말씀에 얼마나 충실한가 하는 것에 의해 평가될 필요가 있다. 그 어떤 신학전통(아나뱁티스트, 급진적 경건주의자, 혹은 개혁주의)도 성서의 검열을 피할 수 없다. 그러므로 그는 메노나이트들의 삶과 교리 안에서 퇴보를, 급진적 경건주의자들의 사적 영감과 금욕주의를, 그리고 개혁주의의 스콜라주의와 경직된 정통주의를 비판했다.70)

존 웨슬리의 신학방법론은 알렉산더 맥의 것과 비슷하고, 오늘날의 신자들에게도 여전히 유효하다. 그의 방법론은 기독교 신앙에서 권위에 대한 하나의 관점을 제공한다. 특히 이것은 신자들의 교회의 핵심적 관심사다. 웨슬리는 종교개혁과 계몽주의 모두의 산물이었다. 그는 종교개혁으로부터 계시의 근거를 객관적 실재 속에 두는 고귀한 성서관을 유산으로 물려받았다. 계몽주의로부터, 원시적 미신이나 헛된 상상력에 대한 대안으로서 인간 이성에 대한 적절한 인식을 획득했다.71) 비록, 일반적인 의미에서 '조직신학자'는 아니었지만, 웨슬리는 일관성 있는 교리적 규범을 제공하는 데 큰 관심이 있었다. 그 규범은 협소하게 정의될 필요도 없고, 직접적인 영적 체험에서 분리되지도 않으면서, 필요한 안내를 제공한다. 교리적 권위에 대한 웨슬리의 작업개념들은 "역동적 균형을 이루었다." 그것은 "학습 된 통찰과 신적 안내"를 획득하는 데 필요한 것으로 판명되었다.72)

웨슬리 안에서 우리는 소위 웨슬리 신학의 "4대 원리"라 불리는 신학 방법을 발견한다. 이것은 성서를 탁월한 규범으로 규정한다. 하지만, 성서는 필연적으로 전통, 이성, 그리고 기독교 경험과 조화되어야 하며, 이 세 가지는 성서에서 하나님 말씀을 해석할 때, 서로 영향을 끼치고 돕는다.73) 따라서 하나님의 계시는 기록된 증언성서, 기억하는 공동체전통, 실존적 활용 과정경험, 그리고 내적 일관성을 점검하는 방법이성을 포함한다.74) 웨슬리는 핵심적인 기독교 교리에 대한 최소한의 합의(성서에 따른 근거를 지니고 그리스도 중심적인)가 존재한다면, 신학적 표현에는 기꺼이 변화를 인정했다. 결국, 기독교인들은 '정통'을 너머 진정한 영적 경험으로, 종교의 형식에서 **권능으로**, 칭의라는 하나님 앞에서 우리의 **신분** 변화로부터 성화라는 하나님에 의한 **성품** 변화로 부름 받았다. 기독교 **경험**은 심령에 힘을 불어 넣고, 진리의 온전한 분별을 가능케 하며, 신자들이 사랑 안에서 말하고 진리를 실천하도록 돕지만, 성서는 권위의 **원천**이다.75) 사실, 웨슬리는 믿음의 열매를 대단히 소중하게 여겼기 때문에, 그는 사랑의 도덕적 시험을 통해 진리를 측정했다.76) 신적 진리에 대한 인식이 하나님의 생명에 실제로 참여함으로써 출현하는 것처럼, 그런 진리가 현재에 보전됨은 부분적으로 신자의 삶에 반영된 하나님 사랑의 열매로 증명될 수 있다. 이것은 신자들의 교회 전통의 고전적 강조점이다.

신념은 강해야 하지만, 결코 강요되어선 안 된다. 훈련과 헌신도 중요하다. 하지만, 그것들은 신앙의 제도적 표현들 자체가 신앙의 핵심이 아니라는 생각의 범주 내에서 기능 해야 한다. 교리는 하나님의 성서에 따른 계시(먼저는 이스라엘 안에서, 다음엔 그리스도 안에서)의 의미와 내포한 뜻을 해석한 것으로 이해된다. 성서 이야기가 일차적으로 중요하며, 교리는 그 이야기를 읽고 참신하게 표현하는 적절한 방법들에 대한 판단이다. 그리스도인들에게, "예수는 그리스도다"라고 주장하는 것이 나사렛 예수의 이야기를 읽는 적절한 방법이다. 이런 식으로 읽어라. 예수께서 하나님, 인류, 창조, 운명, 등등에 대해 무엇을 믿어야 하는지를 안내해 주신다(그리고 그분이 바로 안내 그 자체다!). 성서 이야기로부터 발생하고, 또 그것을 해석하지만, 교리는 성서에 따른 계시 자체로부터 결코 독립될 수 없는, 신앙의 이차적 언어다.77) 그러므로 기독교인들은 성서의 권위를 중심으로 연합해야 하며, 교리적 표현의 차이 때문에 분열해서는 안 된다. 이런 일이 가능하기 위해선, 모든 성서 읽기와 신학작업이 성령의 인도 하심과 (겸손한 신자들을 연합하는) 사랑 속에 진행되어야 한다.

여기에 흔히 적절한 정통주의로 통과되는 것에 더해진 "급진적 첨가물"이 있다. 제공되는 용서에 반응하도록 하나님의 선행은총prevenient grace이 주어지기까지, 타락한 인간들은 죄 가운데 죽은 것처럼, 하나님의 기록된 말씀 또한 성령에 의해 현재의 독자들을 위해 생명이 부여되기 전까지는 수면상태에 놓여 있다. 성서 본문의 말씀 속에 핵심적 기록, 중요한 구원 이야기, 그리고 인간 역사에서 하나님의 결정적 행동들의 의미에 대한 규범적 해석이 놓여 있다. 하지만, 적절한

4. 믿음의 확증 : 신학

인식, 실존적 권능, 그리고 동시대의 문화적 적합성은 헌신한 제자들의 참신한 신학적 노력과 더불어, 성령의 지금 사역에 의존한다. 최초로 말씀에 영감을 불어 넣었던 하나님의 영이 지금 성서의 진리에 대해 새롭게 증언하며, 다시 한번 영감을 불어넣을 수 있도록, 탐구하는 심령과 신앙 공동체 내에 머물기로 선택한다. 언제나 성령은 하나님이지, 책이 아니다. 그 책은 분명히 계시의 도구로서 핵심적이지만, 영감을 불어 넣는 존재, 즉 계시가 된 존재이며 계시하는 존재로 남아 있는 성령을 대체하지 않는다.

신학적으로 말한다면, 신자들의 교회 전통이 생각하는 대로 교회 생활이 이루어지면, 어떤 일이 벌어질까? 과거의 경우처럼, 공통성과 다양성, 헌신과 대화가 지속적으로 존재할 것이다. 예를 들어, 분명한 다양성이 있었지만, 또한 16세기 스위스, 남독일/오스트리아, 그리고 네덜란드 아나뱁티스트에 의해 공유된 상당한 정도의 교리적 공통점도 있었다. 그들의 공유된 가르침은 발타자르 휩마이어의 1526년 교리문답집에 잘 표현되었다. 이 교리문답집은 '레온하르트'란 사람과 '한스'라는 인물 간의 대화형식으로 기록되었다. 아놀드 스나이더C. Arnold Snyder는 이렇게 결론 내린다.

> 아마도 아나뱁티스트의 혁명적인 역사발전의 관점에서, 필요한 것은 "아나뱁티스트 비전의 회복"이라기보다는 "아나뱁티스트 대화의 회복"이라고 말하는 것이 최선일 것이다… 신자들의 교회 전통 역사가로서 나의 제안은 이런 신앙전통을 형성했던 대화가 현대 신자들의 교회 대화를 도에 도움이 되도록 허용되어야 한다는 것이다.[78]

스나이더의 제안에 담긴 정신을 공유하면서, 멀 스트레지Merle Strege는 "대화적 교회"의 이상을 서술했다. 이런 교회에서 생명체의 죽은 신앙인 전통주의가 오늘날 교회의 통찰력 및 도전과 활발하게 대화하는 가운데, 건강한 전통, 죽은 자의 살아 있는 신앙이 된다.79) 그의 견해는 부분적으로 존 하워드 요더의 중요한 논문에 기초한 것이다. 이 논문에서 요더는 교회를 "개인주의를 신성시하지 않으면서… 개인의 위엄을 긍정할 수 있는 공동체로 이해한다. 그런 식으로 그들은 주권lordship이나 종교적 특권establishment에 권위를 부여하지 않으면서 공동체를 실현할 수 있다."80) 직분과 권능에 근거한 권위보다 존재와 헌신에 근거한 권위가 존중된다.

5장. 믿음의 삶 : 기독교적 제자도

5
믿음의 삶 : 기독교적 제자도

급진적 종교개혁을 통해 새로운 종류의 기독교인이 출현했다. 그것은 예루살렘을 향한 중세적 순례자, 천상의 예루살렘에 속한 고대의 순교자, 그리고 신-사도적 예루살렘 밀사를 모두 포함한다. 이렇게 새로운 종류의 기독교인은 개혁자가 아니라 개종시키는 사람converter이며, 이 세상의 교구민이 아니라 나그네로서, 자신의 진정한 시민권을 하늘에 둔 사람이다.[1]

아미쉬 공동체의 구조적 가치는 Gelassenheit(이것은 아미쉬 가치의 주춧돌이다)에 있다. 대략 번역한다면, 이 독일어 단어는 복종(더 높은 권위에 대한 복종)을 의미한다. 그것은 자기-복종, 하나님 뜻에 순종, 타인에게 양보, 자기-부인, 만족, 그리고 평온한 기분 등을 포함한다. 초기 아나뱁티스트들에게, Gelassenheit는 모든 야망을 포기하고 전적으로 하나님의 뜻에(심지어 죽기까지) 순종하는 것을 의미했다. 그리스도는 그들에게 자기를 부인하고, 겸손, 섬김, 고통에 대한 자신의 모범을 따르라고 요구했다.[2]

앞 장에서 제시했듯이, 신자들의 교회 전통은 모든 기독교적 믿음이 독특한 관점에서 이해될 수 있는 특이한 렌즈를 제공한다. 이 관점은 기독교인들의 고전적 신앙과 대체로 일치하지만, 몇 가지 주의할 점과 강조점을 지닌다. 핵심적 강조점은 믿는 바를 **삶으로 실천**해야 한다는 것이다. 교리는 결코 제자도와 분리될 수 없다. 예수의 제자가 된다는 것은 "한 개인의 가슴이 이상하게 뜨거워지는 것이며… 그의 정신이 예수의 가르침과 연결되는 것이고, 그의 삶 전체가 예수의 권세를 중심으로 재구성되며, 그가 예수의 삶의 방식을 수용하고, 예수의 사명에 기꺼이 참여하는 것을 의미한다."3)

신자들의 교회 전통은 예수 그리스도를 믿는 사람들이 무엇보다 이 세상의 권력구조와 왜곡된 가치가 아닌, 하나님의 영역과 통치에 헌신하도록 요구하는 비전을 중심으로 형성되었다. 그런 비전은 세상에서 교회가 어떻게 이해되어야 하며, 그리스도의 참되고 충실한 제자가 된다는 것이 무슨 뜻인지에 대해 중요한 뜻을 내포하고 있다. 명백히, 겸손, 복종, 그리고 순종이란 말은 오늘날 서양문화를 특징짓는 과도한 개인주의와 전투적인 성공욕구 앞에서 무의미하게 들린다. 하지만, 이것이 요점은 아니다. 기독교인에게 중요한 것은 문화적 환경이나 개인적 대가와 상관없이, 하나님의 뜻과 방식에 충성스러운 제자가 되는 것이다. 하나님에 의해 의도된 기독교적 삶의 적절한 비유는 순례자, 밀사, 심지어 필요한 경우, 순교자 같은 것이다.

신자들의 교회 비전을 공유하는 근대의 대표적 해설가 두 사람은 자신들의 욕망을 다음과 같이 표현했다.

> 오늘날, 국가가 아니라 하나님이 세상을 다스린다고, 하나님 나라의 범주는 시저Ceasar의 범주를 초월한다고, 그리고 교회의 주된 정치적 과제는 제자도의 대가를 명확히 이해하고, 그 값을 기꺼이 치를 용의가 있는 사람들로 구성하는 것이라고 다시 주장하는 교회가 있어야 할 것이다… 그 교회는 오늘날 하나님의 나그네 된 백성으로, 불신의 사회 속에서 모험을 감행하는 식민지로 존재한다.4)

오늘의 교회를 위한 적절한 이미지는 순례자, 밀사, 하나님의 나그네 된 백성, 심지어 순교자 같은 것이 될 것이다. 바람직하게 새로운 종류의 기독교인이 현재 세속화된 서양 사회 내에서 출현하고 있다. 그들은 겸손, 헌신한 공동체, 섬김을 회복하고 필요할 때, 신앙을 위해 고통을 인내할 준비가 되어 있다.

결과적으로, 오늘날 교회는 현대의 종교시장에서 자신의 사도적 유산과 갱신된 역할을 재검토할 필요가 있다. 교회는 결코 제도, 혹은 개인적 영감을 받고 우정의 네트워크를 발견하는 장소로 이해되어선 안 된다. 교회는 하나님 영의 공동체가 되어야 한다. 이 공동체는 하나님의 사랑의 은총을 알고, 그것과 연관되며, 성령의 공동체 내에서 그리스도의 복음을 실천할 준비가 되어 있다.5) 기독교 개종자는 그리스도에 의해 그리스도의 몸, 즉 교회의 생활 속으로 구원된다. 구원은 교회와의 사회적 관계가 단절된, 그리스도와의 영적 관계로 정의되어선 안 된다. 신자들의 교회 전통에서 침례(세례)는 동시에 그리스도와 교회로 들어가는 것으로 이해되며, 그렇게 들어가는 것은 전적으로 자발적인 행위이기 때문에, 유아침례(세례)는 용납될 수 없다. 정의에 의하면, 기독교인은 그리스도 몸의 자발적이고 헌신적인 부분이며, 세상에서 양육, 제자훈련, 증거, 그리고 섬김의 사역을 수행한다.

적절한 균형 속에 이런 시도를 한 좋은 예가 경건주의와 아나뱁티스트에 영향을 받은 초기의 독일 형제단 속에서 발견되었다. 경건주의의 내향성은 쉽게 분리주의적 주관주의로 진행될 수 있지만,6) 아나뱁티스트의 집단적 외향성은 가혹한 율법주의로 퇴화할 수 있다는 점이 감지되었다. 그래서 형제단은 자신 속에 있는 아나뱁티즘은 더욱 **고취**하고, 경건주의는 적절히 **절제**시키려고 했다. 알렉산더 맥의 경우, 신앙의 그리스도에 대한 내적 경건과 역사의 예수에 대한 외적 복종은 동등하게 필요했다. 예를 들어, 예수에 의해 제정된 것으로 믿는 법령에 전적으로 복종하려면 현실적으로 믿음의 공동체가 필요하다. 더욱이, 많은 아나뱁티스트들의 관점에서, 그리스도의 명령에 온전히 복종하려면 광범위한 복음전파를 위해 움직이는 교회의 모델이 필요하다. 초기 지도자들은 필요한 경우, 박해를 피해 순례자로서 방랑 생활을 했다. 원칙적으로, 그들은 국가의 지원 속에 확립된 루터주의처럼 정착되고 지역에 한정된 제도를 반대했다. 많은 사람이 신중하게 모라비안 공동체와 접촉했다. 그들은 큰 꿈을 품고 복음을 전파했으며, 그런 복음전파의 사명을 감당하기 위해 훈련된 공동체 구조를 소유한 순례자 그룹이었다. 믿음을 몸으로 실천하고, 신앙공동체의 훈련에 순종하며, 신앙을 확산시키는 것은 기독교인들이 서로 묶어주는 특권인 동시에 책임이다. 참된 내향성과 외향성의 균형을 온전히 유지하는 것이 중요하다. 구원은 오직 믿음으로 가능하다. 하지만, 구원하는 믿음이 전부는 아니다. 그것은 다른 신자들과 함께 존재한다. 믿는 사람은 또한 소속되길 선택한다. 그 외에 다른 것이 무엇이든, 기독교적 제자도의 첫 걸음은 기독교적 친교를 실천하는 것이다.

몸-교회

16세기 신자들의 교회 전통 개척자들은 최소한 그들의 목적이 기독교 세계 내의 기성질서를 변두리에서 비판하는 것 이상이었다는 의미에서 '급진적'이었다.7) 일부 '개신교' 개혁자들은 체제 내에서 자신들의 개혁활동을 통해 '체제' 내에 희망적인 변화를 가져오고 싶어 했다. 프랭클린 리텔은 그것을 "기성교회를 풍요롭게 만들기 위한 비밀집회 프로그램"이라고 불렀다. 대신, 이렇게 급진적인 개척자들의 커다란 비전에 대해 리텔은 다음과 같이 계속 말했다. "그들은 자신들을 아브라함 언약의 영적 자녀로 생각했다. 자신들의 회중 안에서 구체화한 역사 자체의 의미와 더불어 말이다. 교회에 대한 그들의 견해는 '고귀하며,' 교회의 보편성에 대한 그들의 이해는 풍요롭고 충만하다."[8] 결과적으로, 신자들의 교회 전통은 "주어진"given 교회에 반대되는 것으로서 "모인"gathered 교회란 개념에 기초해 왔다. **모인**다는 것은 역동적이고 자발적이 되려는 의도를 지니며, **"주어진다는 것"**은 교회가 자신의 축적된 질서, 정형화된 지혜, 그리고 표준화된 성례전 속에서 확립되고 정착되었다는 뜻이다. **모인**다는 것은 은혜로운 성령의 지속적 사역과의 관계 속에서 믿음의 반응을 강조하고, **주어진**다는 것은 제도적 합법성과 우월함의 불가피성을 향해 쉽게 퇴보한다.

    모인 교회는 하나님의 즉각적 통치 아래에서 자신의 본질을 실현할 수 있을 만큼 충분히 세속적 유대와 인간적 관습으로부터 자유롭게 되길 희망한다. 그 교회는 일반적으로 주어진 상황이 과도하게 타협되고, 그리스도 복음의 동력에 의한 갱신의 필요 속에 놓여 있다고 생각한다. 자발주의적 견해는 어떤 타협보다 성결에 대한 탐구를 특별히 가치 있게 생각한다. 역으로, 그것은 흔히 신자들의 교회가 이스라엘이 이집트의 노예생활을 떠났던 유산을 따라, 그리고 광야의 모든 시련과 가나안의 유혹 속에서도 하나님의 특별한 백성으로 남기를 소망하며, '떠나는 자들의' 교회, '탈퇴자들'의 공동체가 되도록 유도한다. 전형적으로, 그들은 분파적이란 비난을 당했던 '자유교회'가 되었다. 그들이 신앙의 진정성을 보존하고, 종교적 혹은 세속적 싸움터에서 기성체제와 분리되기로 했기 때문이다. 그들은 사랑의 율법과 믿음의 집안에 속한 타인들에 대한 계약적 책임, 복종, 정결, 소박함, 제자도로부터 동떨어진 공적이고 세속적인 신앙을 강조하지 않는다.

그들은 교회를 성령의 현재의 인도하심 속에 함께 여행하는 순례공동체로 생각한다.

교회의 본질과 사역에 대한 세 가지 고전적 선택이 16세기 유럽에서 발생한 다양한 범주의 종교개혁에서 강조되었고, 다른 맥락에서, 지금까지 빈번하게 출현해 왔다. 존 하워드 요더는 그것들을 '신정적', '영성주의적', '신자들의 교회'로 부른다. 오늘날 신자들이 앞의 두 가지 사이에서 왕복운동 하는 것을 멈추고, 용기를 내어 세 번째 선택을 향해 이동해야 한다고 주장한다. 신정주의적 모델은 "같은 동력으로 사회 일반의 개혁을 소망하는 교회갱신의 비전"이다. 영성주의적 모델은 "의미의 영역을 사회에서 영으로 이동하고, 기성교회는 그대로 내버려 둔다."

요더에 따르면 제3의 대안인 신자들의 교회는 "공적이고 신정주의적인 교회"의 타협된 형식주의에 저항하면서 영성주의에 합류하지만, 파라처치 그룹에 의해 발전한 사적 종교private religion를 영적 차원에서 깊이 수용함으로써, 단지 형식주의에 대한 저항을 넘어선다. 대신, 그것은 "성서에 일치하며, 제자들의 친교를 제대로 실천하는 모형forms을" 발전시키려고 노력한다.9) 다른 말로 하면, 신자들의 교회 전통은 예수 그리스도를 믿는 신자들의 모임이 실제, 가시적으로 **교회**, (교회의 통전성과 세상의 구원을 위해, 세상 속에 있지만 동시에 세상에 **대항하는**) 하나님 백성의 공동체가 되도록 권면 한다. 교회의 일차적 실재는 성령의 계약공동체요, 성장하는 신자들의 반문화적 모판인 지역교회 내에 존재한다. 이 신자들은 서로 도와 자신들이 그리스도 안에서 누구인지, 이 세상에서 그리스도의 백성으로서 또 그리스도의 목적을 위해 무엇을 해야 하는지를 알도록 돕는다.

요더의 세 번째 대안은 정말 급진적이다. 그것은 참된 교회의 문턱에서, 성, 계급, 인종에 기초한 세상의 특권적 주장은 끝난다고 담대히 선언한다. 교회 안에는 단 하나의 특권적 지위가 있으며, 그것은 바로 하나님의 은총이 모든 사람에게 평등하게 부여된다는 사실이다(너희 모두는 예수 그리스도 안에서 하나다.갈3:28 요더는 "메시지가 도구다"라고 주장한다. 즉, "신자들의 교회의 독특성은 복음 메시지의 의미 충만을 위한 전제조건이다." 성결과 선교를 향한 성서에 따른 부르심은 "부름 받은 백성의 분리 됨과 그들의 사회적 존재의 독특함"을 요구한다. 교회는 특별한 '정치적' 실재로 이해되어야 한다. 요더는 다음과 같이 결론을 내린다.

> 하나님이 세상에 가져오는 정치적 참신함은 통치하는 대신 섬기는 사람들, 남에게 고통을 주는 대신 고통을 당하는 사람들, 자신들의 친교를 통해 사회적 구분을 강화하는 대신 그것을 넘어서는 사람들의 공동체다. 이 새로운 기독교 공동체(이 안에서 인간의 관념론이나 민주적 율법주의가 아니라 그리스도의 사역에 의해 담이 허물어진다)는 복음의 매체나 복음의 열매일 뿐만 아니라, 그것 자체가 복된 소식이다. 그것은 단지 선교의 일꾼이나 선교단체의 회원이 아니라, 선교 그 자체다.10)

그러므로 교회는 기독교 복음으로부터 자신의 삶과 합법성, 비전과 기준을 끌어올 때, 그리스도의 복음과 잃어버린 세상 모두를 가장 잘 섬길 수 있다. 교회는 복음으로부터 자신의 독특한 존재가 부상할 때, 세상을 위한 복음이 되며, 세상에서 그리고 세상을 위해 살아가는 그리스도의 공동체가 된다.

교회의 핵심적 과제는 진정으로 하나님의 통치 속에서 더불어 살아가는, 즉 세상에서 그리스도의 **현재** 사명 속에 성령의 은총과 권세로 살아가는 백성이 되는 것이다. 교회가 되는 것은 강력한 정치적 행위이다. 예를 들어, 정의를 위해 세상에 호소하는 것은 그렇게 호소하는 기독교인들이 신앙공동체에 가시적으로 참여하여, 실제로 사랑과 정의의 첫 열매들을 경험하고 실천하기 전까지는 공허하다. 요더는 초대 기독교 공동체의 예배생활과 그들의 사회적 비전 및 도덕적 실천 사이의 연결점에 관한 신약성서의 5가지 가르침을 언급한다. 화해, 성령의 보편적 은사, 개방적 대화와 합의를 통한 의사결정, 삶의 토대 공유, 그리고 사회적 차이의 차별적 영향에 대한 거부. 이 다섯 가지는 당시에도 그리스도 안에서 발견된 구속의 특별한 집단적 의미로 기능 했으며, 현재에도 그렇게 역할을 해야 한다. 그것들은 기독교적 "공동생활"body life의 중심적 특징이 되어야 하며, 그런 삶이 교회라고 불리는 독특한 기독교 문화를 구성해야 한다. 개인들이 그리스도 안에서 새로운 피조물이 될 때,

> 세상을 바꾸려고, 개인의 변화된 통찰(자유주의처럼)이나 신자의 변화된 내부(경건주의처럼)를 지나치게 신뢰해서는 안 된다. 사회적 기구로서 신앙공동체의 도덕적 독립을 확보하려면, 변화를 위한 지렛대와 결정을 위한 토론이 필요하다. 그 기구의 특별한 성원으로서 개인의 존엄성은 개인의 독특함을 통해 획득된다.11)

다른 말로 하면, 교회가 그리스도의 방식으로 세상에 영향을 끼치도록, 교회는 그리스도 영의 변혁적 혼존이 지닌 극적인 사회적 의미와 일치하는 방식으로 자신의 삶에서 역할을 해야 한다.

프랭클린 리텔이 한때 언급했듯이, 문제는 "교회에 대한 두 가지 상호 배타적인 개념들 사이의 돌이킬 수 없는 갈등이다." 예를 들면, 성실하게 개혁을 추진했던 루터와 쯔빙글리는 마침내 영토주의와 위

계적 통치를 겸비한 국가교회와 교구제도에 헌신하게 되었다. 다른 한편, 아나뱁티스트들은 "사도적 기독교를 회복하기 위해 경기장 밖으로 나갔다."12) 그렇게 했을 때, 기독교인들이 오순절 사건을 경험하게 된다. 즉, 그것은 최초로 새로운 공동체, 성령공동체, 그리스도 안에서 성육신의 연장을 가능케 했던, 하나님 영의 경이적 사역이었다. 성령은 **현재의 실재**로서, 예수가 육체 가운데 역사적으로 행한 것에 힘을 불어 넣는다. 그리스도 영의 현존은 영원토록 새로운 그리스도 공동체, 즉 교회를 가능케 하는 동력이다. 이 교회는 세상에 대한 선교단체로서 오순절에 탄생했다. 그것은 '사도적'이다. 즉, 만물에 대한 그리스도의 주권lordship을 선포할 사명을 갖고 세상에 파견되었다. 이 주권은 일차적으로 교회 자체 내에서 가장 명확히 감지되어야 한다. 교회는 그 자체가 세상에 대한 복음선포의 핵심적 부분이 되는, 부활공동체가 되도록 부름 받았다. 그리스도 안에서, 그리고 그리스도에 의해 갱신된 자들이 그리스도처럼 되지 않는다면, 그들의 메시지도 신뢰성을 상실할 것이다. 교회의 삶과 성품이 증인으로서의 사명에 핵심적이다.

신자들의 교회 전통은, 참된 교회는 세상에서 '보이지 않는다'는 개념에 의지하여, 가시적 교회의 명백한 불완전함을 정당화하는 일에 불편함을 느껴왔다.13) 지상에 있는 하나님의 교회는 정말로 그리스도를 닮은 신앙공동체 속에서 함께 예배하고 섬기는, 정말로 가시적이고 실재로 그리스도를 닮은 신자들이 되어선 안 되는가? '급진적' 방식으로 교회가 된다는 것은 우세한 정치적 비전, 심지어 교회의 기성 체제가 거의 용납할 수 없는 비전에 근거해서 공동체적 삶을 사는 것이다. 그런 비전을 품고 살 준비가 된 기독교인들은 기꺼이 위험을 감수할 의지가 있어야 하며, 계급, 인종, 성, 문화, 그리고 민족이란 세상의 장벽들을 극복할 수 있어야 한다. 그들은 교회와 세상의 권세들에 의해 주어진 것보다 더 높은 비전에 충성할 준비가 되어 있어야 한다. 로즈마리 류터Rosemary Reuther는 그것을 훌륭하게 표현했다. 신자들의 교회 비전은 인간존재를 위한 새로운 가능성에 도전하고, (그런 가능성을 허용하지 않는 사회의 지배구조와 그들의 불편한 관계 속에서 발생하는) 추방과 박해의 위험을 감수할 의도가 있는 사람들의 공동체에 뿌리를 두고 있다.14) 하나님은 특별한 백성을 부르시고, 아브라함에게 이 새로운 민족이 세계 전체를 축복하는 도구가 될 것이라고 약속하셨다.창12:1~3 이스라엘 백성은 자신의 혼란스런 역사에서 분투했으나, 자주 실패했다. 하지만, 하나님은 인류 안에서, 그리고 창조주와 피조물 사이에서 참된 공동체를 회복하기 위해 계속 노력했다. 신약성서가 바로 이런 관점에서 고대 약속의 성취인 예수를 믿는 사람들의 공동체를 바라보았다. 신약성서는 교회를 일종의 종말론적 사건, 성령의 창조물, 구원을 완성하는 사건(예수 그리스도의 삶, 섬김, 고통, 죽음, 그리고 부활)에 근거한 하나님의 새로운 백성으로 제시한다. 교회는 자신의 삶에서, 그리고 아직 완성되지 않은 미래에서 하나님 나라의 도래를 구체화하고 선포하는, 일종의 종말론적 사명을 지닌다. 교회는 지상에서 충분히 실현된 하나님의 통치가 아직 아니라,15) 하나님 통치의 첫 열매다. 즉, 인류 역사에서 이미 가시적으로 드러난 섭리적 형태의 신적 영역이다.

오늘날, 기독교 신학은 신자들의 **현재**의 삶에 영향을 끼칠 수 있는 복음의 잠재력을 강조해야 한다. 과거로부터 전해진 고정된 틀에 발목이 잡혀 있거나, 교회를 수동적으로 만드는 그리스도 재림에 대한 추상적 기대 속에 '동작 그만' 상태에 빠지는 대신,16) 기독교 신학은 자신의 역사를 존중하며 현재의 실현에 집중하는 일종의 미래신학이 되어야 한다. 성육신의 하나님은 현재의 구체적 실존에 관심을 갖고 있으며, 기독교인들에게 '정치적' 책임을 두신다. 신학은 독특한 희망과 변화를 위한 대안을 제공하며, 우리 시대의 중요한 공적 문제를 다루어야 한다. 지상에서 하나님의 의도된 통치는 현재를 하나님의 눈에 가망 없는 것으로 치부하며 미래에만 관련된 것이 아니다. 교회는 그리스도 안에 계시된 미래가 되어야 하며, 인간 역사에서 진실로 현재가 되어야 한다. 교회는 그리스도를 닮은 공동체 안에서 하나님의 말씀이 선포되고, 존중되고, 충실하게 실천되는 몸이 되어야 한다. 예수 안에서 이미 도래했고, 성령 안에서 여전히 도래하는 하나님 통치의 복음은 "지친 피로 가득 찬 교회의 정맥류varicose vein에 새 생명을 공급하는 운동을 창조하고, 창조할 것이며, 어쩌면 지금 창조하는 중인지도 모른다."[17] 신실한 교회는 이 죄 많은 세상의 제한적 상황에서 이미 작동하는 하나님 통치의 미래다.

그리스도의 몸으로서 교회는 현재 자신의 삶 속에 도래하는 하나님 통치(평화, 사랑, 기쁨, 자유, 평등, 그리고 일치)의 특징을 표현해야 한다. 교회는 "이 미래를 가리키려고, 세상으로 발사된 화살" 같다.[18] 그것은 예수의 십자가와 부활의 역사에서 하나님의 미래 충격으로 설립된 새로운 희망 공동체다. 현재 교회는 길 위에 있다. 그것은 아직 희망의 목적지에 도착하지 못했지만, 그 길을 알고 있으며, 성령의 인도하심 속에 그 길로 조심스럽게 이동하는 중이다. 교회는 "세상 **속에서** 자신의 삶을 통해, 세상을 **위한** 살아 있는 희망으로" 존재한다.[19] 교회는 신앙 공동체가 미래와 지속적 충돌을 경험하는 공동체, 하나님의 미래에 대한 신뢰할 만한 표지를 찾는 세상을 위해, 하나님의 도래가 인지되고, 기념되고, 구체화하는 공동체가 되어야 한다. 그리스도의 참된 제자가 된다는 것은 자발적으로 감사하며 이런 충돌, 기념, 그리고 그리스도의 공동체를 구체화하는 일의 일부가 되는 것이다.

신자들의 교회 비전의 핵심에는 하나님의 통치 아래에 신실하게 더불어 살아가는 하나님 백성의 집단적 실재가 놓여 있다. 교회는 주기적으로 안식일을 지키는 안식일 백성, 즉 안식과 희망을 제시하고 양육하는 백성이 되어야 한다. 미래에 대한 이스라엘의 기대(이 기대 속에서 "온 땅은 하나님의 영광으로 충만하다")는 매주 안식일을 준수함으로써 체험되었다. 안식일의 리듬은 일상적 시간의 흐름 속에 하나님의 안식, 즉 창조의 목적이며, 언젠가 인간역사의 끝이 될 안식을 제공한다. 비슷하게, 기독교인들의 주일예배는 종말론적 중간휴식, 그리스도의 부활에 대한 기념, 미래에 완성되지만, 현재에도 하나님 닮은 삶을 가능케 하는 하나님 통치의 도입이 되어야 한다.

사회정의와 인간의 필요에 대한 예수의 관심은 역사적인 유대전통 및 신자들의 교회 비전과 일치한다. 그것은 "묵시적 영광의 꿈에 의해 사라져 버릴 유혹에 저항하는" 대안으로 기능을 하고, 기독교인들에게 "우리는 이 세상의 상황 속에서 믿음의 삶을 살아야 한다는 사실"을 일깨워 준다.20) 예수는 땅으로 구원을 가져 왔다. 기독교 신앙은 성육신 신앙이다. 이런 마이클 키나몬Michael Kinnamon의 예언적 통찰을 주목하라.

> 겉보기에 자기 파멸로 치닫는 세상, 감정이입이란 것이 같은 생각을 지닌 집단의 성원들에 한정된 세상, 그리고 희망, 그리스도의 한몸에 대한 교회연합적 비전 대신 공포에 사로잡혀 살아가는 듯 보이는 세상에서, 하나님의 **샬롬**에 대한 징조와 예표의 삶을 살아가는 것은 일종의 선택적 헌신이 아니며, 우리 교회의 필요한 행동 목록에 편리하게 올라 있는 사치품도 아니다. 또한, 신학논쟁에서 전문가들 손에 맡

긴 어떤 것도 아니다. 그것은 하나님이 뜻하신 교회가 되려면 필수적이고 불가피한 부분이다.21)

신약성서의 **코이노니아**koinonia란 단어를 분석하면서, 헤롤드 벤더는 교회의 핵심을 '친교 공동체'로 보았다.22) 친교라는 개념은 사람들이 많은 친구를 거느리고 재미를 보는, 일종의 거룩한 상황으로 의미가 축소되어선 안 된다. 그것은 하나님에 대한 예배에서 함께 모이는 것과 그리스도를 위해 다른 사람을 섬기는 일에 함께 순종하는 것을 포함한다. 따뜻한 감정의 차원을 넘어, 공유된 영적 체험에서 기원하여 서로 삶에 대한 진지한 관여와 기독교적 선교를 위한 공동의 헌신을 가져오는, 심오한 성령의 생명이 존재해야 한다. 놀랄 것도 없이, 벤더는 개인주의와 제도주의institutionalism 같은 참다운 **코이노니아**의 적들을 당대의 메노나이트 교회 속에서 발견했다. 개인주의는 진정한 관계의 존재 자체를 방해하고, 제도주의는 소수의 손아귀에 놓여 있는 권력에 집중함으로써 관계들을 왜곡시킨다.

하나님의 교회는 예수의 부활에 자극을 받고, 이제 그들 자신의 부활을 기대하는 부활 백성이다. 존 하워드 요더는 교회가 이 세상에 있는 동안보다 나은 곳으로 이동하는 갱신의 백성으로서(그리고 그동안 항상 정신을 차리고 있어야 하는) 자기 자신과 자신의 역할을 이해해야 한다고 촉구했다. 그는 다음과 같이 말했다.

> 우리는 우리 자신의 힘으로 그곳에 도착할 수 있다고 생각하기 때문에, 시온을 향해 행진하는 것이 아니다. 하지만, 우리는 여전히 그곳을 향해 가고 있다. 우리는 하나님께서 우리를 위해 준비된 새 예루살렘을 하늘에서 땅으로 내려 주실 때, 이상한 느낌을 받지 않는 백성과 공동체가 되고 싶어서, 시온을 향해 행진하는 것이다.23)

교회는 완전히 실현된 하나님의 통치가 아니다. 하지만, 현재 역사에서, 교회는 부활의 실재에 적극적으로 참여해야 한다. 교회는 도래하는 하나님 통치의 징표이며, '중간기'에 하나님의 뜻과 길을 수행하는 기구다. 아직 그 이상Ideal을 완전히 실현하진 못했지만, 교회는 장차 완성될 하나님 통치의 약속을 받고, 최후의 승리에 대한 확신에 근거해서 사는 법을 배우며, 그 이상을 세상에서 표현하기 시작하도록 부름 받았다. 교회의 머리이신 주님처럼, 교회는 분명하게 세상 **밖**이 아니라, 진실로 세상 **속**에 거함으로써, **성육신적**이 되어야 한다.요 17:13~15 교회는 사회에서 예언자적 기능을 수행하도록, 성령에 의해 정화되어야 한다.24) 따라서, 교회가 세상과 결정적으로 달라야 하지만, 교회가 세상에서 탈출해야 하는 것처럼 생각하는 것은 심각한 오류다. 교회는 자신이 약하다거나 세상의 박해를 두려워하거나, '더러운' 세상에 의해 오염될 모험을 포기했기 때문에, 자신의 세상적 사명을 포기해선 안 된다. 반대로, 교회는 하나님의 미래의 승리를 증거로 제시하고, 악한 현시대에 하나님 통치의 실제적 삶을 보여주어야 하기 때문에, 종말론적 공동체가 되어야 한다. 교회의 존재 자체는 이미 예수 안에서 성취되었고, 이제 교회 안에서 최초로 구체화하고 있는 하나님 통치의 승리를 세상에 입증하는 목적을 지닌다.

교회에 대한 좋은 정의definition 중 하나는 "**~이다**"to be라는 동사의 비범한 용례를 통해 구성될 수 있다. 교회는 예수 그리스도를 믿는 사람들의 집합체body이다. 이 사람들은 하나님 통치의 **당위**shall-be가 현실is-ness이 되도록 수고하는, 하나님 백성의 집합체가 되는 일에 헌신했다. 하나님의 통치는 **이미** 실현되었으나, **아직** 완전히 성취되지는 않았다. 교회는 현재 그 실현을 위해 살고, 그 실현을 기다리고 있다. 그것이 기독교적 과제이며 희망이다. 그것은 하나의 성취이자, 하늘의 선물이다. 신자들은 일하고 기다린다. 그들은 "이미"와 "아직" 사이에서 살고 있으며, 다가올 시대와 현재의 악한 시대 사이에서 긴장하며 살고 있다. 그것이 바로 그리스도의 1세기 도래 이후에 진행되고, 그의 궁극적이고 임박한 재림에 선행하는 역사의 본질이다.

추방-치리

믿는 바를 실천하는 것은 하나의 선택사항이 아니다. 말씀으로 선포된 것을 삶에서 성취하는 것, 즉 신자들의 공동체 내에서 감사하며 자발적으로 그렇게 하는 것은 하나님의 방식이다. 기독교적 제자도는 개인주의의 한계를 초월한다. 예수의 제자로서 성숙하고 섬기려면, 다른 신자들의 은사와 오직 그리스도의 몸 안에서만 발견되는 양육과 훈련이 필요하다. 또한, 기독교적 제자도는 신학에 적절한 초점을 부여한다. 예를 들어, 길버트 스태포드Gilbert Stafford는 제자도의 관점에서 자신의 조직신학을 저술했기 때문에, 자연스럽게 영적 형성,spiritual formation 기도, 성결, 그리고 섬김을 강조한다.25) 그런 주제들은 신자들의 교회 전통에서 매우 중요하다. 그 주제들은 훈련을 요구하며, 신앙의 성숙과 적합성을 지향한다.

프로야구 시즌이 시작되기 전, "봄철 훈련"이 진행된다. 시즌 동안 경기에서 탁월한 실력을 발휘하고 싶은 선수는 필요한 기술을 연마하고, 정신과 몸을 훈련하며, 어떤 면에서는 서로 다르지만, 공동의 목표를 위해 함께 집중할 준비가 되어 있는 다른 팀원들과 건설적으로 협력하는 것이 필요하다는 사실을 먼저 깨닫는다. 이제 코앞으로 다가온 경기들이 삶의 일차적 관심사가 된다. 이처럼 진지한 준비의 필요성은 결코 새로운 것이 아니다. '훈련'(예를 들어, 육상선수)에 상응하는 그리스어는 askeis였는데, 이 말에서 영어 asceticism금욕주의

이 유래했다. 이 말은 곧 기독교 전통 속으로 유입되었는데, 이유는 헌신한 제자들을 신앙생활의 '경주'를 위해 준비시키기 위해, 세상에서 예수 그리스도의 특별한 길을 걷도록 준비시키기 위해 훈련이 필요하다는 사실이 자명해졌기 때문이다. 분명히 당대의 육상경기에 대해 잘 알았던 바울은 경쟁적인 육상과 권투에 대해 말했다.

> 운동장에서 달음질하는 자들이 다 달릴지라도 오직 상을 받는 사람은 한 사람인 줄을 너희가 알지 못하느냐 너희도 상을 받도록 이와 같이 달음질하라. 이기기를 다투는 자마다 모든 일에 절제하나니 그들은 썩을 승리자의 관을 얻고자 하되 우리는 썩지 아니할 것을 얻고자 하노라. 그러므로 나는 달음질하기를 향방 없는 것 같이 아니하고 싸우기를 허공을 치는 것 같이 아니하며, 내가 내 몸을 쳐 복종하게 함은 내가 남에게 전파한 후에 자신이 도리어 버림을 당할까 두려워함이라. 고전9:24~27

영국 퀘이커교의 초기 지식인이었던 로버트 바클레이Robert Barclay는 도덕적 차이에 대한 진지한 인식 없이 참된 교회는 존재할 수 없다고 주장했다. 그는 칭의라는 법정적 교리에 단순하게 만족하려 하지 않았다.26) 사죄의 확신 속에 안주하는 삶의 위험은 전혀 성결의 진보를 이루지 못하는, 용납할 수 없는 유혹이다. 이 점에서, 구원교리를 그 이후에 성결을 추구하는 훈련된 제자도의 필요성과 연결 지은 것은 과연 존 웨슬리의 천재적 업적이었다. 그는 "원시교회"primitive church에 대해 이런 관점을 제공했다. 즉, "혼과 육이 인간을 만드는 것처럼, 영과 훈련이 기독교인을 만든다."27) 무슨 뜻인가? 교회훈련에 기꺼이 참여하지 않는 사람은 결코 진정한 기독교인이 될 수 없다. 혼과 육이 분리할 수 없듯이 서로 연결될 교회훈련과 성령의 현재 사역의 관계는, 18세기 영국교회 내부의 개혁운동으로서 웨슬리의 감리교 개념을 위해서뿐만 아니라, 세계 기독교에 대한 그의 평가를 위해서도 매우 중요했다. 웨슬리는 훈련과 성령의 현재 사역의 고유한 관계란 측면에서 다음과 같이 결론을 내렸다.

> 만약 상황이 그렇다면, 우리가 오직 소수 기독교인만 발견하는 것이 놀라운 일인가? 도대체 어디에 기독교적 훈련이 존재하는가? (멀리 갈 것도 없이) 영국교회의 어디에서, 기독교 교리에 기독교 훈련이 첨가되었는가? 기독교 훈련이 부재한 곳에 기독교 교리가 선포될 때, 그것은 청중들에게 온전한 영향을 끼칠 수 없다.28)

가장 값진 진주를 얻기 위한 겸손과 희생은 기독교 영성 생활의 핵심이다. 흔히 그것은 금욕주의라고 불린다. 분명히 기독교적 금욕주의의 역사는 남용과 오용의 기록으로 점철되어 있다. 오늘날 이런 이야기를 하는 것 자체가 일반인들의 마음속에 세상을 혐오하며 격리된 삶을 살았던 수도승이나, 사막에서 자신의 몸을 학대하던 은둔자들을 떠올리게 한다. 가끔은 냉소적 뉘앙스를 풍기며, 청교도들은 어떤 이들이 어느 곳에선가 행복한 삶을 살았던 적도 있었다는 소리를 들었다! 하지만, 금욕주의가 언제나 생명을 상실하고 율법주의적인 것으로 무시되어선 안 된다. 예수님 자신이 금식했고, 그것을 추천하기도 했다. 예수님은 자기 내부에서 하나님의 통치를 극대화하기 위해, 자발적 가난과 독신의 이상을 추구했다. 그는 자신의 제자들이 헌신한 제자들로서 그를 따르려면 모든 것을 포기해야 한다고 요구했다.

따라서 금욕생활은 주어진 문화적 환경에서 그 형태가 어떠하든, 기독교인이 성결 속에 성장하기 위한 수단이다. 그것은 일종의 기독교적 "봄철 훈련"으로써, 예수를 따르는 이가 진정한 제자가 되는 데 필요한 신적 은총에 반응하게 한다.29) 신자가 어떤 방식의 사고, 행동, 존재에 대해 '아니오' 라고 말하고, 그럼으로써 다른 이들, 하나님, 그리고 이 세상에서 희생적 사역을 위한 하나님의 부름에 '예' 라고 말하려고 문을 활짝 열게 하는 것은 바로 자기부정self-denial이다. 금욕주의는 더 위대한 사랑, 타자를 위한 희생으로 확장된다. 바울이 말한 것처럼, 만약 "내게 예언하는 능력이 있고, 모든 신비와 지식을 이해할 수 있고, 산을 움직일 만한 믿음이 있어도 사랑이 없다면, 나는 아무것도 아닙니다."고전13:2

봄철 훈련이 끝났을 때, 이제 팀이 **집중력을 갖추게** 된다면, 훈련의 목적은 달성된 것이다. 선수들은 시즌이 아닐때의 혼란으로부터 적절한 거리를 유지하면서, 한 팀으로서 하나가 되어야 한다. 다가오는 시즌에서 우승하려고, 앞으로 있을 많은 경기에서 팀이 실력을 발휘하기 위해, 적절한 지도와 결단이 필요하다. 그런 목표와 비전 덕택에, 선수들은 계속 경기에 출전하면서 실력이 향상되고, 의지를 불태울 것이다. 신자들의 교회 전통에 속한 기독교인들의 경우, 권위는 그리스도, 그리고 자신들끼리 소중한 언약을 맺은 신실한 신자들 가운데 계신 성령님께 있다. 훈련의 요점은 사소한 문화적 오류들을 엄격하게 금지하는 것이 아니라, 세상에서 하나님의 백성이 되고 그리스도의 사역을 수행하도록 영적 건강과 힘을 부여하는 것이다.

음악의 한 형식으로서 재즈같이, 영적 영역에서 '경건' 은 정교한 정의를 내리기가 어렵다. 그것은 신자와 하나님 사이의 개인적 관계와 관련이 있다. 따라서 그것은 대단히 주관적이 되는 경향이 있고, 어떤 형태의 권위도 쉽게 거절하는 경향이 있다. 그리스도께 헌신한 공동체로서 교회와 돈독한 경건이 반대세력으로 기능을 할 필요가 없지만, 그러한 패턴이 역사 속에 반복해서 출현해 왔다. 하지만, 신자들의 교회 전통(특히 아나뱁티스트 그룹)은 가장 적법하고 완성된 형태의 기독교 경건은 각 신자가 복종(신자들의 자발적 공동체의 지혜와 지침에 대한 복종)을 기꺼이 수용할 때, **신자들의 그룹**body of believers **안에서** 출현한다고 가르쳐왔다.

언젠가 프랭클린 리텔이 문화-종교의 부동성 및 민족성이라고 불렀던 것, 즉 "기독교왕국"Christendom이라고 불렸던 일체의 구조와 가치를 거절했던 '자유교회' 현상은 특별히 16세기에 시작된 것으로 보인다.30) 대신, 이 땅 위에 사는 하나님의 언약백성, 즉 순례자의 성서에 따른 기준이 제시되었다. 리텔은 "교회가 자신의 교회 훈련을 약화시키고, 지배적인 문화규범 및 민족가치에 적응할 때, 외부의 공격, 즉 다른 주인을 섬기고 다른 훈련에 복종하는 사람들의 내적 침투에 취약해진다"라고 말했다.31) 자유교회는 각 성원의 영적 복지와 교회 자체의 건강에 깊은 관심을 둔다. 교회 훈련은 핵심적인 것으로 간주하였으며, 철저하게 자발적으로 참여할 때만 진정한 의미가 있을 수 있다. 즉, 어떤 훈련이 실행되기 전, 각 성원은 그 단체로부터의 훈계와 교정을 기꺼이 수용하겠다는 분명한 의지를 표명해야 한다. 올바로 이해될 때, 훈련은 그 단체의 성원들이 하나님의 은사와 소명 안에서 각자가 실현해야 할 본질을 온전히 실현할 수 있도록 돕는다.

그러므로 교회는 자유와 상호헌신의 맥락 안에서 지원하고 양육하며, 때때로 징계하는 그리스도의 친교다. 아나뱁티스트 역사는 교회가 신앙도 거의 없고, 신앙에 대한 이해나 헌신도 없는 사람들을 대량으로 받아들였을 때, 타락했다고 주장한다. 후에, 유아침례(세례)의 관행을 통해 타협의 과정을 완결하면서, 이런 위험한 패턴을 지속시켰다. 사실, 교회는 '어린이의 장난'이 아니라, 자발적 헌신, 징계에 대한 개방성, 그리고 그리스도의 방식에 일치하는 집단적, 윤리적 삶에 대한 열정적 헌신을 요구하는 삶의 방식이다. 찰스 웨슬리가 썼듯이, 진지한 그리스도인은 이렇게 기도한다.

> 이 시대를 섬기는 것입니다, 내가 성취해야 할 소명은.
> 오, 나의 전력을 다해, 주님의 뜻을 이루고 싶습니다.[32]

초기 아나뱁티스트들은 천박한 사교 및 수치스러운 자기이익을 친교라고 생각하는 교회에 명목상의 기독교인들이 넘쳐나는 현상을 보며 속이 상했다. 프랭클린 리텔이 다음과 같이 상황을 요약했다.

> 하나님과 성도들 간의 언약관계 사상이 아나뱁티스트 공동체의 토대가 되었으며, 그런 사상을 통해 추방(영적 치리)를 사용하게 되었다. 아나뱁티스트들은 참된 침례(세례)란 벧전 3:18~22에 기술된 신적 권위에 대한 순종, 즉 하나님에 대한 선한 양심의 책임이라고 반복해서 말했다. 그들은 이런 치리가 이런 종류의 세상에서는 결코 쉽게 실행될 수 없고, 따뜻한 훈계와 권면, 즉 진정한 교제의 실천을 요구한다는 점을 이해했다.[33]

'자유' 교회는 그런 교회에 참여하는 것이 자발적 결단의 문제라는 의미에서 벗어나길 원한다. 물론, 자유교회는 성원들에게 자신들이 원하는 대로 생각하고 행동할 자유가 주어졌다는 의미에서 자유로운 것이 아니다. 아나뱁티스트 지도자들은 세상과의 영적 분리가 신약적 삶과 믿음의 회복을 꿈꾸는 강렬한 공동체 내에서 엄격한 내적 징계를 실천하기 위해 핵심적이라고 확신했다. 죄가 신앙공동체 내부로 침투했을 때, 조치가 필요했다. 만약 그 죄가 구성원 중 한 사람과 관련된 것이라면, 마태복음 18장에 기록된 예수의 가르침에 따라 징계가 취해졌다.34) 죄를 범한 사람이 오만에 휩싸여 성령의 충고를 거절하지만 않는다면, 결코 분리의 조치가 취해질 필요는 없다. 만약 그 죄가 막중하거나(갈5:19을 참조하시오), 계속 충고를 거절한다면 그 죄를 범한 사람은 고전5:13에 따라 교회에서 추방될 수 있다. 일차적으로, 성찬식 참여가 금지되고, 그 후에도 문제가 해결되지 않는다면, 절대적으로 필요할 경우, 추방, 즉 친교를 금지하는 조치가 취해질 수 있다. 하지만, 징계는 긍정적이고 충분한 목적을 지닌 것이다. 이것은 일종의 구속 과정이며, 심지어 세상에서 교회가 자신의 사명을 완수하려는 의도 속에 무장하는 것이다. 스포츠팀처럼, 교회는 하나님께 받은 재능을 고양하고, 자신의 잠재능력을 극대화하며, 신실한 공동체가 되는 일에 정신을 집중해야 한다. 하나님 나라를 포함하여, 어떤 지역의 시민이 된다는 것은 값비싼 대가를 치르게 된다. 그리스도 몸의 구성원들은 "세상에서 교회의 대표로 살기 전, 하나님의 전신갑주를 입을" 준비가 되어 있어야 한다. 예를 들어, 친우회Society of Friends는 이 세상이 궁극적으로 하나님의 질서와 계획에 책임을 져야 한다는 믿음에 대해, 자신들의 청교도 선조에게 빚을 지고 있다. 그동안, 신실한 기독교인들은 그리스도의 현재 통치에 대한 반사체로서 행동할 책임이 있다. 퀘이커 신학자인 월머 쿠퍼Wilmer Cooper에 따르면,

> 조지 폭스의 시절 이후, 친우회는 마치 하나님 나라가 과거의 어떤 황금기나 미래의 어떤 복된 사건이 아니라, 지금 이곳에서 실현된 하나의 실재인 것처럼 살 수 있어야 한다고 진지하게 생각한다. 한 개인의 삶에서 기독자의 완전을 추구하는 것과 더불어, 집단적, 사회적, 그리고 정치적 세계 내에서 기독자의 완전을 동시에 추구해야 한다.35)

20세기 중반에 이르러, 심지어 '자유교회' 안에서도, 유럽과 북미

내에 기독교가 상당한 수준으로 토착화되었다. 프랭클린 리텔이 언급한 것처럼, "회원자격기준은 점점 더 난잡해졌고, 설교와 실천은 경박해졌다."36) 이에 대한 반응으로, 1992년에 고센대학Goshen College에서 신자들의 교회대회가 개최되어, "그리스도의 통치"the Rule of Christ, 마18:15~20와 어떻게 교회가 자신의 올바른 도덕적 권위에 대한 신선한 인식을 획득하고, 영적 혹은 도덕적 난관에 부닥친 신자들을 구속적으로 다루는 목회를 회복할 수 있는지"에 대해 관심을 집중했다.37) 어떻게 17세기 영국에서 친우회퀘이커들이 '복음적 질서'를 발전시켰고, 18세기에 존 웨슬리가 온전한 나눔이 기대되고 요구된 반Band과 속회Class Meeting의 책임하에 '그리스도 규칙'을 두었는지에 대한 발표들이 있었다. 이런 웨슬리안 부흥운동은 새로운 메소디스트 소사이어티Methodist Society 내에서 개인적 훈련과 영적 복종을 대단히 강조했다. 이것들은 웨슬리의 교육적 전략의 핵심적 요소들이었다. 특히, "속회는 설교와 교리가 영적 갱신을 위해 사용되게 한 도구였다. 그것은 혁명을 불러왔다."38) 1992년 대회의 연구위원회는 다음과 같이 보고했다. "우리는 우리 자신의 개인적 권리를 그룹의 정의definition와 징계에 복종하길 주저해 왔음을 인정할 필요가 있다." 심지어 하나님의 교회앤더슨파 같은 보수적 전통에서도, 그렇게 심각한 망설임이 존재했다. 예를 들어, 관리와 정체에 대한 대책위원회가 1987년부터 1992년까지 미국에서 이 운동의 삶과 관련된 이슈들을 조사하고, "권위와 자율 사이의 긴장"을 기본적 이슈로 밝혀냈다. (바람처럼 예상치 못하게 불어오는) 성령의 동력 속에 활동할 자유를 꿈꾸는 '자유' 교회는 신자들로 구성된 조직의 지혜와 징계 내에서 책임 있는 존재가 되어야 할 동등한 필요와 자주 갈등을 일으킨다.39)

점차로, 세속적 구조가 전통적인 교회구조뿐만 아니라, 교회구조가 지지해 왔던 가치와 규범을 대체하거나 부당하게 영향을 끼친다. 신자들의 교회 전통의 공동체적이고 잘 훈련된 본성과 기괴한 대조를 이루며, 근대 서구사회는 개인적 선택의 범주에서 벗어난 것은 아무 것도 원치 않는, 광포한 개인주의로 특징 지워진다. 그러므로 교회의 본질이 심각한 위기에 처해 있다. 현대 신자들의 교회 지도자가 제기한 다음의 관찰과 질문은 주목할 만한 가치가 있다.

> 일반적으로 추방의 개념 및 집행이 16세기에는 율법주의적이고 문자주의적이었고, 그 이전에는 훨씬 더 상태가 심각했지만, 추방에는 좀 더 세심하게 재고해볼 필요가 있는 차원이 존재한다. 신자들의 침례(세례)와 추방을 연결하는 것은 교회 성원들의 책임 속에 있는 중요한 요소, 즉 친교의 공동체적 본성을 강화시켰다. 내적인 영적 변화는 개인의 물침례(세례)뿐만 아니라, 필연적으로 공동체와 그 공동체 내에 존재하는 상호 간의 책임으로 확장되었다. 그런 책임 없이 "신자들의 교회"가 존재할 수 있을까? 어떻게 이런 차원이 우리 시대와 같이 세속적이고 개인주의적인 시대에 회복될 수 있을까?[40]

퀘이커 전통에 속한 데이비드 엘튼 트루블러드David Elton Trueblood는 다음과 같이 관찰했다. "우리는 헌신 이외의 것으로는 구원받지 못할 수도 있으며, 헌신적인 친교 속에서 자신의 표현을 발견하지 못할 경우, 그 헌신은 아무런 효과도 없을 것이다. 만약 우리가 인간 본성에 대한 지식이 있다면, 자기만족의 오만을 거절함으로써 시작하게 된다."[41] 프랭클린 리텔은 '총체적' 기독교에 대해 다음과 같이 덧붙였다.

> 총체적 기독교integral Christianity란 무엇보다 하나님 백성은 규정된 자

기능력의 범주를 넘어서는 행동 프로그램을 요구해선 안 되며, 자신의 범위 안에서 새로운 사상이나 계획의 결과들을 구체적으로 실천하기 전까지 결코 그것들을 선포해선 안 된다는 뜻이다. 간단히 말해서, 총체적 교회는 인종이나 피부색과 상관없이 자격을 갖춘 모든 사람을 회원으로 그리고 성찬대 앞으로 초대할 때까지, 세상을 향해 차별과 인종주의에 대해 훈계해서는 안 된다. 그러므로 총체적 교회는 똑같이 타락한 정치가들에게 회원권을 허용하는 한, 정치적 타락에 대해 떠들지 않을 것이다. 총체적 교회는 자기점검, 내적 규제, 그리고 교회 통치자에 대한 복종을 통해 자신의 사명을 갱신하고 구속함으로써, 사역을 시작하고 감당할 것이다.42)

제대로 훈련되지 않은 기독교적 삶은 미성숙한 신자들과 비효과적인 신앙공동체를 양산한다. 그룹훈련은 분명히 강제적 교회의 위험을 안고 있다. 그것이 딜레마요 역설이다. 자발주의voluntarism는 오만하지 않고, 수정과 성장에 대해 열려 있는 참된 헌신과 연결되어야 한다. 기독교적 배경에서, 적절하게 자유를 누리려면 적절한 규제가 필요하다. 이런 규제에는 교회의 예배생활에 정기적이며 의식적인 참여가 포함된다. 기독교인들 내에서 필요한 성장은 기억을 향상시키고, 정체성을 고취하며, 성장을 자극하는 예배와 관련이 있다.

결속-제의

1215년의 제4차 라테란 회의 이후, 공식적 로마 가톨릭 교리는 그리스도의 몸과 피의 '실체'substance를 정의하려고 '화체설'이란 개념을 포함했다. 이것은 빵과 포도주라는 부수적 사물 속에 그리스도의 몸과 피가 문자적으로 실재한다고 주장한다. 이것은 교회 예배의 중심적 요소인 성만찬과 연결된 고도의 교리적 형식의 실례다. 안드레아스 칼쉬타트Andreas Karlstadt와 콘라드 그레벨Conrad Grabel 같은 초기의 아나뱁티스트 지도자들은 희생제의와 은총의 수단으로서 로마 가톨릭의 미사 개념을 포함하여, 그런 교리들을 거절했다. 오히려, 주의 만찬은 예수의 죽음과 부활에 대한 기념, 그리스도인들 내에서 사랑과 고통을 수반한 교제의 표시로 인지되어야 한다.

신자들의 교회의 일반적 관심은 그리스도의 가시적 몸, 즉 그의 제자들인 백성 속에 진정으로 현존하는 그리스도 영에 더 많이 집중된다. 교회는 은총에 의해 성령과 함께 현재의 삶을 공유하는 신자들의 친교다. 이것은 그들이 침례(세례)를 베풀고, 주의 만찬에 참여하고, 가난한 자들을 섬기든 말든 상관없이 사실이다. 초기 아나뱁티스트들의 훈련된 계약공동체는 '닫힌' 혹은 '폐쇄' 성찬을 포함하여, 헌신과 일치에 대한 자신들의 관심을 다양한 방식으로 고찰했다. 주의 만찬에 참여하는 것이 승인된 사람들은 지역교회와 하나가 되어 살아야한다. 메노 시몬스는 성찬 참여자들이 '참회자' 즉, "사랑, 평화, 일치속에 자신의 형제들과 동행하는 자들, 주의 영에 의해 모든 진리와 정의로 인도받는 자들, 그리고 그들의 열매를 통해 그들이 교회요 하나님의 백성임을 증명하는 자들이 되어야 한다"고 가르쳤다.[43]

1527년에 작성된 쉴라이트하임 고백서에서 주의 만찬에 대한 항목들을 집필했던 마이클 자틀러Michael Sattler는 고통받는 그리스도가 승천한 그리스도와 같은 인물임을 이해했다. 이 그리스도가 훈련받고 세상에서 분리된 가시적 회중 속에 "정말로 현존한다."

> 주의 만찬을 통해 신자들은 그리스도의 삶이 사죄를 위해 제공되었던 것처럼, 서로를 위해 자신들의 생명을 제공하도록 강요하는 사랑의 유대를 체험했다. 주의 만찬을 통해 그리스도의 구속적 고통이 평등주의적 공동체의 탄생과 유지과정에서 신자들이 서로를 위해 육체적

고통을 당하는 것과 연결되었다…모든 아나뱁티스트들은 빵과 포도주 속에 그리스도의 육체적 현존을 주장하는 신학에 근거한 미사를 거부했고, 은총의 수단으로서 미사의 희생적 특성을 부인했다. 그들 모두는 **성례전에 대한 사효성**ex opera operato적 이해(성례는 집례자의 도덕적 상태와 상관없이 그 자체로 유효하다는 사상, 역자주)을 거부했다. 비슷하게, 그들 모두는 성직자들을 통한 제의의 매개적 특성도 거절했다…44)

주의 만찬에 대한 아나뱁티스트적 이해의 탁월한 특징은 희생적 사랑에 대한 '수평적' 이해였다. 그리스도의 고통과 희생의 관점에서, 성찬에 참여하는 것은 그리스도를 위해, 그리고 교회에서 형제·자매를 위해, 기꺼이 고난을 당하겠다는 책임과 헌신의 극적인 징표다. 발타자르 휩마이어는 1526년에 쓴 교리 문답서에서, 주의 만찬은 "사랑의 공적 징표요 증언이다. 이 만찬에서 한 형제가 회중 앞에서 다른 형제에게 헌신하고, 이제 서로 빵을 쪼개어 먹고 포도주를 마시듯이, 자신들의 몸과 피를 서로를 위해 희생하고 나누기를 소망한다…"라고 말했다.45) 성서는 근본적인 것으로 이해되고, 성서의 현재 의미에 대한 성령의 지속적 조명이 핵심적인 것으로, 그리고 교회의 상황과 징계가 중요한 것으로 이해된다면, 침례(세례)와 주의 만찬 같은 예전은 교회 생활에서 어떻게 이해되어야 할까? 휩마이어는 이렇게 답변했다. "이것들은 단지 외적 상징에 불과하다. [그것들은 예수의 실제 몸과 피라는 로마의 주장에 반대된다.] 다름 아닌 물, 빵, 그리고 포도주일 뿐이다…그 목적은 교회로 모이는 것이며, 신앙과 형제애 속에서 그리스도의 말씀에 따라 살겠다고 공적으로 계약을 맺는 것이고, 그들의 죄 때문에 형제적 징계와 기독교적 추방에 복종하는 것이다…이것은 중요하다. 하지만, 물, 빵, 포도주가 중요한 것은 아니다."46)

분명히 초기 아나뱁티스트들은 주의 만찬에 대한 중세의 성례전 이해를 단호히 거부했다. 대신 그들은 감사 속에 그리스도를 기억하고, 자신들의 계약 공동체 내에서 이런 공동식사를 통해 제시된 헌신, 사랑, 일치를 상징하려고 했다. 그 이후, 신자들의 교회 전통이 발전시킨 것처럼, 훨씬 더 다양한 형태의 '성례전'이 존재하게 되었다. 일반적으로 신자들의 교회 전통은 성만찬을 기억/기념으로 이해하는 쯔빙글리적 시각을 중시하지만, 꼭 이런 시각만 존재하는 것은 아니다.47) 많은 침례교회에서 실천되고 있는 엄격한 기념설부터 웨슬리안 전통의 "은총의 수단"(구원은총이 아니라 양육을 위해)까지 범위가 다양하다. 주의 만찬을 중심으로 매주 예배를 드리는 그리스도 교회(그리스도의 제자들)부터 '신령과 진정으로' 예배 드리는 것을 선호하여 일체의 형식화된 예전을 거부하는 친우회the Society of Friends, 퀘이커까지 스펙트럼이 다양하다.48)

예배에 대한 신자들의 교회 입장은 기독교 침례(세례)에 대한 이 교회의 역사적 증언 속에 명백히 드러난다. 그 증언은 최소한 16세기까지 거슬러 올라간다. 쉴라이트하임 고백서1527는 초기 아나뱁티스트 운동의 스위스와 남독일 흐름을 강화하는 데 중요한 역할을 했던 일종의 신학선언이다. 이 신앙고백서의 첫 조항은 은총의 중심적·핵심적 수단으로서 침례(세례)에 대한 제도적이고 성직자 중심적인 견해에 대항하기 위해 증언이 필요하던 시대에, 침례(세례)를 참신하게 다루었다.49) 얼마 후, 메노 시몬스1496~1561도 그 조항들과 비슷한 방식으로 침례(세례)에 대해 말했다. 그것은 1632년 도르트레히트 선언문 속에 고백문의 형식으로 나타났다. 그가 1539년에 작성한 "기독교 침례(세례)"란 제목의 논문에서, 메노는 침례(세례)가 믿음에서 분출되는 복종의 표시라고 말했다. 중생(그리스도 안의 신생)은 기존 성직자의 손에서 성찬을 받는 것이 아니라, 하나님의 말씀을 믿음으로 발생한다. 침례(세례)는 중생에 영향을 끼치는 것이 아니라, 중생의 뒤를 따른다. 보다 최근에, 러셀 바이럼Russell Byrum, 1889~1980은 교회를 "중생한 사람들의 집합체"로 규정했다.50) 그런 성례전들이 아니라, 중생이 구원은총을 통해 신자들을 교회 내에 위치시키기 위한 하나님의 기준이 되어야 한다.51)

교회는 "기독교적 체험이 당신을 구성원으로 만드는 곳"이다.52) 중심 문제는 회개와 실제적 중생 대신 침례(세례)가 사람을 신자로 만드는가가 아니라, 침례(세례)와 교회회원권 사이에 중요한 연결고리가 존재하는가 하는 것이다. 이에 대해 긍정적으로 반응하면서, 신자들의 교회 전통은 침례(세례) 의미의 집단적 차원에 주목한다.53) 개인적 신앙고백과 제자도의 부름에 대한 응답의 약속을 넘어, 어떤 상황에서 침례(세례) 후보자는 다음과 같은 질문을 받는다. "당신은 기도와 출석, 물질과 봉사를 통해 교회를 후원하며, 교회에 충성할 것입니까?" "그리스도를 통해 하나님과 맺은 언약은 형제 · 자매들과 맺은 언약과 분리될 수 없다"고 주장하면서, "그리스도의 몸속에 있는 다른 생명을 통해 성령이 우리에게 임하신다는 진리를 상징하는 것으로서, 침례(세례) 직후에 안수하는 형제단의 관례가 있다."54) 다른 것 중에서 침례(세례)는 신자에게 사역을 허용하는 것이며, 만인사제설을 확증하는 것이고, 그리스도의 몸인 교회에 책임 있게 소속하겠다는 결정적 헌신이다.

그래서 신자들의 교회 전통에 참여하는 사람들 대부분은 교회생활에서 특정한 '제의들'을 지속해 왔다. 비록 그것들이 영적 실재의 실체나 직접적 원인, 혹은 단순한 형태라기보다는 반응, 징표, 헌신으로 이해되는 경향이 있지만 말이다. 타락하고 강제적이 될 수 있는 성직자들의 통제적 손길에 의해 거룩한 은총의 자동전달자가 되는 대신, 제의들은 신실한 교회공동체의 자발적 행동들이다. 하지만, 그 이상의 무엇이 필그람 마펙Pilgram Marpeck을 통해 배울 것이 있다. 그는 '성례전' 문제에 대해 체계적 사고를 했던 소수의 초기 아나뱁티스트들 중 한 사람이다. 그는 제의의 형식들이 단지 내부의 영적 상태에 대한 반영이며, 그래서 별로 중요하지 않다는 견해에 대해 마음이 편치 않았다. 역으로, 그는 제의의 형식들은 거룩한 실재를 지칭하고, 신자들을 더 깊은 수준의 사랑, 감사, 복종, 그리고 양보로 인도하는 교회 내의 장치들이 될 수 있고, 또 되어야 한다고 주장했다. 이런 견해는 오늘날 많은 신자의 교회 전통을 대표한다. 이 전통은 신자들이 예수 그리스도의 복음을 올바로 사용할 수 있도록 도울 수 있는 제의와 가시적 상징의 영적 힘을 재인식하기 시작했다.55)

로버트 물홀랜드M. Robert Mulholland, Jr.는 "그리스도 안에서 공동체의 리듬, 더불어 사는 삶의 리듬"에 대해 말한다. 이 리듬은 때때로 '예전' liturgy이나 예배생활의 의도적 패턴이라고 불린다. 이것은 그 자체로 "은총의 수단이 될 수 있으며, 이것을 통해 하나님은 인간공동체가 더욱 온전하게 존재하도록 말씀하시며, 그들이 자신과 사랑 안에서 보다 친밀하게 묶이며, 그들이 사랑으로 하나가 되도록 하며, 그들이 하나님 사랑의 주체가 되어 세상 속에 침투하도록 한다."56) 성서에 따른 가르침은 이미 하나님 앞에서 회개하고 의롭게 된 신자가 예수에 의해 제정된 기독교 신앙의 오랜 의식들(성례전)을 충분히 활용하도록 요구하는 것 같다(이 의식들은 고전적인 웨슬리적 견해를 채용하지만, 신자들의 교회의 세심한 통제하에 있다). 사람들은 영적 성장을 위한 '은총의 수단'에 대한 존 웨슬리의 강조를 이해할 필요가 있다. 그는 지나치게 편재해 있는 교회 권력과 관행의 제도적 왜곡을 피하면서 그렇게 했다. 침례(세례), 주의 만찬, 세족식의 목적은, 그것들 자체가 최초의 혹은 최종적 구원의 성취를 위한 수단은 아니지만, 그럼에도, 구원의 건강과 풍성함을 위해 중요하다. 그것들은 명확한 기억, 공적 증언, 공동체 정체성 형성, 그리고 지속적인 개인적 성화의 수단이다. 이러한 요소들은 교회가 **되기** 위한 토대는 아닐 수 있지만, 죄 많은 세상에서 하나님의 백성이라는 독특한 조직으로 **건강하게** 살려면 매우 중요하다. 그것들은 교회생활의 리듬이 적절하게 진행될 수 있는 틀이다.57)

전투-평화

신자들의 교회 전통은 목적과 수단의 어떤 분리도 용납하지 않는 경향이 있다.58) 만약 그리스도께서 **교회**라는 독특한 공동체가 존재하게 하셨다면, 또한 그는 이 공동체가 세상에서 그리스도와 같은 방식으로 기능하길 틀림없이 원할 것이다. 다름 아닌, 이 세상에서 그리스도의 살아 있는 몸으로서 교회가 자신의 거룩한 소명에 충실한 것이 가장 기본적인 복음전도 및 사회 전략이다. 이런 충실함이 **무엇**이며 그것이 **어떻게** 실천되는가의 문제는 서로 긴밀히 연결되어 있다. 어떻게 세상에서 자신의 소명을 최고로 실현하는가 하는 문제는 교회가 어떤 상황에서 폭력 사용을 용인해야 하는가 아닌가의 문제와 연관되어 있다.

성서는 하나님의 영역과 통치의 개념으로 가득하다. 그것들의 의미를 드러내는 관련된 주제들은 땅, 집, 도시, 정의, 안식일, 희년, 그리고 평화 등이다. 마지막의 것인 **평화**shalom는 인간의 삶이 올바른 관계와 조화로 충만하고, 모든 피조물이 적절히 기능하게 하려는 하나님 의지의 포괄적 비전이다. 만물을 하나님의 방식과 하나님의 본래 목적에 맞게 재구성하는 평화의 왕자 역할에 메시아의 제왕적 통치사9:6~7는 밀접하게 연결되어 있다. 평화는 하나님 통치의 핵심에 놓여 있다. 하나님나라의 참된 시민권에 대해 알려면 은총에 의해 "성령 안에서 정의, 평화, 그리고 기쁨"롬14:17에 참여해야 한다. 예수는 하나님의 샬롬이다. 그는 "십자가에서 흘린 피로 평화를 이루었다."골1:20 예수는 화해되고 화해하는 공동체를 만든다. 그곳에서 유대인과 이방인, 종과 자유자, 남자와 여자 사이에 '적대감의 벽'은 존재하지 않는다.엡2 그러므로 "하나님 나라의 계획 속에서, 평화는 그 나라의 최종 목적이며, 예수 제자들 공동체를 지금 경험하는 것이다."59)

16세기에는 아나뱁티스트 그룹들 내에서 폭력에 대한 신약성서의 혐오감을 어떻게 현실에 적용하는가에 대해 차이가 있었다. 그들의 일반적 규칙은 국가 공직자들이 사회의 악에 대해 하나님이 부여한 핵심적 역할을 감당했으며, 기독교적 양심의 문제를 제외하곤, 그들에게 복종해야 한다는 것이었다. 스위스 형제단은 무기 드는 것을 거절했지만, 후터파는 그들을 비판했다. 왜냐하면, 그들은 이미 전쟁세를 냈기 때문이다. 다른 이들은 단순한 비판을 넘어, 싸우거나 세금을 내지 않았다. 주변의 악한 세상 한복판에서 어떻게 그리스도가 기대하는 삶을 가장 잘 실천할 것인가의 문제는 결코 쉬운 것이 아니다.

프랭클린 리텔은 정부에 대한 아나뱁티스트의 견해 속에서 세 가지 강조점을 발견한다. 즉, 종교 속의 강제에 대한 그들의 반대, 혁명에 대한 그들의 반대,60) 그리고 순교자들의 교회로서 자신들의 운명에 대한 의식. 초기 아나뱁티스트들은 "생생한 종말론을 소유한 절제된 평신도 공동체였다."61) 타락한 세상에서 신실함은 고통을 가져왔다. 순종적 교회는 자신의 그리스도를 닮은 본성에 충실함으로써, 자신의 말과 행동을 통해 그리스도의 임박한 통치를 표시하는 일종의 반문화운동이기 때문이다. 데일 브라운은 현대적 환경 속에서 다음과 같이 결론을 내린다. "서로 돌보고 나누며, 이방인과 적에게 친절을 베푸는 공동체는 메디슨 에비뉴Madison Avenue의 미디어와 조작기술을 채택한 사람들보다 훨씬 더 복음전도의 능력을 소유한다." 심지어, "어떤 이들의 손에 들려진 무기들이 종족 살인을 가져올 수 있는 세상에서, 예언적이고, 증거하고, 고통당하고, 후원하는 공동체들이 더 필요하고 실용적이 될 수 있다."[62]

예수의 삶의 특징은 그가 과부, 고아, 이방인에 동정/공감의 관심을 보였다는 것이다. 데니 위버J. Denny Weaver는 "예수가 자신을 **누구**와 동일시했는가 만큼, 그가 자신을 **어떻게** 그들과 동일시했는가도 중요하다. 예수는 힘 없는 사람들을 돕고, 그들의 고통을 경감시키기 위한 방법으로서 폭력을 거절했다"고 주장했다.[63] 심지어 오늘날도 기독교인은 비폭력의 방식이 예수 추종자들이 이 세상에 존재하는 근본적 방식인지, 혹은 국가적 자부심, 혹은 민주주의 같은 정치체제나 자본주의 같은 경제체제의 수호 처럼 보다 고귀한 선의 이름으로 포기될 수 있는 고상한 이상인지를 결정해야 한다.

어떤 국가적 목표와 기독교 신앙을 동일시하는 것은 명백한 위험을 내포하고 있다. 한편, 앤디 루니Andy Roony 같은 남자의 관점을 고려해야 한다. 텔레비전 쇼 〈60분〉60 Minutes의 고정 비평가인 루니는 1940년대에 유럽에서 활동한 젊은 언론인이었다. 그는 종족살해의 소문이 사실인지를 알아보려고 부헨발트Buchenwald가 개방되고 그곳을 방문했다. 그는 소문만큼 끔찍했던 그곳의 현실을 보고 경악했다. 그 후, 그는 이렇게 썼다. "처음으로 나는 어떤 평화는 어떤 전쟁보다 더 좋은 것이 아니다는 사실을 알게 되었다."[64] 평화의 길과 세상의 악 사이에는 어려운 긴장이 존재한다.

기독교인은 국가 시민권, 민족적 배경, 혹은 어떤 '부족' 전통보다 더 높은 질서에 속한다. 미국 기독교인은 세상에서 유일하게 남은 '강대국'에 살며, 하나님의 주권을 존중하는 방식으로 행동해야 하는 도전에 직면해 있다. 이 하나님은 연약한 아이의 탄생과, 이후 그의 적들을 피하거나 파멸시킬 수 있었지만 그렇게 하지 않았던 사람의 십자가 처형을 통해 세상을 구원하기로 작정하신 분이다. 예수를 따르려고 자신의 십자가를 지는 사람들은 세상의 정신과 수단이 아니라, 예수 그리스도의 태도를 소유해야 한다. 빌2:5

비록 웨슬리안 전통이 역사적인 '평화' 전통 일부는 아니지만, 미국에서 미연합감리교회는 자신들의 중심적 확신에 근거해 다음과 같이 발언한다.

> **전쟁과 평화**: 우리는 전쟁이 그리스도의 가르침 및 모범과 양립할 수 없다고 믿는다. 그러므로 우리는 전쟁을 국가의 국외정책의 수단으로 인정할 수 없으며, 모든 국가의 일차적인 도덕적 의무는 그들 간에 벌어지는 모든 분쟁을 평화적 방법으로 해결해야 하며, 정부가 자신의 정책의 우선순위를 결정할 때, 인간의 가치가 군사적 요구보다 우선해야 하며, 사회의 군대화는 반드시 도전받고 중단되어야 하고, 무기의 생산, 판매, 배치는 축소되고 통제되어야 한다고 주장하는 바이다.65)

정부들은 정의상, 대부분 이기적이고, 자신들의 이익이 위협받는다고 판단되면, 쉽게 폭력에 의존하는 경향이 있다. 하지만, 기독교인은 이기적이 되어선 안 된다. 교회는 사랑의 설득력에 의해 존재해야 한다.

틀림없이, 모든 일에서 일차적으로 하나님께 헌신한 기독교인은 예수님 사역의 **본질**과 **목적**에 일치하는 독특한 **방식**을 사용해야 한다. 신자들의 교회 전통은 전형적으로 이런 전제를 최소한 다음의 주제들에 진지한 관심을 표명해야 하는 것으로 이해했다. 교회의 사회적–윤리적 과제는 정말로 교회가 세상에서 그리스도의 종 공동체가 **되는 것**이다. 교회가 교회 되게 하는 것은 예수의 희생적 사역을 통해 시작된 하나님의 평화적 통치를 세상에서 구체적으로 실천하고 표현하는 것이다. 더욱이, 그런 구체적 표현이 평화적 방식으로 그리스도의 목적추구를 의미할 정도로, "비폭력은 우리의 기독교 신앙에서 끌어올 수 있는 것 중 하나를 의미하는 것이 아니라, 하나님에 대한 우리 이해의 핵심에 놓여 있다."66)

많은 기독교인, 심지어 오늘날 신자들의 교회 전통에 속한 일부 사람들이 '평화주의'를 적절한 것으로, 최소한 기독교 신앙과 사회윤리의 필수적인 특징으로, 용납하지 않는다.67) 예를 들어, 형제교회the Church of the Brethren는 최소한 제1차 세계대전 동안 전통적인 평화주의 입장을 견지했다. 하지만, 제2차 세계대전 때에는 형제교회 소속 젊은이 중 80퍼센트 이상이 정규군이나 비전투요원으로 군대에 합류했다.68) 심지어 그렇게 함으로써, 거의 모든 기독교인이 폭력에 대해 혐오감을 느끼게 되었고, 지난 세기의 피비린내 나는 기독교 십자군에 대해 수치스럽게 생각했으며, 평화주의나 최소한 '정당전쟁'론을 지지하게 되었다. 정당전쟁은 위기상황에서 폭력에 대한 모든 요청이 그 정당성을 입증해야 하는 무거운 부담을 안게 된다. 전쟁은 정말 정당한가? 다른 모든 대안을 검토하고 시도해 보았는가? 이런 공통된 입장은 '선택적 평화주의'라고 불릴 수 있다. 이것은 가능하다고 판단될 때마다 평화를 선호하며, 상처, 강제, 심지어 살인 없이 차이들에 직면하고 해결하려고 노력한다.

불의와 증오에 직면하여, 기독교인은 "평화정착peacemaking이란 이것을 아는 공동체가 용서받은 백성으로 사는 것"임을 기억해야 한다.69) 로드니 클랩은 이 문제를 좀 더 쉽게 표현했다. "전쟁하는 세상에서, 우리 기독교인들은 정녕 특이한 백성이다. 무기 대신 예배를 통해 생존하도록 부름 받은 백성이다."70) 요점은 신자들이 평화의 왕자 제자들이 되어야 한다는 것이다. 이 제자들은 세상의 가치와 방식이 아니라, 예수의 사명과 수단에 헌신한 사람들이다. 그처럼 심각한 증오와 포악함으로 가득한 이 시대에(이런 것들이 텔레비전에서 너무 많이 낭만적으로 표현되고 있다), 기독교인들이 성령이 주신 구원의 열매들(사랑, 희락, 화평, 오래 참음, 자비, 양선, 충성, 온유, 절제갈 5:22)을 삶으로 실천하는 것이 중요하다. 버지니아 와일즈Virginia Wiles가 정당하게 결론 내렸듯이, "오직 강한 사람들만 그렇게 온유한 삶을 살 수 있다." 그리고 그런 강한 힘은 예수 그리스도 안에 있는 하나님의 은혜를 경험한 사람들 속에서 실재가 될 수 있다.71)

결론-제자도

신자들의 교회 전통은 기독교의 히브리 유산의 핵심적 관점을 강조한다. 참된 종교는 윤리체계, 행동강령, 혹은 신조(혹은 정통) 그 이상이다. 대신, 히브리인들은 신앙을 여행의 관점에서, 즉 영원히 현존하는 하나님에 대한 신앙의 빛 속에서 신앙인이 매일 걷는 길이란 의미에서 이해했다. 어떤 신조나 전례만으로 선한 삶에 대한 하나님의 요구를 만족하게 할 수 없을 것이다. 사1:11~14; 암5:21~23 하나님을 기쁘게 하는 사람은 오직 공의를 행하고, 인자를 사랑하며, 하나님과 겸손히 행하는 사람이다. 미6:8 그러므로, "종교의 핵심은 관계이고, 그것은 지혜와 정의의 길에서 다른 사람들을 섬기며 하나님과 함께 걷는 것이다."72) 하루하루가 헌신 되고, 때로는 위험한 제자도의 날이 되어야 한다.

　기독교 제자도의 결론인 '그 길'은 무엇인가? 예수는 자신과 관계를 맺고, 자신에게 충실한 것을 기독교적 삶의 핵심으로 만들면서, 자신이 길이라고 말했다.요14:6 그 길은 삶의 한복판에서, 그리고 그리스도께서 약속하신 교회, 즉 자발적인 언약공동체 내에서 그리스도께 충성하는 것이다. 이 길은 교회생활에서 성서에 근거한 훈련을 기꺼이 받아들이는 것이다. 그것은 교회의 가시적 삶 속에 실제로 현존하고 계신 그리스도를 기념하는 것이다. 그것은 충성하겠다는 제자들의 결단이며, 신앙공동체가 세상에서 그리스도를 닮은 삶을 살 수 있도록 필요한 능력을 그리스도의 영을 통해 공급받는 것이다.

　언젠가 모든 사람이 예수 그리스도 안에 있는 하나님의 사랑에 그들이 어떻게 반응했는가에 대해 설명하고, 그에 따라 심판을 받을 것이다. 그들은 충성했으며, 그리스도의 인격 및 삶과 참된 구원의 관계를 맺고 있었는가? 구원의 관계가 의미하는 책임 있는 선택이 있었는가?마12:36; 고후5:10 삶으로 실천된 성령의 열매에 대한 증거들이 있었는가? 이런 사실에 근거한 심판은 현재의 실재이면서,계20:11~15 동시에 불가피한 종말의 사실이기도 하다. 믿음으로 예수 그리스도 안에서 새롭게 된 우리는 그가 다시 오실 때까지, 그 새로움의 의미에 충실해야 한다.

6장. 비전 성취:
오늘날 그리스도인의 사명

6

비전 성취 : 오늘날 그리스도인의 사명

20세기가 시작되기 전, 형제단은 자신들이 신약성서에 대한 급진적 복종, 교회의 엄격하고 일관된 훈련방식, 그리고 세상과의 분리 및 불복종의 패턴을 통해 성취한 공동의 사명을 지닌 신자들의 연합체로서 교회에 대한 비전을 공유하고 있었다. 이제 20세기가 끝나고, 새로운 비전, 즉 현재의 문화·인구적 상황에 더 적절한 비전이 출현했다. 오늘날, 많은 사람은 교회가 자기 자신을 세계적인 신자들의 공동체로 간주하길 요구한다. 그런 교회는 민족적 통일성보다는 다양성에 의해, 외적 표현의 획일성보다는 상반되는 신앙과 생활방식에 의해 특징지어질 것이다.1)

성령 안에서, 그리고 성령에 의해 기름 부음 받은 그리스도의 몸으로서, 교회는 혁명을 일으키고, 하나님 나라의 첫 열매를 생산할 수 있는 자원과 능력을 지닌다. 문제는 교회를 위한 하나님의 경륜에 대한 믿음과 충성이 있는가 하는 것이다. "하나님 나라는 치유된 창조물이다"라고 한스 큉Hans Küng이 말했다. 우리의 믿음과 복종을 고려할 때, 하나님은 교회를 해방해, 세상을 치유하실 수 있다.2)

위에서 인용한 이머트 비팅거Emmert Bittinger의 말에서, 우리는 현재 신자들의 교회 전통을 대표하는 세계적 차원의 신자들의 모임에 관한 대단히 자극적인 관점을 발견한다. 이처럼 특이한 기독교 공동체의 범위를 인식하면서, 비틀거리는 교회가 자신의 다-민족성, 그리고 '상반되는 신앙과 생활방식'에 대한 관용 속에 그런 다양성을 반영해야 한다고 주장한다. 핵심적 질문은 다음과 같다. "신자들의 교회 전통 자체에 더는 어떤 통전성도 존재하지 않게 되기 전, 그런 다양성과 관용이 어느 정도 허용될 수 있을까?" 이 질문을 **주어진 것**given이 아니라 **모인 것**gathered으로서 교회의 본질이란 측면에서 재구성한다면, "21세기가 시작될 때, 신자들의 교회가 이전에는 혐오의 대상이었던 주어짐의 형태, 즉 이미 확립되고 제한적인 형태의 세속적 질서, 지혜, 그리고 관행(이것들은 하나님의 영 안에서 누리는 참된 기독교적 삶과 아무런 관계가 없다)에 굴복했는가?"이다.

물론, 상황과 환경이 변하고, 기독교 전통도 그런 상황과 환경에서 기능을 하고 적응하며 사역하기 위해 분투한다. 어떻게 신자들의 교회 전통이 이 새로운 맥락에서 그 자신의 가장 훌륭한 유산을 재발견하고 충실할 수 있을까? 예전에 자신들이 하나님에 의해 **"모였다"**라는 것을 아는 신자들이 어떻게 이 시대에 **"주어진"** 교회가 되는 것을 피할 수 있을까? 이 마지막 장의 결론은 신자들의 교회 내의 주류 문화가 자신의 고귀한 이상들을 현재의 실재로 전환하는 방법을 찾고, 일부 장애물들을 탐색하며, '고대의 소명 중 최고의 것'이 아직도 남아 있거나 있을 수 있다고 주장하는 것이다.

역사적으로, 신자들의 교회 전통은 중요한 질문을 던지고, 그들에게 삶의 헌신이 절대적으로 필요한 성서에 따른 답을 제시하려 했다. 제기된 질문 중에는 다음과 같은 것들이 있었다. 즉, 복음서의 주장을 따르면, 기독교인들이 예수 그리스도에게 자신들의 생명을 바친다는 것은 무슨 뜻인가? 신자들의 삶이 그리스도의 섬김의 도에 기초해서 어떻게 형성될 수 있는가? 자신의 원수를 사랑한다는 것은 구체적으로 무슨 뜻인가? 이런 세상에서 부름 받은 하나님 백성의 공동체로서 교회는 어떻게 살아야 하는가? 분명히, 존 로스John Roth는 옳다. 제자도, 공동체, 그리고 무저항적 사랑이라는 신자들의 교회의 핵심 원리들은 기독교 복음의 핵심으로서, 그 중요성과 적합성을 잃지 않았으며, 다양성과 관용이란 이름으로 타협되어서는 안 된다. 이제 중대한 질문은 다음과 같다. 기독교인들은 여전히 그 원리에 충실한가? 어떻게 이 복음서의 원리들이 오늘의 교회 안에서 가장 잘 표현될 수 있을까?3) 어떻게 교회가 하나님의 통치(이 통치의 목적은 모든 피조물이 죄에 깊이 물든 세상의 결과로부터 치료되는 것이다)를 위한 효과적 도구가 될 수 있을까?

　그런 도전적 질문에 대한 해답은 현재 신자들의 교회 전통에 속한 교회들이 일반적으로 경험하는 중요한 변화들 한 복판에서 추구되어야 한다. 열정을 식히고 지배문화와 소극적 조화를 이루려고 대가를 치른다. 개혁자들 이후의 세대는 한때 열정적으로 외쳤던 이상Ideal의 톤을 낮추고, 더욱 안락한 중도적 위치로 천천히 이동하는 경향을 지닌다. 예를 들어, 신학자 하비 콕스Harvey Cox의 개인 간증을 주목해 보라. 18세기에, 그의 조상은 영국을 떠나 펜실베이니아로 이주했다. 영국에서 '퀘이커'란 별명을 얻은 그들은 기존 교회 및 국가의 권위를 존중하지 않고, 그들 예배의 '과도한 열기' 때문에, 조롱을 받았다. 주교와 임금 앞에서 모자를 벗지 않았고, 그들의 기도는 몸을 떨 정도로 열정적이었다(그래서 퀘이커로 불리게 된 것이다). 조롱은 곧 가혹한 박해로 바뀌었고, 그래서 그들은 미국으로 떠났다. 하지만, 그 후 200년이 지나 콕스의 어린 시절에, 이 이민자 퀘이커 공동체는 더는 기성 권위에 위협적이지 않고, 심하게 떨지도 않았다. 사실, 그들은 신세계에서 경제적으로 성공을 거둔 재산가와 귀족이 되었다.4)

리차드 휴즈Richard Hughes도 비슷한 변화를 그리스도 교회(토마스 및 알렉산더 캠벨의 제자들 교회 전통)와 관련해서 추적했다. **분파**와 **종파**sect and denomination란 사회학적 관점에서 볼 때, 이 '회복운동' Restoration Movement이 19세기 초반에는 분파였다. "진리와 구원의 배타적 영역으로서 이 운동은 지배문화에 반대했고, 다른 종교단체와 지배문화는 진리와 구원에서 이탈했다"고 주장했다. 그것은 자신이 독자적으로 파악한 신약성서의 원형대로 회복된 분파로서, 참된 교회의 비전을 추구하는 열정적인 개혁운동이었다. 하지만, 시간이 지나면서, 그것은 교파의 지위로 이동했다. 다음과 같은 의미를 지니면서 말이다.

> 그것은 전형적으로 지배문화와 평화조약을 맺었고, 자신의 고유한 수사학을 포기했다. 자신의 예언자적 목소리를 잃어버렸으며, 더 커다란 기독교 공동체와 문화의 세련되고 순종적인 회원처럼 행동하게 되었다. 그리스도의 교회들은 착오 없이 제1차 세계대전 기간에 그런 입장으로 이동하기 시작했고, 이제 20세기 후반에 접어들어, 소수의 주목할 만한 예외가 있긴 하지만, 분파에서 교파로의 이동을 실제로 완료했다.5)

그처럼 주류교회로의 진화가 형제교회의 선별그룹에 대한 도널드 피츠키Donald Fitzkee의 글을 통해 보고되었다. 그의 책 『주류를 향하여』Moving Toward Mainstream는 "미국 개신교 주류에 진입하기 위해 자신들의 분파적 유산의 특이한 복장들을 벗어버린, 동부 펜실베이니아의 어떤 교인들에 관한 이야기"다.6) "오늘날 신자들이 현재 상황에서 자신들의 옛 소명에 충실할 방법을 찾아내는 것이 지속적인 교회 사명의 일부일지 모르겠다"라고 그는 결론을 내린다.7) 그런 결론은 지금도 해결되지 않은 핵심문제를 보여준다. 어떻게 우리는 기독교 공동체와 제자도에 대한 강력한 체험의 필요성을 언급하고, 더 제도적인 형태의 교회의 지속적 가치에 대한 주장을 다룰 수 있을까? 기독교적 갱신운동의 지속적 흐름 중 하나인 신자들의 교회 전통이 자신의 전통적/형식적 구조, 가르침, 예전을 소유한 제도교회를 **대체**하거나 **보충**할 수 있을까? 데니 위버J. Denny Weaver, 메노나이트는 대체할 수 있다고 말하는 경향이 있고, 로즈마리 류터Rosemary Reuther, 로마가톨릭는 보충할 수 있다고 말한다. 한편, 하워드 스나이더Howard Snyder, 연합감리교회는 '중도적' 입장을 제시한다.

스나이더는 제도적 접근과 '은사주의적' 접근 모두 비판의 대상이 되며, 자신들만의 강점도 지닌다고 주장한다. 제도적 혹은 전통적 교회는 흔히 자신의 신앙고백과 현재의 신앙 및 생활 상태 사이에 존재하는 넓은 틈에 대해 눈을 가리거나 무관심한 경향이 있다. 그런 전통은 자기 이해 및 현상유지에 함몰되기 쉽다. 하지만, 그것은 과거와의 연속성을 대표하고, 오랜 세월 논쟁 되고 정제된 성서의 핵심적 전통, 성례전, 그리고 교리적 진리들을 보존한다. 신자들의 교회는 제도교회의 치명적 약점들에 반발하면서 역사의 의미를 상실하는 경향이 있고, 너무 쉽게 하나님의 목적을 배타적으로 자신의 즉각적인 갱신노력과 동일시한다. 더욱이, 그런 '급진주의자들'은

> 제도·사회적 실재들에 대해 매우 순진한 생각을 하고 있으며, 자신의 운동이 지닌 제도적 차원에 대해선 모른 체한다. 현재경험에 대한 그들의 관심 때문에, 그들은 비성서적·비현실적이고 기괴한 묵시적, 세대주의적, 혹은 천년왕국적 사상의 먹이로 전락할 수 있고, 극단적 희망, 주장, 혹은 행동으로 치닫게 될 수도 있다.[8]

심지어 이런 실제적 약점들에도, 신자들의 교회는 여전히 존재하고, 흔히 자신의 약점들을 직접적이고 현명하게 다루어 왔다.

분명히 오늘날 제도교회 내에 갱신이 필요하다. 하나님의 변혁적 은총에 대한 실제적이고 즉각적인 경험으로부터 솟아나는 갱신 말이다. 그런 갱신이 참되고 건설적이 되려면, 그 갱신이 성령에서 기원하고, 새 생명과 훈련된 새로운 성령공동체 내에서 발생하며, "한때 성도들에게 전달된"(그래서 교회의 오랜 전통과 의미 있게 연결된) 믿음의 확장과 성장이어야 하고, 잃어버린 세상을 위해 지금 성령과 더불어 사명을 수행해야 한다. 도전적 사명은 자신의 유산에 충실하며, 동시에 오늘날의 맥락에 적합한 것이다. 현재 신자들의 교회 전통의 유산은 높은 이상으로 충만하며, 동시에 이상적이지 못한 환경에 적응할 것을 요구받고 있다. 그 이상들은 현실적이다. 하지만, 그것에 효과적으로 적응하는 것은 그렇게 해야 하는 필요성만큼 어렵다.

고귀한 이상들의 현실적 번역

역사가 롤란드 베인턴Roland Bainton의 견해에 따르면, 아나뱁티스트들이 세 가지 원칙을 통해, 다른 신앙 단체들의 모체가 되었다. 이 원칙들(자발적 교회, 교회와 국가의 분리, 그리고 종교적 자유)은 현재 북미에서 자명한 것으로 인정되고 있다.[9] 1969년에 존 하워드 요더는 자신이 "아나뱁티스트 비전과 메노나이트 현실"이라고 부른, 곧 영향을 끼치게 될 견해의 초석을 놓았다. 그의 관점에 의하면, 아나뱁티스트 비전은 16세기의 제1세대 아나뱁티스트 이후 지속적으로 쇠퇴해 왔다. 범인은 바로 문화적 적응이었다. 사실 그것은 아나뱁티스트들이 제일 먼저 반대했었던 것이다.[10] 보다 최근에, 존 로스가 요더의 양자택일 방식을 '해로운 이원론'이라고 비판했다. 이런 이원론은 신자들의 교회 전통에서, "우리 제도, 회중, 가족, 윤리가 기준에 완벽히 일치하거나, 아니면 우리가 사회에 적응했고, 중산층이며, 현상유지에 몰두하고 있다는 사실을 인정해야 한다"는 뜻이다.

로스는 만약 '비전'이 우리가 사는 타협된 세상에서 결코 현실이 될 수 없는 어떤 이상을 뜻한다면, 그것은 아나뱁티스트들에게 잘못된 것이라고 주장한다. 그 이상은 충분히 명확하다.

> 아나뱁티스트 비전을 소유한 영웅적 제자는 산상수훈의 윤리적 명령을 단지 미래의 소망으로 간주하지 않는다. 오히려 그 명령들은 역사적 가능성을 지니며, 바로 이 시대 이 삶 속에서, 우리의 모든 생각과 행동에서, 구체적으로 실천되어야 한다. 다른 '열등한' 개신교인들이 예수의 "힘든 말씀"hard sayings을 회피할 방도를 찾지만, 우리 신-아나뱁티스트들은 실제로, 문자적으로 그 윤리들을 몸소 실천한다.11)

진짜 문제는 비전과 현실 사이에 틈이 있느냐(그런 틈은 있고, 또 언제나 있을 것이다)가 아니다. 문제는 "기독교인들이 그 틈 **속에서** 어떻게 살기로 하느냐?"이다. 감행해야 할 도전은 오랫동안 지속한 풍요로운 실체와 현재에 적합한 기독교 공동체, 제자도, 사랑의 형태를 지속적으로 발견하면서 하나님의 영과 동행하는 것이다.

미국에서 1970년은 '급진적' 혹은 '혁명적'이란 단어가 빈번하게 들리던 때였다. 젊은이들의 이상주의적 수사학이 점증하던 베트남의 악몽 속에서 혹독한 시험을 치르고 있었다.12) 신자들의 교회 전통에 속한 것들을 포함하여, 전통적인 교회 기구들 내부에서, 응집되고, 흔히 충돌을 일으키며, 이기적인 의제들을 지닌 독단적인 소수파들이 등장했다. 예를 들면, 형제교회 내에서, 형제 부흥협회,the Brethren Revival Fellowship 신오순절운동, 여성단체, 민족적 특성에 따라 구성된

6. 비전 성취 : 오늘날 그리스도인의 사명 197

그룹들이 출현했다.13) 1970년 여름, 언제든지 폭발할 것만 같았던 시카고에 소재한 시카고신학교Chicago Theological Seminary에서 신자들의 교회 대회가 열렸다. 주제는 "우리 시대에 기독교적 삶의 방식이 존재하는가?"였다. 강사였던 형제교회의 데일 브라운Dale Brown은 "이 종말의 시대"these apocalyptic days에 대해 강연했다. 이 강연에 의하면, 이 대회는 "양극화된 입장들에 의해 갈가리 찢긴 사회와 멸종위기에 놓인 세상을 향한 목회에 관심을 둔다."

하나님의 은혜로, 뭔가 새롭고 건설적인 것이 출현할 수 있었는가? 브라운은 의미 있는 공동체와 참된 정의에 대한 진정한 증거가 "같은 종류의 첫 열매가 명백히 나타나는 맥락 안에서 이루어져야 한다"고 주장했다. 그래서, 국가지배로부터의 분리, 즉 종교적 자유의 유산을 특징으로 하는 신자들의 교회 전통은 "양심의 자유 권리 및 현상유지에 반대할 자유를 위해 투쟁하는 세대에게" 희망의 원천이었다. 브라운은 "함께 뭉치는 방식으로서 자원주의voluntarism의 원칙은 권위주의를 거부하고 합의를 통해 공동체를 형성하는 새로운 방식을 추구하는 시대에 적합하다"고 주장했다. 특별히 기독교적 환경에서, 기존질서의 가치와 제도의 지배적 통제에서 벗어나려는 목적은 "만물에 대한 그리스도의 주권에 대해, 사회에 증거할 자유를 확보하려는 것"이다.14) 이렇게 희망 있게 발언 되고 구체화한 증거는 1970년 대회의 또 다른 강사였던 로즈마리 류터Rosemary Reuther에 의해 더욱 정교하게 다듬어졌고, "로마 가톨릭교회의 '지하' 운동에 관여했던 탁월한 인물에 의해" 구체적으로 표현되었다.15) 다음은 모인 공동체로서 신자들의 교회 핵심이라고 류터가 설명한 것이다.

그것은 모인 공동체다. 그것이 같은 기질, 같은 문화, 같은 민족적 배경, 혹은 신앙을 표현하면서 같은 스타일과 언어를 가진 사람들로 구성되었기 때문이 아니다. 모든 사람이 같은 정신과 같은 헌신을 공유하기 때문에, 그것은 모인 공동체다. 계급, 문화, 인종 혹은 신경creed의 차이에도, 그것은 사람들이 공통된 비전 속에서 형제애를 발견하고, 이런 비전에 적합한 새롭고 급진적인 삶의 방식에 기꺼이 헌신한다는 뜻이다. 이런 급진적 삶의 방식 때문에, 그들은 이 세상의 권세들과 위험한 관계에 처할 수도 있다.16)

계속해서 류터는 신자들의 교회 전통의 이상이 "역사 속의 메시아 공동체"라고 말했다. 진실로 그것은 단지 잠정적이거나 예시적 의미에서 메시아적이다. "그 자신이 새로운 세상 위에 약간의 발판을 지닐 뿐이다." 심지어 그렇게 함으로써, 그것은 "새로운 세상의 아방가르"avant-garde, 선구자, 전위대가 될 수 있고, 또 그렇게 되어야 한다. "불꽃이 붙었다. 충돌은 시작되었다. 해방구는 열렸다"고 그녀는 선언했다. 이 예언자적 기독교 공동체는 다음과 같이 담대히 증거해야 한다.

> 어떤 인간 공동체도 전통, 안수, 혹은 계승권이란 채널을 통해 성령에 대한 영구적 독점을 제도적으로 보증할 수 없다. 왜냐하면, 성령은 어떤 사람이 소유한 단체의 이사장이 될 수 없기 때문이다. 성령은 자유의 영이다. 성령은 지정된 장소나 때가 아니라, 자신이 원하는 방향으로 불며, 자신이 원하는 곳에 나타난다. 즉 교황이 적절한 의자에 권위 있게 앉아 있고, 모든 사람이 모이는 거룩한 주일이 아니라, 성령은 온갖 종류의 부적절한 때와 예기치 않은 장소에 나타난다.17)

성령의 목적은 구속적 선교다. 따라서 자유교회의 지도자들은 학문적 논쟁, 제도적 유지, 교회 간의 에큐메니컬적 외교활동보다 효과적인 기독교 사역과 증거에 더 많은 관심을 둬왔다.18) 복잡하고 확장된 대화에서 정교하게 정의된 교회 위계질서를 다룰 때, 신자들의 교회는 그것이 세상에서 그리스도의 사역을 다루는 일과 직접 관련이 없으면, 그런 일에 시간과 자원을 낭비하고 싶어 하지 않는다. 예를 들면, 1970년에 개최된 신자들의 교회 대회는 "이 묵시적 시대를 위한 삶의 방식, 교회구조, 그리고 기독교적 증언의 본질을 탐색하고자 했다."[19] 그 탐색이 가치 있으려면 결코 무익한 지적 활동이나 조직적 적응에 머물러선 안 된다. 그것은 반드시 성령의 현존과 활력의 생생한 증거가 되어야 한다. 브라운은 이렇게 결론을 내렸다. " 우리가 자신의 삶 속에서 우리가 주장하는 바를 미리 맛보지 못한다면, 우리의 증거는 오염되고 만다."[20]

분명히, 어떤 조직의 재적응은 때때로 불가피하다. 심지어 그런 연관으로부터 상대적 자유를 누리고 싶어하는 교회기구 안에서도 마찬가지다. 하나님의 교회앤더슨 파는 좋은 예를 보여준다. 이 교회의 유산은 교파주의의 악에 대한 비판으로 가득하며, 또 하나의 교파가 아닌, 일종의 운동을 일으키고자 노력했다. 그러나 1980년대까지, 북미 전역에서 이 운동에 속한 회중들의 자발적 후원을 받는 목회 구조들(세계의 다른 지역에서 다른 구조들과 함께)이 발전했다. 긍정과 비판을 함께 받아 온 이 구조들은 하나님의 교회 운동이 구조중심이 아닌, 선교중심이란 가정에 따라 철저한 검증을 받아 왔다. 하나님의 교회로부터 의뢰를 받고 연구를 수행한 외부의 전문가는 1996년에 다음과 같이 결론을 내렸다. 하나님의 교회는 "운동으로서의 특징이 거의 없고, 노쇠한 교파의 많은 특징을 지니고 있다." 전문가는 운동 지도자들 내에서 "중앙화에 대한 감정적 저항과 평행선을 이루거나 대립하는, 중앙화의 유익에 대한 지적 갈망을 발견했다."[21] 그런 딜레마는 신자들의 교회 전통 내에 있는 많은 것을 보여준다. 즉 기성 기독교의 지배적 무력감에 대한 결정적 반작용과 하나님이 그 교회를 위해 의도하신 것이 되고 행할 때, 효과적·책임적 존재가 되고 싶은 열망.

현재 유행하는 '포스트모더니즘' 은 신자들의 교회 전통의 오랜 이상들을 새롭게 강조할 수 있는 중요한 잠재력을 지닌다. 이런 최근의 생각은 심지어 조직이론이 근대성의 피조물이며, 현재 변화가 필요한 피조물이라는 것이다. 그렇다면, 그 대안인 포스트모던적 조직은 어떤 모습인가? 그것은 유동적인 노동력과 탈중앙적이고 참여적인 경영구조의 맥락에서 정보와 서비스를 제공하는 작은 단위들을 특징으로 할 것이다. 윌리엄 브랙크니William Brackney는 교회를 위해, "자유교회의 정치적 틀, 특히 민주적 의사결정을 더욱 훌륭하게 적용하는 특징을 지닌" 포스트모던적 유형을 제시한다. 이 유형은 "필연적으로 성령론의 재구성을 유도하는 자발적 신학에 토대를 둘 것이다. 이 성령은 지속적인 새생명을 부여하고, 지도력과 선교에서 예기치 않은 새로운 방향을 제시한다." 이런 교회구조의 특징은 신학교육과 사역의 중심목표로서 평신도에게 권한을 부여하는 일을 분명 강조한다.[22]

데일 브라운은 기독교와 미국사회를 동일시하며, 그래서 "미국 국기로 무기와 성서 모두를 포장하려는" 경향에 대해 주의할 것을 재빠르게 덧붙였다. 신자들의 교회 입장은 국가에 대해 무조건 반대하는 것이 아니라, "만 백성을, 심지어 자신의 원수들을 사랑하고, 다른 무엇보다 그리스도의 길에 충실하라고 요구해야 한다." 국수주의적 태도에 대한 이 같은 도전은 "다양한 국가들로 구성된 가족의 한 구성원으로서 우리(미국)의 지위를 적절하게 이해하는데 필요한 심리적 회심"을 요구하며, "민족적 혹은 부족적 충성보다 하나님 나라의 비전에 우선권을 부여하는 급진적 헌신에 근거한다."[23] 이것은 세계에서 유일하게 남아 있는 '초강대국' 에 대해 자부심을 지닌 미국 기독교인들에게 어려운 과제다.

너무나 쉬운 문화적 적응에 대한 브라운의 경고 너머에는 기독교인들이 하나님의 은혜로운 통치의 기준에 따라 새로운 문화를 건설해야 한다는 강력한 재침례(세례)적 요구가 존재한다. 교회생활은 신자들이 충성스러운 시민으로 살고자 결단하는 일종의 그리스도 문화의 탄생을 위해 의도적으로 훈련하는 일에 집중해야 한다. 바울은 새로운 존재, 심지어 새로운 세상고후5:17을 창조하는 기독교 회심과 침례(세례)에 대해 말한다. 한발 더 나아가, 그는 신자들이 참으로 예배할 때, '몸을 분별해야 한다'고 말한다.고전11:29 그들은 그리스도의 백성으로서, 하나님 통치를 선택한 종들로서, 자신들이 누구이며, 혹은 누구이어야 하는지를 인지하고 있다. 로드니 클랩은 다음과 같이 요약한다.

> 이것은 예배에서 우리가 열정적으로 회복되고 재창조된 세계(거룩한 비정상적 방식을 통해 본래 자신의 정상적 상태로 회귀한 세상)를 정치·문화적 형태로, 즉, 다른 모든 문화에 대립하며 도전하는 공적이고 강력하며 가시적이고 정치적인 형태로 구현한다는 뜻이다. 예배는 단지 세계를 변화시키는 것이 아니다. 정녕, 그것은 세계를 만드는 것이다.24)

확실히 이것은 현재 우리 삶의 복잡한 현실로 적절하게 번역되길 여전히 기다리는 고귀한 이상이다. 이런 번역을 시도하는 것은 광야에서 인내하고 믿음을 지킬 수 있는 순례자가 되는 것을 뜻한다.

광야에 영향을 끼쳐라

고대 히브리인들의 출애굽 경험과, 그 후 광야에서 방황했던 경험은 여전히 교훈적이다. 하나님의 순례자로서, 사람들은 오늘도 여행

중이며, 신앙에 의해 앞으로 나아가는 중에도 방해와 낙담의 위험에 늘 노출된다. 신자들의 교회 전통을 고수한 자들은 정말로 이기적인 '세상'으로부터 의도적으로 분리됨으로써, 혹은 자신의 실체 대부분은 이미 상실했지만, 그 유산의 화려한 수사학만 붙드는 세상에 교묘히 적응함으로써, 혹은 비전과 현실 간의 지속적 틈 때문에 환멸을 느낌으로써, 희생양이 될 수 있다. 오늘날 북미에서, 필립 케네슨Philip Kenneson의 경고에 주의를 기울여야 한다.

> 미국의 사회/정치/경제 영역처럼, 일상의 삶이 경영과 시장관계에 의해 철저히 형성되고 통제되는 곳은 모든 것(혹은 모든 사람)을 통제할 수 있는 대상과 판매할 수 있는 상품으로 변형시키는 경향이 있다… 시장 모델, 시장가치, 시장언어, 그리고 시장전략과 전술이 기독교 회중의 삶의 틀을 형성하도록 허용되며, 그 결과 이전에 기독교 신앙의 핵심으로 간주하던 많은 것이, 심지어 교회마저 불필요한 것이 된다.25)

그런 상태에 있는 교회는 자신의 본래 정체성을 쉽게 상실한다. 시간이 흐르면서 교회도 변한다. 그리고 지금까지 그리스도는 약속한 재림을 계속 연기했다. 그래서 교회는 지속하는 중간기 동안 좌절하기보다는 더욱 신실하기 위해 분투하고 있다.

초대교회 이후, 신자들은 연기된 그리스도의 재림을 다루는 법을 배울 필요가 있었다. 지연의 문제는 분명히 히브리 전통에서 오랜 역사를 지닌다. 예를 들면, 하박국에서, 한 예언자가 그의 시대를 특징짓는 악과 폭력을 조사하고, 왜 하나님께서 오셔서 상황을 개선하길 지체하는지 묻는다. "여호와여 내가 부르짖어도 주께서 듣지 아니하시니 어느 때까지리이까?… 어찌하여 내가 죄악을 보게 하시며 패역을 눈으로 보게 하시나이까?"합1:2~3 주어진 하나님의 답변은 다음과 같다. "이 묵시는 정한 때가 있나니 그 종말이 속히 이르겠고 결코 거짓되지 아니하리라. 비록 더딜지라도 기다리라. 지체되지 않고 반드시 응하리라…의인은 그의 믿음으로 말미암아 살리라."합2:3~4

초대교회에서, 임박한 줄 알았던 예수 재림의 지연은 재림 이전에 죽은 신자들이 새 시대를 경험할 기회를 상실했다는 두려움을 심어주었다. 바울은 이 문제를 데살로니가전서 4:13~18에서 다루었다. 하지만 부활한 그리스도의 지연된 재림에 관해 보다 급진적인 질문이 발달한 것으로 보인다. 우리는 이것을 베드로후서 3:3~4에서 발견한다. "말세에 조롱하는 자들이 와서 자기의 정욕을 따라 행하며 조롱하여 이르되, 주께서 강림하신다는 약속이 어디 있느냐? 조상들이 잔후로부터 만물이 처음 창조될 때와 같이 그냥 있다 하니." 이에 대한 답변으로, 베드로는 하나님이 재림을 지연하신 것은 실제로 신자들이 그리스도 초림의 복된 소식에 대해 증거하고, 죄인들이 회개할 수 있는 시간을 자비롭게 연장하신 것이라고 주장했다.벧후3:8~13 연장된 기간, 즉 이 세상의 광야를 여행하는 동안, 이 먼지 날리는 좁은 길이 언젠가 황금 길로 바뀔 것이라는 분명한 희망이 남아 있다.계21:8 그동안, 믿음의 형제·자매들이 하나님의 나라를 향해 함께 여행한다. 하나님은 성령의 현재적 사역 속에 앞서 행하시고, 그 길에서 늘 동행할 것을 약속하셨다.마18:20; 28:20

지연의 문제 너머, '**변화**' shift라는 또 다른 곤혹스럽고 중요한 문제가 있다. 21세기 초반에 미국은 더는 유대-기독교전통에 의해 양육되고, 그 전통이 광범위하게 지배하는 나라가 아니다. 한두 세대 전만 하더라도, 기독교 신앙이 대부분의 미국인이 쉽게 선택할 수 있는 거의 유일한 종교적 실재였다. 그 사회의 수사학, 가치, 그리고 법률은

이 전통에 크게 의존했다. 하지만, 이제 중대한 변화가 일어났다. 이제, "기독교 국가 미국의 관대하고 친절한 환경에서 공기를 호흡하고 물을 마심으로 사람들이 기독교 신자가 될 수 있다고 믿는 부모, 대학생, 혹은 자동차 정비공은 거의 없다. 더는 우리 세상이 아니다. 비록 한때 그랬던 적이 있었을지라도."[26]

하지만, 미국에서 강력하고 단일한 기독교 문화의 붕괴가 완전히 나쁘기만 한 것은 아니다. 기독교 신앙에 대한 인위적 후원을 제거함으로써 점차로 하나님과 함께 광야로 나가게 한다. 이스라엘의 어린 이들이 노예살이에서 약속된 땅으로 이주하며 자신들을 발견했던 곳이 바로 그 광야다. 광야에 있는 것은 결코 편한 일이 아니지만, 바로 그런 상황 때문에 사람들은 자신들이 누구이며, 그들이 정말 누구를 의지할 수 있는지를 알게 된다. 기독교인들이 자신들을 온전하게 만들고 자녀를 교육하기 위해 의지하던 문화가 종말을 맞은 것은 교회가 다시 한번 자신의 영혼을 발견할 기회가 된다. 이제 신자들의 교회가 다시 일어서서, 오만한 기독교 문화에 대한 인위적 지원을 벗어버리고, 고유한 기독교 공동체(일차적으로 자신의 존재와 매력적 그리스도의 특성으로 일반문화를 향해 증거한다)를 건설하는 일에 매진할 때다.

주변의 시대정신에 적응해야 하는 유혹에서 벗어났고, 승인과 지원을 위해 일반 문화에 더는 의지할 수 없는 상황에서, 이제 북미와 유럽의 기독교인들은 "오늘날 기독교인이 되는 것이 짜릿한 모험처럼 신실하게 살 수 있는 자유를 얻었다."[27] 엑스 세대의 시선을 끌려면, 교회는 신뢰할 만한 대안을 세상에 제시해야 할 것이다. 젊은이들이 교회의 증언 중 진지하게 생각하길 바라는 것을 실제적·가시적으로 구체화하면서 말이다. 오늘날 성공적 복음전도를 위해선 교회의 종교적 상품들에 대한 혁신적 마케팅 이상의 것이 필요할 것이다. 예를 들면, 『무모한 희망』Reckless Hope의 저자들은 창조(지구환경에 관심이 많은 세대를 위해), 계약(지켜지지 않은 약속과 함께 성장한 세대를 위해), 그리고 공동체(참된 가족에 굶주린 세대를 위해) 같은 기초적인 성서에 따른 개념들이 오늘날 얼마나 강력한 발언권을 갖고 있는지 잘 설명한다. 특별히, 말하는 사람이 성서에 따른 개념의 신뢰할만한 모델일 경우, 더욱 강력한 힘을 지닌다.28) 만약 오늘의 세계가 광야라면, 교회는 그 가운데서 신선하게 여행하는 생명의 오아시스가 되어야 한다.

우리는 광야의 모험을 낭만적으로 묘사해선 안 된다. '광야' 라는 개념 자체가 신비적이고 미지의 것을 제시한다. 대단히 멀리 떨어져 있고, 위험하며 건조하고, 절망의 위험이 도사리고 있다. 한때 토마스 머튼Thomas Merton은 하나님과 함께 광야에서 지내는 기이한 경험에 대해 마치 기도하듯 묵상한 적이 있다.

> 나의 주 하나님, 저는 제가 지금 어디로 가고 있는지 모릅니다. 제 앞에는 길도 보이지 않습니다. 저는 그 길이 어디서 끝날지도 확신할 수 없습니다… 저는 당신을 기쁘게 하려는 열망이 당신을 기쁘게 한다고 믿습니다…제가 이렇게 하면, 비록 그 길에 대해 아무것도 모르지만, 당신께서 저를 바른길로 인도하실 것을 압니다. 그러므로 저는 항상 당신을 신뢰할 수 있습니다. 비록 제가 길을 잃고 죽음의 그림자 속에 있는 것처럼 보일지라도 말입니다. 저는 두려워하지 않을 것입니다. 왜냐하면, 당신이 항상 저와 함께 하실 것이며, 결코 저 혼자 위험에 직면하도록 저를 버리지 않을 것이기 때문입니다.29)

광야는 신약성서에서 '적그리스도' 라고 불렸다. 적그리스도는 예수 그리스도에 의해 그리고 그분에게 방향이 조정되지 않는 모든 것의 중심에 대한 유비다. 길들지 않은 거친 세상에는 복음에 대한 위협적인 반대가 존재한다. 신약성서 집필자들에는 적그리스도가 어떤 동떨어진 말세에 딱 한 번만 출현할 미래의 인물이 아니라는 점이 분명했다. 요한은 그리스도에 대한 이 적대자를 매우 명백한 언어로 묘사하고,요일2:18~22; 4:3; 요이1:7 교인들에게 그의 시대가 진행 중이라고 경고한다. 바울은 데살로니가 교인들에게 이미 근접한 적살후2에 대해 경고한다. 이런 본문들로부터 두 가지 중요한 문제들이 등장한다. 적그리스도는 **현존**하며 **복수**plural의 실재다.30) 항상 모든 환경에서, 교회는 미혹하게 하는 자들과 거짓 선지자들이 세상에 많아서, 그들을 분별하라는 명령을 받는다.요일4:1~3; 요이1:7 그것이 바로 기독교 제1세대와 그 이후 모든 사람이 경험한 것이다.

현 세대, 최소한 서구선진국의 특징적 문제는 "희망을 포기했기 때문에, 나는 더 기분이 좋다"라는 문구가 적힌 큰 단추를 달고 캠퍼스를 걸어간 한 대학생 안에서 감지된다. 축소지향적인 우리 시대는 많은 사람의 희망을 축소해버렸다. 자살이 그런 경향의 전형적 결과는 아니다. 오히려 모든 것이 좋지 않고, 앞으로도 나아질 기미가 없다는 암묵적 포기가 더 문제다. 사람들은 제대로 된 안내자 없이, 분명한 목적지도 없이, 하나님을 포함한 어떤 종류의 절대자에 대한 믿음도 거의 없이, 텅 빈 광야를 홀로 걷게 되었다. 그들은 어디로 가지도 않으며, 그냥 일상의 위험 속에서 생존을 위해 버둥거릴 뿐이다. 이런 문제의 일부가 되지 않으려면, 기독교 신자들은 그들 자신의 마음이 항상 새롭게 되어야 하며, 그들의 인격과 (교회로서) 공동체적 삶이 그들이 하나님을 알고, 그분의 뜻을 실천하도록 돕는 방식으로 형성되길 소망해야 한다.롬12:2 참조 신자들의 교회 전통이 항상 주장했듯이, 교회의 첫 번째 사명은 가시적으로, 희생적으로, 그리고 의도적으로 **교회가 되는** 것이다.

비록 모든 이미지가 한계가 있지만, 신자들이 현재의 삶 속에서 신실하기 위해 분투할 때, 신기루 이미지가 도움될 것이다. 환각/환상에 반대되는 것으로서 신기루는 실재와 분명한 관계를 갖는다. 그 실재는 흔히 그렇게 보이는 것처럼, 그리고 그것을 바라보는 우리가 간절히 소망하는 것처럼, 지평선 바로 위에 없을 수도 있다. 심지어 그럴지라도, 신기루의 형상은 다가오는 실재와 관계가 있다. 기독교인들은 현재 광야를 통과하는 여행을 하고, 희미하게 보이는 목적지에 기대했던 것처럼 그렇게 일찍 도착하지 않을 수도 있다. 하지만, 간절히 소망하는 믿음의 눈앞에 예수의 이미지가 머물러 있기 때문에, 그 눈들은 예수의 역사와 장차 도래할 그의 실재의 일반적 특성도 믿음으로 안다. 그들은 신실한 신자들의 운명의 정확한 위치와 때는 아니지만, 그것의 모양과 특성은 안다. 그동안 살아야 할 삶의 모습은 이 세상에서 종의 모습, 즉 그리스도의 삶이다. 장차 도래할 죽은 자들의 부활과 영생에 대해 확신할 때, 현재의 삶 속에서 도전의식, 기쁨, 확신을 하고, 현재의 불의, 억압, 죽음을 부추기는 세력들과 대결할 수 있다. 이미 도래했고, 동시에 아직도 도래하고 계신 그리스도의 절대 사라지지 않을 이미지에 끌려 앞으로 나아가는 우리는 생명을 위해 죽을 수 있는 용기를 발견한다. 우리는 현재의 삶에서 '영생'의 의미를 실천할 책임이 있다. 정말, 기독교인들은 "사후세계의 약속에 현혹되지 않을 것이다. 그것은 죽음 전의 삶을 부인하는 경향이 있기 때문이다."31) 그리스도**와 함께** 광야에 있는 것은 그리스도**를 위해** 광야에 영향을 끼친다.

복음주의의 저항적 요소

최근에, '복음주의'로 불리는 것이 극적으로 확산하고 있다. 이런 확산은 그 속에서 역할을 하는 신자들의 교회 전통에 긍정적 효과와 부정적 효과 모두를 가져왔다. 스탠리 그랜츠와 로저 올슨Stanley Grenze and Roger Olson은 자신들의 분석을 위해 '복음주의적'이란 개념을 사용한다. 그들은 근본주의를 19세기와 20세기 초반 자유주의에 대한 반동으로 이해한다. 근본주의는 성서를 믿는 그리스도인들로 묘사되는데, 그들은 전통적인 기독교 정통주의의 많은 부분에 대해 대단히 비판적이고, 더욱 커다란 지적·문화적 싸움판을 포기하는 경향이 있다. 그래서 이런 보수적인 개신교 유산을 공유하지만, 1950년대에 좀 더 커다란 신학적 싸움판에서 벌어진 대화에 다시 참가하기로 하고, 더욱 덜 분리주의적·전투적인 정신으로 그렇게 하기로 한 사람들이 '복음주의자들'로 알려지게 되었다.[32]

버나드 램의 특성화에 따르면, 근본주의는 "계몽주의로부터 자신을 방어하기 위해 분투하며", 복음주의는 "계몽주의를 제거할 수 없다고 믿는다."[33] 그는 자신의 수많은 저서 속에서 기독교인들이 여전히 지적으로 책임있는 존재가 될 수 있음을 입증하려고 노력했다. "근대신학의 특징인 양보 없이, 혹은 근본주의의 맹목적 신앙이나 극단적 합리주의에 경도되지 않으면서 말이다."[34] 현대 복음주의 속에 있는 거대한 다양성 안에서 연합의 가능성을 추구하며, 도날드 블로쉬Donald Bloesch는 "복음주의 연합의 열쇠는 우리를 죄로부터 구원하시는 거룩한 구세주 예수 그리스도에 대한 공통된 헌신, 대사명을 성취하려는 공통된 목적, 그리고 성서의 절대적 규범성에 대한 공통된 인식이다"라고 주장한다.[35] 스탠리 그랜츠는 복음주의자를 "성서에서 추론된 공동의 신학적 범주에서 발언된 하나님과의 인격적 만남에 관해 공유된 이야기를 특징으로 하는 공동체에 참여하는 사람"으로 이해한다.36) 이런 견해는 교리적 일치보다는 공통된 영적 정체성에 더 많은 관심을 둔다.37)

그렇다면, 신자들의 교회는 어디에 적합한가? 이 전통은 자신의 역사적 흐름 속에서 어떤 한 교단에 한정되거나 완벽하게 정의되지 않지만, 두 개의 간략한 사례 연구들이 이 문제를 이해하는데 도움을 준다. 첫 번째는 하나님의 교회앤더슨 파운동에서 기원한다. 이 운동은 현재 복음주의를 구성하는 다양성의 일부다. 이 웨슬리안/경건주의적 정체성을 지닌 자유교회운동은 블로쉬가 제시한 복음주의적 연합의 요점들을 즐거이 인정해 왔다. 특히, '성서의 절대적 규범성'이 그렌츠의 서사적 스타일 속에서 이해될 때, 그러했다. 비록 그럴지라도, 멀리 스트리지Merle Strege는 현대 복음주의에 일차적으로 주목하면서 이 운동의 실체를 파악하려는 것은 신학적으로나 역사적으로나 부적절하다고 판단한다. 그의 요점은 성서의 권위, 그리스도의 구속적 역할, 혹은 복음을 전 세계와 공유할 필요에 대한 어떤 심각한 불일치가 존재한다는 것은 아니다. 하지만, 이런 공통된 인식 모두에 미묘하지만 중요한 방식으로 영향을 끼칠 수 있는 중요한 불일치가 있다.38)

스트리지의 관심은 신학적 계보와 초점에 관한 것이다. 더욱 최근의 근본주의/자유주의 갈등 이전에, 즉 17세기에 성령의 증거를 확신하는 경건주의자들과 "건전한 교리에 대한 지성인의 동의"를 특징으로 하는 "개신교 스콜라적 교조주의자들" 간의 충돌이 있었다. 하나님의 교회 운동의 계보는 경건주의에 놓여 있으며, 이것은 웨슬리 형제와 미국 부흥운동을 통해 전달되었고, 개신교 스콜라주의와 명제적 근본주의(칼 헨리, 버나드 램, 도날드 블로쉬 같은 신복음주의자들에 의해 다소 온건해지기는 했지만)와는 상대적으로 관계가 적다. 스트리지에 의하면, 하나의 중요한 인식론적 전제가 위기에 처했다. 흔히 순응을 권장하고 배타주의를 부추기며 분리를 촉진하는, 합리주의적으로 추론되고 형식화된 신조들(복음주의의 전형적인 고전적 캘빈주의 모델)에 내재한 한계들에 불편함을 느낀다.[39] 하나님께 받은 은혜, 변화된 인간적 삶, 육성된 자발적이고 헌신한 공동체, 그리고 성서를 믿는 희생적인 제자들에 의해, 그리고 성령의 권능 안에서 성취된 교회사명 등이 신자들의 교회 전통에서 더욱 적절하고 건설적인 것으로 간주한다.

스텐리 그렌츠는 적절한 복음주의를 더욱 덜 엄격한 신앙단체요 더 **독특한 영성**의 단체로 이해한다. 하나님의 교회 운동 비전처럼, 그의 침례교적 비전은 믿음의 현재적 통전성에 근거한다. 일차적으로 정교한 교리적 틀이 아니라, "개인 및 공동체적 삶 속에 성서가 살아있게 하고자 하는 우리의 공유된 욕망"에 대한 급진적 강조 말이다. 그는 '공유된 이야기', 즉 삶을 변화시키는 변혁에 대한 간증에 집중하는 복음주의적 비전에 대해 말한다. 물론, 성서에 따른 계시와 전통신학은 모든 영적 체험에 규범을 부여하고 이해할 때, 중요하다. 하지만, 믿음에 대한 복음주의적 비전의 핵심에는, "구원의 성서적 드라마에서 추론한 범주들에 주목함으로써 이해되는 살아계신 하나님과의 만남이 있다."[40] 로드니 클랩은 쉽게 동의한다. "그러므로 하나님께서 교회 안에 창조하신 것은 생명의 역동적이고 지속적인 형태, 인간적이 되는 방식이다. 이것은 참된 한 분 하나님과의 관계 속에서 독특한 삶을 살아가는 사회적 상호작용의 격전장에 대해 말하는 것이다."[41]

두 번째 사례연구는 그리스도 형제단the Brethren in Christ이다. 이 기구는 아나뱁티스트와 경건주의에서 기원을 찾을 수 있으며, 19세기 후반에 웨슬리안 부흥운동이 첨가되었다. 결국, 이 세 가지 전통이 결합하여, 1950년대에 이르러 독특하고 상대적으로 오래가는 교파적 정체성을 형성했다. 루크 키퍼Luke Keeper에 따르면, 그러고 나서, 복음주의와 형식적 관계가 시작되었다. 이 교단은 미국복음주의협회the National Association of Evangelicals에 가입했고, 곧 "어떤 교리적 혹은 교회적 어려움도 없이 NAE의 주류그룹과 잘 동화될 수 있는, 그리스도의 형제단 유산 내에 유일한 측면이 경건주의임을 발견했다." 그렇다면, 왜 어려움에 빠지는가? 그 이유는 '온건한 캘빈주의'가 북미 '복음주의'의 지배적 특징이기 때문이다. 그 결과, 이 새롭고 큰 복음주의 그룹에서 아나뱁티스트의 유산은 침묵을 지키게 되었다. 키퍼는 그리스도 형제단과 이 단체와 유사한 그룹들이 현재 정체성의 위기를 겪고 있다고 지적한다. 이 위기는 "아나뱁티스트와 웨슬리주의의 역사적 요소들에 대한 새롭고 신중한 고려"를 요구한다.42)

그리스도 형제단에 소속된 로날드 사이더Ronald Sider는 약간 다르게 주장한다. 그는 현대 복음주의와 신자들의 교회 전통이 다른 강조점을 지니고 있음을 인정하지만, 그럼에도, 그들은 양립할 수 있는 잠재력이 있다. 사실, 그들은 서로에게 필요하다. 각자가 자신의 고유한 유산에 충실하면, 각자는 서로에게 거울이 될 수 있다. 역사적으로, 신자들의 교회는 신학적인 면에서 정통적 입장을 취해왔다. 성서를 믿고 복음전도에 집중하는 등, 모든 면에서 복음주의 핵심을 추구했다. 역으로,

> 만약 복음주의자들이 성서의 권위에 대한 그들의 헌신과 일치하는 태도를 견지했다면, 그들은 아나뱁티스트와 자주 연관된 강조점을 인정하게 될 것이다. 즉, 값비싼 제자도, 기독교적 삶의 실천, 하나님 나라

윤리(그러므로 세상과 결정적으로 다른 일군의 가치들)를 실천하는 새로운 사회로서의 교회, 폭력에 대한 기독교적 접근법으로서 십자가의 길에 대한 강조 말이다.43)

더욱이, 양 전통이 예수 그리스도와의 인격적이고 살아 있는 관계를 핵심으로 인정하기 때문에, 그 전통들은 이런 핵심적 필연성의 왜곡(각자가 이 왜곡에 쉽게 노출되어 있다)을 피하려면 서로가 필요하다. 복음주의는 비성서적 개인주의, 사회적 소극성, 덜 총체적인 복음전도, 값비싼 제자도를 결여한 공적 태도 등으로 흔히 치우치는 경향이 있다. 신자들의 교회 전통에 속한 어떤 이들은 그리스도와의 살아 있는 관계 대신, 민족적 정체성, 평화주의, 혹은 사회정의에 대한 관심을 선택하는 경향이 있다. 심지어 교리적으로는 거의 상관이 없는 예수를 따른다는 윤리적 삶을 선호하여, 고전적 기독교 공동체의 핵심적 교리들을 무시하면서 말이다. 사이더는 이렇게 결론 내린다. "이런 왜곡 중 그 어떤 것도 제대로 작동하지 않을 것이다."44)

사이더에 의한 이런 분석과 처방을 깊이 공감하면서도, 메노나이트인 노만 크라우스는 현대 복음주의와 신자들의 교회 내에 존재하는 엄청난 다양성을 강조한다. 즉, 그 다양성에 대한 모든 비교는 어느 모델을 전제하느냐에 따라 달라진다. 그가 말하길, 아나뱁티스트는 "급진적이고 예수 중심적인 순교자 운동이다." 그러므로, 아나뱁티스트는 예수의 뜻과 방식에 기초한 담대한 증언과 순종적 삶의 방식을 포함하여, 개인과 사회 질서 내의 근본적 변화를 요구한다. 현대 복음주의는 "옛 근본주의의 부정주의와 방어적 태도에서 벗어난, 고전적 개신교신학의 부흥이다."45) 물론 신자들의 교회 전통과 날카로운 대립관계에 있는 일부 신학적 견해들을 확고히 견지하고 있지만 말이다. 이런 대립 중에는 다음의 것들이 포함된다. 즉, 신적 선택에 대한 캘빈주의적 이해에 기초하여, 참된 교회에 대한 영적 혹은 '비가시적' 이해, 흔히 제자도와 분리되어 생각되는 개인의 영적 변형으로서의 구원, 미국문화에 대한 분명한 비판을 결여한, 그래서 "기성 정부와 경제적 엘리트를 지지하는 사회적 비전", 심지어,

> 복음주의는 성서에 포함된 하나님 말씀에 대한 구어적·합리적 개념을 고수하며, 그 결과 교회생활의 진정성보다 신학적 정통주의를 그리스도와의 연속성에 대한 기준으로 간주한다. 복음주의는 참된 공동체에 대한 질문에 깊은 관심을 두지 않는다. 하나님 나라에 대한 지속적 증언이, 증언하는 교회가 아니라, 기록된 말씀과 동일시되기 때문이다. 정확하고 무오한 말씀에 대한 관심 말이다.[46]

최근에, '해방' 신학들이 하나님의 권능과 연합된 기독교적 행동에 의한 현 세상의 변화가능성에 초점을 맞추어 왔다. 그것들은 19세기의 후천년설(이것은 당시에 은총의 낙관주의를 강조한 웨슬레안들의 특징이었다)처럼, 낙관적 세계관을 반영하는 경향이 있다. 역으로 현대 복음주의는, 극적인 사회적 행동에 대한 요구에는 별로 무게를 두지 않으면서, "애국적이 되고, 기독교 사명의 핵심적 요소들을 실행하기 위해 공적 제도들을 이용하는" 경향이 있다. 신자들의 교회는 우리 시대를 위해 제3의 길을 제시한다. 그것은 엄격한 제자도, 성령의 권능에 대한 체험, 현대문화에 대한 성서에 따른 비판, 그리고 새로운 공동체 모델로서 교회에 대한 전략(세상에서 그리스도에 대한 총체적 증언의 근본적 측면으로서) 등을 요구한다. 이런 모델은 현대 복음주의의 어떤 측면들을 긍정하고, 다른 것들에는 열심히 저항한다. 신자들의 교회 내에서 그 저항은 부분적으로 종말론적 백성이 되는 것으로 표현된다. 이 백성은 하나님의 약속된 미래가 근접했다는

사실과 그것의 의도된 **현재적 실재**를 날카롭게 인식하고 있다.

중간기에 살기

인간역사의 과정, 의미, 현재상태, 그리고 다가올 절정에 관한 성서에 따른 계시의 목적에 대한 연구가 **종말론**이다. 기독교적 관점에서 볼 때, 종말론은 예수 그리스도의 강림이란 특별한 관점에서 우주 및 인간 역사의 운동에 대한 집중된 평가다. 종말론적 사고는 "하나님 안에서 시작되었다가 타락하고, 하나님 안에서 다시 구속된 피조물들이 어떻게 하나님 안에서 자신들의 최종 운명과 종말을 맞게 되는지를 탐색한다."47) 성서적으로 말해, 핵심 개념은 하나님의 영역과 통치다. 오늘날 신자들의 교회가 자신이 물려받은 유업을 이루기 위해선, 시간과 영원에 대한 그리스도의 주권과 기독교적 희망에 관한 성서에 따른 관점 및 현재적 의미가 분명해져야 한다.

예수는 하나님 통치의 임박한 도래를 선포했다. 심지어 자신의 인격과 사역 속에 말이다. 그의 메시지는 두 가지 중요한 강조점을 지녔다. 첫째, 히브리 선지자들에 의해 예고된 메시아적 구원이 그의 인격과 사역에서 성취되고 있었다. 둘째, 하지만 다가올 시대에 그의 구원이 완전히 성취될 때 정점에 이르게 될 부분이 남아 있다. "하나님의 나라"(그리스어 **basileia**, 히브리어 **malkuth**)는 통치되고 있는 특별한 영역에 대한 구체적 생각에 반대하는 것으로서, 최소한 하나님의 역동적 통치 혹은 지배를 의미한다. 물론, 하나님의 통치는 보편적으로 하나님의 존재 자체에 의해 존재하지만, 기능적으로는 하나님께서 인간에게 자유를 허락하시는 것과 인간이 이 자유로 죄짓는 것에 의해 존재한다. 하나님의 역동적 통치는 사람들이 그 통치에 자발적으로 복종할 때, 이 악한 시대에도 존재한다. 하나님의 통치는 실제로 예수 안에서 이미 도래했다. 그 안에는 하나님에 대한 온전한 복종이 존재했다. 마리아에 대한 선포는 하나님께서 예수에게 다윗의 왕좌를 줄 것이며, 예수가 영원토록 다스릴 것이란 약속이었다.눅1:32~33 즉, "종말에 하나님 나라의 종말론적 출현 전, 하나님 나라는 예수의 인격과 사역을 통해, 사람들 안에서 역동적으로 활동하게 되었다."48) 하나님 나라의 현재적 의미와 미래의 특성을 이해하기 위해, 예수의 인격과 사역을 이해할 필요가 있다. 그는 모든 기독교적 삶뿐만 아니라, 기독교적 종말론의 결정적 의미가 되어야 한다.

마가복음은 예수를 이스라엘의 예언적 전통에 대한 결정적 해석자요 완성으로 제시한다. 하나님은 계속해서 인간과 다툰다. 인간이 하나님의 의지와 통치에 강하게 반대하지만 말이다. 물론 하나님의 온전한 주권과 최종 심판에 대해선 의문의 여지가 없지만, 하나님이나 인간 누구도 어떤 운명론이나 고정된 우주적 달력에 메여 있지 않다. 역사는 하나님의 통치와 저항하는 인간의지 사이에 벌어지는 역동적 싸움판이다. 정말, 미래는 하나님의 신실하심만큼 확실하다. 하지만, 정확히 미래가 어떻게 발전할지는 부분적으로 주 예수 그리스도의 현재적 통치와의 관계 속에서 인간의 회개와 믿음에 달렸다.행28:23~31, 49)

이 종말이 얼마나 가까이 왔는가? 신약의 자료들이 제시하는 답은 모호한 대답을 제시한다. 예를 들어, 데살로니가에 보내진 두 편지는 이 점에 대해 다소 다른 강조점을 지닌 듯하다. 데살로니가전서 5장은 종말이 "한밤중의 도적처럼" 도래할 것이라는 일반적인 묵시적 동기를 따른다. 그러므로 항상 위기의식이 있어야 하고, 어느 순간에든 발생할 수 있는 일에 대해 준비할 필요가 있다. 하지만, 데살로니가후서에서 우리는 최후에 발생할 사건목록을 발견한다. 이것에 따르면,

종말이 반드시 임박한 것은 아니다. 비록 이런 목록 때문에 신자들이 항상 준비하고 있어야 하는 필요성이 약화하진 않지만, 그것은 종말이 실재로 도래하기 전의 보다 긴 시간표를 제시한다.

재림의 시기 문제 너머에, 그리스도의 궁극적 재림의 본질에 대해 똑같은 중요한 질문이 놓여 있다. 그동안 성서학은 계몽주의의 강력한 합리주의적 분위기를 배경으로 엄청난 발전을 이루었다. 그런데 이 분위기 속에선 '종말'에 대한 어떤 관심도 계시보다는 미신으로 비하하는 경향이 강했다. 최근 몇 세기 동안, 다수 신자에게 종말론은 단순한 신학적 호기심거리나, 사회가 지향하는 도덕적 가치의 영역(알브레히트 리츨), 혹은 실존적으로 해석되어야 할 일군의 상징("신화", 루돌프 불트만)에 불과했다. 하지만, 요하네스 바이스와 알버트 슈바이처가 예수의 설교에 담긴 묵시적 특성을 재발견하고, 하나님 나라는 일차적으로 종말론적 비전이라고 주장했다.

예수의 삶과 죽음에 관한 근대의 '역사적' 재구성에 관여함으로써, 묵시적 종말론을 진지하게 다루는 사람들이 있다. 그렇게 하는 사람은 자신의 전제와 사회적 비전을 무심코 예수께 돌린다.50) 예를 들어, 예수는 사람들과 그들의 문제 많은 사회에게 도덕을 가르쳤던 선생 그 이상이었다(예수는 19세기에 흔히 그런 식으로 묘사되었다). 신약성서는 예수를 새 시대를 시작한 분으로 제시한다. 하나님의 통치는 예수의 초림 때 이미 충만하게 임했고, 지금도 인간역사 속에, 특히 교회에 역동적으로 남아 있다. 비록 그것의 온전한 실현은 여전히 미래에 남아 있지만 말이다. 기독교적 희망의 현재적 차원과 미래적 차원 간의 창조적 긴장을 추구했던 존 웨슬리의 견해가 자주 칭찬받는다. 웨슬리의 종말론에 대해, 랜디 매독스는 '과정적' processive이란 명칭을 붙인다. 이 형용사는 하나님의 지속적인 변혁은총의 현재적 의미와 역동적 본질을 강조한다.51) 하나님의 온전하고 현재적인 통치가 이 악한 세상 속에서 이미 시작된 것이다.

하나님은 알파와 오메가요, 모든 역사의 창조주며 절정이다. 일련의 신학적 주제들의 마지막에 있는 대신, 기독교 종말론은 교회의 정치기구와 제도들을 포함한 모든 일시적인 것들에 한계를 설정하고, 급진적으로 상대화하는 최종적 희망을 강조한다. 역사에 대한 그런 평가는 악하고 억압당하는 사람들이 역사적 환멸에 압도되지 않도록 구원하는 비전을 제공한다. 예수는 하나님의 은혜로운 통치가 궁극적으로 승리할 것이라고 확고히 믿었다. 하나님나라가 임박했다고 선포할 때, 그는 세상의 임박한 종말을 선언한 것이 아니라, 자신의 사역을 통해, 이스라엘에 대한 하나님의 약속이 성취되고 있다고 선언한 것이다. 예수의 말씀과 사역은 하나님의 통치가 이미 시작되었다는 증거였다. 사35:1~10; 막11:1~15 물론 모든 피조물을 위한, 그리고 인간역사 너머의 시간을 위한, 이 통치의 미래적 의미를 완전히 제거하지 않고 말이다. 신약성서의 몇몇 난해한 본문들은 하나님의 통치가 "종말론적 절정 이전에 세상에서 하나님 통치의 역동적 작용으로 이해될 때, 더 분명해진다."52)

하나님의 통치가 완전하게 실현되고 최종적 절정에 도달하는 것은 그리스도의 재림 때이다. 그것은 아직 이루어지지 않았다. 그동안, 그리스도 초림의 결과로, 신적 통치가 사람들 안에서 시작되었고, 사람들은 그 통치하에 거하도록 부름 받았다. 막9:47; 마21:31~32 하나님은 의식적으로 이 통치를 위해 결정하고, 마13:44~46 하나님의 뜻을 행하며, 마6:10, 7:21~23 이런 신적 현존의 권능 속에 살고 싶은 모든 이들을 위해, 이 초대를 확대한다. 하나님 나라는 오직 재림의 때에, 시간의 끝에, 온전히 이해되고 실현될 것이다. 그럼에도, 신적 통치가 하나님의 미래로부터 인간의 현재로 침투하면서, 이미 현실 속에 작동하고 있다. 신자들의 교회 유산의 가슴을 따뜻하게 만들고, 의지를 불태우는 것은 바로 이런 현실이다.

요한복음은 성령에 의해 그리스도 안에서 새롭게 된 존재가 현재적 실재가 되어야 한다고 강조한다. 하나님의 사랑스러운 통치 아래 사는 삶은 단지 미래를 위해 남긴 희망이 아니라, 현재에 역할을 해야 한다. 신자는 이미 사망에서 생명으로 옮겼다.요5:24 "이제 이 세상의 심판이 이르렀으니 이 세상 임금이 쫓겨나리라. 내가 땅에서 들리면 모든 사람을 내게로 이끌겠노라"고 예수가 말했다.요12:31 신자는 현재 그리스도 안에서 그리고 그리스도를 통해 부활을 안다.요5:21과 11:25 루돌프 불트만은 현재성에 대한 관심 집중이 미래의 성취를 미리 배제한다고 결론짓는다. 하지만, 그가 말한 배제는 성서에 따른 증거를 정당하게 평가하지 못하는 것이다. 요한은 예수 사역이 현재에 미치는 결과들을 진지하게 취급할 뿐만 아니라, 부활한 그리스도의 현재적 활동이 미래의 지평으로 확장된다는 사실도 긍정한다.요5:17, 11:25 종말론은 곧 **기독론**이라는 그의 중요한 통찰을 통해, 요한의 종말론은 기독교인들에게 가장 잘 이해될 수 있다. 즉, "성부의 영원한 목적을 수행하는 과업이 성자에게 부여되었으며, 성자는 그 과업을 성취했고 성취하고 있으며, 끝까지 성취할 것이다."53) 자신의 유업에 끝까지 충실하기 위해, 신자들의 교회는 이런 그리스도-중심성을, 그리고 신자와 교회를 위해 그것이 지닌 다양한 현재적 의미를 고수해야 한다.

그리스도 안에서 새롭게 창조된 모임인 그리스도의 교회는 이제 새 삶을 살아야 하며, 희망 속에 그런 삶을 살아야 한다. 성령의 사역을 통해, 십자가에서 처형당하시고 부활하신 그리스도를 기억하고 그분의 뜻을 구체적·지속적으로 실천하면서 말이다. 장차 완성될 하나님의 통치는 그리스도와 오순절 사건(이것은 구약에서 약속되고, 그리스도가 재림할 때 정점에 이를 종말론적 말세의 출발점이 되었다)을 통해 형성된 새로운 구속 질서로 현존한다.54) 이 질서가 교회이며, 이 질서의 삶이 성령의 현재 사역이다. 위르겐 몰트만은 다음과 같이 요약한다.

> 이 기억과 희망의 현재적 권능은 '성령의 권능'으로 불린다. 왜냐하면, 사람들이 예수를 그리스도로 믿고, 미래를 하나님의 미래로 희망하는 것은 그들 자신의 힘, 이성, 그리고 의지가 아니기 때문이다… 그리스도에 대한 믿음과 하나님 나라에 대한 희망은 성령 속에 임재한 하나님으로부터 기원한다.55)

바울은 하나님의 영을 '첫 열매' 혹은 최후 부활의 '보증금'으로 언급한다. 롬8:23; 고후1:22; 5:5; 엡1:13~14 문제 많은 현재 우리 속으로 하나님의 미래가 침입했다! 그렇다면, 예수 그리스도의 부활은 어떻게 되는가? 그것은 하나님의 재창조사역에 의해 한 사람이 죽음을 극복한 특이한 사건 그 이상이다. 그것은 "옛 시대의 죽음이자 새 시대의 탄생이었다. 그래서 그리스도 혹은 성령 안에 있는 것(우리는 이것을 동의어로 생각한다)은 장차 올 시대 속에 있는 것이며, 그 시대의 권능에 참여하는 것이다."56) 이 책의 제2장은 성령과 함께 시작하는 것에 초점을 맞추었다. 새 생활은 성령과 함께 시작하며, 성령에 의해 가능케 된 현재의 가능성과 책임에 초점을 맞추며, 하나님이 선택한 때에 성령 통치의 온전하고 최종적인 실현에 대한 희망 속에 근거한다.

성령의 현재적 경험은 예수, 부활한 그리스도의 부활권능을 특징으로 한다. 그의 부활에 대해 알고 있었던 예수의 제자들은 예수의 부활이 모든 믿는 자들을 위한 하나님의 미래의 시작임을 알았다. 그들의 유대적 유산의 풍요로움과 현재 그리스도 안에서 하나님의 극적인 구원사건들을 고려할 때, 하나님은 신실한 자들을 미래로 파견하고 있었다. 그들은 "그리스도인이 된다는 것은 위험을 감수하는 사람이 됨을 배우는 중이었다. 날마다 그들은 성령이 예수의 현존을 실재적인 것으로 만들면서, 창조적인 일을 행할 것이라고 기대했다."57) 그리스도 안에 사는 것은 하나님의 사랑하는 은총에 의해, 성령을 통해, 그리고 예수의 부활 이후 출현하는 새로운 삶의 확장으로서 사는 것이다. 그리스도의 몸으로서 그렇게 함께 사는 것은 교회, 즉 현재에 사명을 감당하는 성령 공동체가 되는 것이다. 이것은 신약성서의 지속적 가르침이며, 신자들의 교회 전통의 비전이다.

예수께서 제자들에게 가르치셨던 기도,눅11:2~4 즉 '주의 기도'는 본질적으로 하나님의 미래 통치가 매우 실재적인 방식으로 **현실이 되도록**, 즉 하나님 나라가 이제 땅 위에 임하시고, 용서, 일용할 양식, 신자들이 유혹을 물리칠 능력을 주시도록 기원하는 것이다. 왜냐하면, 신자들이 하나님을 사랑하는 아버지로 인식하고 그의 거룩한 이름을 영화롭게 하기 때문이다. 예수는 모든 신적 약속의 완전한 성취와 더불어, 하나님의 통치가 언젠가 온전히 드러날 것이라는 이스라엘의 확신을 받아들였다. 하지만, 이 미래와 그것의 확실성은 미래의 특정한 사건들에 대한 복잡한 예언에 중심을 두지 않고, 이스라엘의 하나님에 대한 믿음에 초점을 두었다. 이 하나님은 지금 그리스도 안에서 왔고, 자신의 거룩한 약속을 지키며, 미래와 그것의 확실성을 믿음의 선물(이것은 예수에게 집중하며, 용서받고 풍성한 삶, 그리스도를 닮은 삶을 **지금** 살게 한다)로 준다.

마가복음 13장에 대한 자신의 탁월한 연구를 마감하면서, 조지 비슬리-머레이George Beasley-Murray는 그리스도 재림의 임박함에 관한 초대교회의 기대와 재림 전까지의 기간에 그 기대와 제자로서 현재적 책임 간의 관계에 대한 마가의 설명을 다음과 같이 훌륭하게 요약했다. 초대교회 제자들은

> 예수 그리스도의 통치 속에 실현된 하나님의 주권에 자신들의 모든 것을 걸었던 사람들의 종말론적 태도를 지니고 있었다. 또한, 예수처럼, 성령을 통해, 하나님 주권이 감지되도록 할 수 있었고, 하나님 주권이 치유능력을 통해 인간들에게 미치도록 했다. 동시에, 예수 그리스도를 통해, 하나님으로부터 그 주권의 완성을 기다렸다…. 그것은 십자가를 지고 따름으로써 도상에서 실현되고 구체화하였다.막 8:34~38 그 길은 성령의 권능으로 하나님과 그의 아들 예수 그리스도에 대한 급진적 믿음을 갖고 있기 때문에, 근심의 덫에서 자유롭다.막 13:9~11 그 길은 죽음과 그리스도 안에서 약속된 부활의 소망으로 이어진다.58)

그런 종말론적 태도를 지니는 것은 교회가 모든 권세에 저항하고, 교회의 부활한 자아가 그리스도의 초림과 재림 '사이에서' 구속적 삶을 살 수 있도록 힘을 준다.

최고의 소명

그 소명은 신약성서의 사도교회와 함께 시작되었고, 16세기의 아나뱁티스트들과 그 이후 이 대열에 합류했던 많은 사람에 의해 극적으로 부활하였다. 교회는 이 세상에서 자신을 급진적이고 예수 중심적인 순교운동으로 이해했다. 복음의 메시지는 놀라웠고, 주변 세계의 장애물은 대단히 심각했으며, 믿음의 부활과 사명의 성취를 위해

강력한 기독교 공동체를 건설할 필요가 있었다. 21세기가 시작되면서, 세상의 수많은 정황이 신실한 교회에 비슷하게 부정적인 환경으로 압력을 가하고 있다. 기독교 공동체는 옛날부터 전해 내려온 최고의 소명인, 우리가 사는 세상 한복판에서 하나님의 진정한 백성이 됨을 회복할 필요가 있다.

물론, 오늘날 교회의 적절한 관심은 과거의 영광을 추억하는 것이 아니라, 바로 현재와 미래다. 신자들의 교회 같은 기독교 전통은 자신의 지속적 정체성의 핵심을 발견해야 한다. 그 핵심을 중심으로, 그 전통의 다양한 회원들이 연합할 수 있다. 1967년 신자들의 교회 대회의 조사위원회는 이 필요성을 훌륭하게 다루었다. 그 위원회는 신자들의 교회가 현재 많은 신앙고백을 소유하고 있지만, 어떤 공식적 신조가 없음을 인식했다. 때때로, 이 전통의 대표들이 통일된 용어의 부족 때문에 이전에도 이 문제에 대해 서로 이야기를 나눈 적이 있었다. 그럼에도, "풍부한 신앙고백문의 바탕을 이루는 공통된 입장이 있었음도 감지되었다. 그래서 그것을 재발견하고 정교하게 다듬기 전, 먼저 일치의 선물이 추구되어야 했다…. 우리가 그 선물을 인정한다면, 우리는 또한 그 선물을 장래의 형제관계 속에서 명백히 드러내야 할 책임도 인정해야 한다."

이 1967년 신자들의 교회 대회는 캔터키주 루이빌에 있는 남침례신학교에서 개최되어, 이 전통의 본질적 일치를 추구하고, 신자들의 교회 내에 속한 다양한 기구들 간의 "장차 형제적 관계"를 도모했다. 하지만, 불행히도, 그 이후의 시기에, 남침례교회 자체 내에 심각한 갈등이 발생했고, 1980년대에 남침례교회는 근본주의자들에 의해 점령당했다.59) 저항 조직 중 하나였던 남침례연맹은 1987년에 원리선언을 발표했다. 이 연맹은 남침례교회의 점령이란, 새로 "주어진" 교회의 현실에 직면해서, 신자와 지역교회의 자유를 인정했다. 10여 년 후, 미국 남부에 있는 일군의 소장파 침례교 학자들이 "침례교 정체성의 재조명Re-Envisioning Baptist Identity: 북미 침례교 공동체를 위한 선언Manifesto for Baptist Communities in North America"을 작성했다.60) 이 선언문은 참된 침례교적 삶을 위태롭게 만드는 두 개의 잘못된 길이 있다고 경고했다. 그것들은 현재 남침례교회 논쟁에 속한 경직된 두 진영이다. 하나는 결과적으로 하나님의 자유에 협소한 성서해석의 족쇄를 채우는 꼴이 될 것이고, 다른 하나는 "공동체의 합법적 권위로부터 자유를 단절시킬 것이다." 양측 모두 우상숭배로 치우친다. 하나는 성서주의요, 다른 하나는 개인주의다. 일련의 침례교 관행들(공유된 성서공부, 공유된 새로운 삶을 요구하는 전도, 거룩한 교제로서 교회, 그리고 침례(세례), 설교, 주의 만찬을 통한 교회의 공유된 축제)에 기초한, 건설적 대안이 제시되고 있다.61) 이런 접근은 **교회의 실천**, 즉 확립된 제도나 공식적인 신앙공식에 의한 통제에 반대하여, 그리스도 안에서 자발적으로 함께 묶인 삶에 초점을 맞춘다.62)

비록 현대의 형제교회에 대해 이야기한 것이지만, 멜라니 메이Melanie May의 말은 일반적으로 신자들의 교회 전통에 대해 말해 준다. 신자들의 교회가 줄 수 있는 한 가지 훌륭한 선물은

> 모든 생명의 성스러움에 대한 우리의 감성이다. 전통적인 형제단은 일상세계로부터 분리된 거룩한 영역이나 공간은 없다고 생각한다… 거룩하게, 또 삶을 거룩하고 성례전처럼 사는 것은 모든 피조물을 구속하는 하나님 통치의 실재를 드러내는, 일종의 저항활동이다. 이것을 통해, 현재의 악한 영들과 공중의 권세 잡은 자들이 생명을 더럽히고 파괴하는 방식들에 대한 대안을 명확히 드러낸다.63)

이런 선물이 효과적으로 전달되지 않는 중요한 이유는 때때로, 심지어 자유교회 안에서조차, 초점이 흐려지고 권력이 남용되기 때문이다. 자신을 특이하고 박해받는 백성으로, 세상의 권력에 의해 소외되었다고 생각하지만, 신자들의 교회는 때때로 자신이 최소한 자신 내부에서 권력을 갖고 있으며, 그 권력을 책임 있게 사용하지 않았다는 사실을 제대로 인정하지 못한다. 심지어, 이 세상의 권세와 영들이 신앙 속으로 침투하는 것을 거부했던 저항의 유산이 자신에게 충성을 요구하는 또 하나의 제도와 전통으로 변질하고 말았다. 한때 개혁과 갱신을 경험했던 교회가 아주 심각할 정도로 제도화의 길을 걷고 말았다. 신자들의 교회 전통이 짊어져야 할 짐을 온전히 감당하려면, "우리 손으로 이룬 업적을 잃어버리지 않으려고 계속 그 손에 집착하는 한, 우리 손은 그리스도 안의 새 피조물이란 하나님의 선물(우리는 그 약속이 성취되길 기다리고 있다)을 받으려고 손을 펼칠 수 없을 것이다"란 사실을 인정해야 한다.64)

그래서 핵심 질문은 여전히 남아 있다. 즉, '자유교회' 전통이 오늘날 얼마나 적합성을 지니는가? 이 전통이 항상 주장하는 것처럼, 성서적으로 생각해 볼 때, 하나님의 현재적 통치는 "하나님 자녀들의 영광스런 자유"를 의미하는 것이 분명하다.롬8:21 하나님의 백성이 직면하는 도전은 그리스도께서 공급하신 자유 안에 확고히 거하는 것이다. 율법주의와 자기태만이란 이중의 지속적 위험을 피하면서 말이다. 교회는 성령의 공동체요, 성령이 계시고 또 존중받는 곳마다, 하나님이 의도하신 삶을 향한 진정한 자유가 존재한다.고후3:17 성령공동체인 교회는 세상의 공동체들과 방식들에 대한 대안이 되어야 한다. 현실에 대한 그리스도의 견해를 공유하고 기념하는 새로운 피조물의 공동체 말이다.

이 견해는 자발적으로 소속된 모든 사람에게 동기를 부여하고, 가르치고, 유지시킬 수 있다. 교회는 자신과 세상의 구분을 약화시키는 것, 즉 제도화되고 안락한 교회의 위기를 경계해야 한다. 또한, 교회는 세상 권력의 중심을 통제하고, 그 결과 세상을 다스리며 몇 가지 명백한 선을 추구하려는, '선택된 자들'의 신정정치적 유혹을 피해야 한다. 대신, 교회는 독특한 화해 공동체로 존재해야 하기 때문에, 내부인들에게 변화를 가져오고, 타인들에게도 같은 변화를 가져올 수 있는, 자유롭고 자유롭게 하는 기구가 되어야 한다.

예수 그리스도를 믿는 사람들은 하나님의 은혜로운 현재적 통치의 대행자로 사역하는 하나님의 백성이 되려면, 자유로울 필요가 있다. 이것은 최소한 다음의 두 가지를 의미한다.

> 1. 모든 신자는 자신들이 부름 받고, 은사를 받았으며, 침례(세례)를 통해 기독교 사역의 사명을 받았음을 배워야 한다. 이 사역을 위해선 에베소서 4:11~12의 모범을 따른 교육과 제자훈련이 필요하다. 그것은 지도력이 제자도에서 성장할 뿐만 아니라, 목회는 우리가 일반적으로 지도력이라고 부르는 것보다 훨씬 더 광범위하다는 뜻이다.

> 2. 신자들은 천국목회가 진정으로 의미하는 바를 이해할 필요가 있다. 그것은 소위 교회사역 그 이상이다. 다른 한편, 교회가 정녕 하나님 백성의 공동체라면, 신자들의 내적 삶과 외적 증거를 강화하는 것보다 더 높고 훌륭한 전략적 사역은 없다. 이런 의미에서, 목회는 최고의 소명으로 간주할 수 있다. 그것은 신자들을 자유롭게 하고, 하나님 나라의 일꾼들이 될 수 있도록 힘과 도구를 제공하는 것이다.[65]

그런 개념의 기독교 사역에 충실하면, 오늘날 모든 교회가 직면한 도전 중 가장 심각한 것을 효과적으로 다룰 수 있다. 이런 도전은 일차적으로 올바른 종교언어나 목회구조에 있지 않다. 그 증거는 기독교적 삶의 실제적 존재와 실천 속에 있다. 기독교 신념의 진실함과 통전성에 대한 새로운 확신은 그런 신념의 구체적 실천으로부터 기인할 것이다. 그러므로,

> 오늘날 기독교인들이 직면한 도전은 기독교 신념을 현대적 용어로 번역할 필요성이 아니라, 공동체, 특히 나그네들의 식민지를 구성하는 것이다. 그것은 우리의 신념에 의해 강력히 구성되었기 때문에, 성부, 성자, 그리고 성령으로서의 하나님에 대한 신앙을 고백하는 것이 무슨 뜻인지를 누구도 물을 필요가 없다. 기독교 신학이 직면한 최고의 문제는 **해석**이 아니라 **실천**이다…그 어떤 훌륭한 신학적 조치도 교회가 하나님에 대한 우리 언어를 구체적으로 표현하는 백성의 공동체가 되는 일을 대체할 수 없다. 여기서 하나님에 대한 말이 어떤 변명도 없이 사용된다. 우리 삶 전체가 우리 언어를 조롱하지 않기 때문이다.66)

신자들의 교회가 국가교회에 순응하지 않았던 역사적 경험은 지속적 중요성을 지닌다. 그것의 성서에 따른 근거는 예수와 성부를 향한 배타적이고 값비싼 헌신에 대한 예수의 요구,마7:24; 8:18~22; 10:34~39 그리고 신자들은 이 악한 시대의 부정적 가치와 권력구조에 순응하지 말아야 한다는 바울의 훈계를롬12:2 진지하게 생각하는 것과 관련이 있다. 그리스도를 따른다는 것은 항상 세상과의 차이를 의미한다. 진정으로 기독교인이 되려면, 그런 차이들은 단지 민족적 충성이나 문화적 사건이 아니라, 성령에 의해 예수 그리스도의 형상으로 변형되는 신자들과 그들의 교회로부터 성장하는 기초적인 삶의 방향이 되어야 한다. 그런 삶의 방향에 충실한 것은 세상에서 교회의 사명을 성취

하고, 신자들의 교회의 오래되고 풍부한 유산을 지속시키는데 결정적인 열쇠가 된다.

부록 A

신자들의 교회 개념과 함의에 대한
최근 대회들의 기록

근래에 있었던 신자들의 교회 대회들에 대한 간략한 역사적 연구를 위해 다음의 자료들을 참고하라.

1. John Howard Yoder, "Introduction",in Merle D. Strege, ed., *Baptism and Church: A Believers' Church Vision*(Grand Rapids: Sagamore Books, 1986), 3-7.
2. Donald Durnbaugh, "Origin and Development of the Believers' Church Conferences", in David Eller, ed., *Servants of the Word: Ministry in the Believers' Churches*(Elgin, Ill.: Brethren Press, 1990), xii-xxx.
3. John Howard Yoder, "The Believers' Church Conferences in Historical Perspective", *Mennonite Quarterly Review 65*(January 1991), 5-19.

신자들의 교회 대회들에 대한 개괄적 목록은 다음과 같다.

대 회   1955년 8월 23일-25일, 메노나이트신학교(일리노이주 시카고 소재)
주 제   신자들의 교회, 메노나이트 교회 총회를 위해
보고서   *Proceedings of the Study Conference on the Believers' Church*, North Newton, Kansas: The Mennonite Press, 1955.

대 회   1964년 6월 8일-16일, 얼햄신학교(인디애나주 리치몬드 소재)
주 제   역사적 자유교회 세미나: 세계 속의 교회
보고서   Franklin H. Littell, "The Concerns of the Believers' Church", Chicgo Theological Seminary's *Register* 58(December 1967), 12-18.

대 회   1967년 6월 26일-30일, 남침례신학교(캔터키주 루이빌 소재)
주 제   신자들의 교회 개념
보고서   James Leo Garrett, Jr., ed., 1969. *The Concept of the Believers' Church*. Scottdale, Pa.: Herald Press.

대 회	1970년 6월 29일-7월 2일, 시카고신학교(일리노이주 시카고 소재)
주 제	우리 시대에 기독교적 삶의 방식이 존재하는가?
보고서	Report in Chicago Theological Seminary's *Register*, 60 (September 1970), 1-59.

대 회	1972년 5월 26일-29일, 로렐빌 메노나이트교회(펜실베이니아주 로렐빌 소재)
주 제	평신도를 위한 신자들의 교회 대회
보고서	없음

대 회	1975년 6월 5일-8일, 페퍼다인 대학교(캘리포니아주 말리브 소재)
주 제	회복, 분열, 그리고 갱신: 신자들의 교회 개념
보고서	Report in *Journal of the American Academy of Religion*, 44:1 (March 1976), 3-113.

대 회	1975년 6월 15일-17일, 침례신학교(스위스, 뤼쉴리콘 소재)
주 제	아나뱁티스트들, 1525-1975: 진리가 너희를 자유케 하리라.
보고서	없음

대 회	1978년 5월 15일-18일(캐나다, 위니팩)
주 제	캐나다 신자들의 교회
보고서	Jarold K. Zeman and Walter Klaassen, eds., 1979. *The Believers' Church in Canada*. Waterloo, Ontario: Baptist Federation of Canada and Mennonite Central Committee(Canada). 또한 Philip Collins, 1982, *The Church of Tomorrow: The Believers' Church*(a study guide). Toronto: Baptist Federation of Canada.

대 회	1980년 10월 23일-25일, 블러프톤 대학(오하이오주 블러프톤 소재)
주 제	신자들의 교회 기독론이 존재하는가?
보고서	J. Denny Weaver, "A Believers' Church Christology", *Mennonite Quarterly Review* 57(April 1983), 112-131.

대 회	1984년 6월 5일-8일, 앤더슨 대학교 신학부(인디애나주 앤더슨 소재)
주 제	신자들의 침례(세례)와 교회 회원권의 의미: 에큐메니컬 맥락에서 개념과 실천
보고서	Merle D. Strege, ed., 1986. *Baptism and Church: A Believers' Church Vision*. Grand Rapids: Sagamore Books.

대 회	1987년 9월 2일-5일, 베다니신학교(일리노이주 오크부룩 소재)
주 제	모든 신자의 사역
보고서	David Eller, ed., 1990. *Servants of the Word: Ministry in the Believers' Church*. Elgin, Ill.: Brethren Press.

대 회	1989년 3월 30일-4월 1일, 남서침례신학교(텍사스주 포트워스 소재)
주 제	발타자르 휩마이어와 그의 사상
보고서	*Mennonite Quarterly Review* 65(January 1991), 5-53.

대 회	1992년 5월 20일-23일, 고센대학(인디애나주 고센 소재)
주 제	그리스도의 통치(마18:15-20): 교회 권징과 교회의 권위
보고서	*Brethren Life and Thought* 38(Spring 1993), 69-107.

대 회	1994년 6월 1일-4일, 애쉬랜드 신학교(오하이오주 애쉬랜드 소재)
주 제	신자들의 교회 전통에서 주의 만찬의 의미와 실천
보고서	Dale Stoffer., ed., 1997. *The Lord's Supper: Believers Church Perspectives*. Scottdale, Pa.: Herald Press.

대 회	1996년 10월 17일-18일, 맥매스터 신학대학(온타리오주 해밀턴 소재)
주 제	신자들의 교회: 자발적 교회
보고서	William H. Brackney, ed., 1998. *The Believers Church: A Voluntary Church*. Kichener, Ontario: Pandora Press.

대 회	1999년 8월 8일-10일, 블러프톤 대학(오하이오주 블러프톤 소재)
주 제	묵시주의와 천년왕국론: 21세기를 위한 신자들의 교회 종말론 형성
보고서	Loren L. Johns, ed., 2000. *The Apocalyptic Vision in Believers Church Perspective*. Kitchener, Ontario: Pandora Press.

후속위원회
Ashland Theological Seminary Richard Allison, Luke Keefer, Jr., Dale Stoffer
Berlin, Ohio-Marlin Jeschke
Bluffton College - J. Denny Weaver

주: 유사한 계획활동이 캐나다에서도 출현하고 있다. 특히 온타리오에 소재한 콘라드 그레벨과 맥매스터 신학대학에서 그렇다.

부록 B

신자들의 교회 개념에 대한 대회의 조사위원회 보고
남침례신학교(1967년 6월 26일-30일)

아래 내용은 James Leo Garrett, Jr., ed., *The Concept of the Believers' Church*(Scottdale, Pa.: Herald Press, 1969)에서 요약 발췌한 것임.

다음은 1967년 대회에서 조명된, 신자들의 교회 개념의 특징과 현대적 도전에 대한 이해다.

1. 우리는 하나님 은총의 가장 명백한 표현이 하나님께서 부르신 믿음의 백성이란 사실에 동의한다.

    A. 그러므로 회중은 사람들이 믿음에 의해 자유롭게 반응하는 신적 소명에 의해 구성된다.

    "신자들의 교회"라는 간략한 표현은 견지된 믿음의 교리적 내용이나, 신자들의 주관적 믿음을 가리키지 않는다. 대신 가시적 공동체 내에서 헌신의 건설적 특징을 가리킨다.

    우리는 개인의 동의나 요구 없이 기독교적 충성이 인정되고, 강요되고, 혹은 당연시되는, 어떤 유형의 기성제도나 교회 관행(여기서는 유아침례(세례)가 가장 분명한 예다)을 거절한다.

    우리는 주관적으로 체험된 중생이 어떻게 심리적, 사회적 요인들과 관련되는지를 확신하지 못한다.

    우리는 어린이, 그의 가능한 종교체험들, 그리고 그와 신앙공동체 간의 관계를, 그의 인격과 교회 권징의 온전함을 존중하는 방식으로 이해하기 어렵다.

    또한, 우리는 우리와 그런 유아침례(서례) 전통 간의 관계를 이해하기 어렵다. 다만, 철저한 양육, 의미 있는 견진, 그리고 신실한 권징을 통해, 그들도 자유롭게 헌신한 신자들로 구성될 수 있다.

B. **예수 그리스도를 믿는 사람은 우리 중 많은 이들이 제자도라고 부르길 좋아하는 새로운 질의 삶을 드러낸다.**

제자도는(달리 불가능한 삶을 가능케 하고 유지하게 시키는) 성령의 중생 및 성화 사역을 통해 발생한다. 제자도의 모델은 예수 그리스도의 완전한 인성이다. 특별히 그것은 예수의 섬김과 십자가에서 증명되었다. 제자도는 분별, 훈계, 도덕적 연대, 그리고 용서를 제공하는 회중간의 상호 권징을 통해 유지된다.

그러므로 우리는 제자도에 헌신하지 않은 상태에서 무차별적으로 회원권을 허용하는 것에 반대한다. 회원에게 허용된 나이 제한이 어떠하든지 말이다. 또한, 새 회원에게 성숙과 복종 속에 성장하는 데 필요한 자원을 제공하지 않는 어떤 형태의 교회제도도 거부한다.

우리는 그리스도와 성령 안이 아니라, 신자 개인 속에 기독자의 완전을 허용하는 것에 대해 동의할 수 없다.

그러므로 우리는 복종에 대한 우리의 비전을 믿음이 약한 사람들에게 강요하는 것, 혹은 윤리적 맥락의 변화를 언급하지 않은 채, 율법주의적으로 그 비전을 정의하는 것에 동의할 수 없다.

C. **모든 신자는 그리스도의 온전한 사역에 동참한다. 모든 신자는 제사장이며, 모든 신자는 예언자나 교사다. 모든 신자는 예수가 자기 사역의 모델로 보여준 섬김의 도에 참여한다. 모든 신자는 은사를 받았으며, 은사의 활용이 교회의 건강에 필수적이다.**

우리는 독특한 성례전적, 전문적, 혹은 지배계급으로서의 사역 개념과 그런 관점에서 부정적으로 정의된 "평신도" 개념을 거부한다.

우리는 다른 사역들처럼, 가르침을 회중의 삶에 종속시키는 것이 세상에 대한 이념적 일치나 이방인적 형태의 교회생활에 대한 교회의 민감성을 증대시킬 수 있는지를 확신하지 못한다.

시간이 지나면서, 신자들의 교회가 그들의 설립자들에게 제공했던 것과 같은 수준의 존경과 지원을 새로운 카리스마적 지도자들에게도 보장할 수 있는지를 확신하지 못한다.

2. 우리는 지역의 특정한 회중들이 가장 근본적인 교회형태라는 생각에 동의한다.

   A. 회중은 예언자적 삶에 부름 받았으며, 개인적 은사를 활용하고 성서와 현실에 대한 연구를 통해, 그리고 성령이 인도하는 공동체의 삶을 통해, 하나님의 뜻을 주어진 시간과 장소에서 분별할 수 있다.

   우리는 다음의 것을 거부한다.

   (1) 이런 분별력을 활용할 권리를 부인하거나, 그런 책임과 도전을 회피하는 교회생활의 행정과정 및 유형.

   (2) 하나님의 뜻이 교회에 알려져야 함을 제대로 믿지 못하는 사고습관.

   (3) 회원들이 이런 공동의 복종에 참여하지 못하게 막는 권징의 부재.

   우리는 신자들의 교회 안이든 다른 곳이든, 사람들이 자신들의 삶에서 그런 개방성과 상호책임을 수용할 준비가 되어 있는지 확신할 수 없다.

   B. 회중은 거룩하게 하고 치유하는 삶에 부름 받았으며, 사람들은 찬양, 고백, 용서, 계약의 재확정을 통해, 하나님과의 생기 넘치고 참다운 관계 속에 성장한다. 이런 치유의 도구는 전문적 예배나 자아의 의미에 대한 지적 조명이 아니라, 훈계와 용납, 그리고 상호 돌봄 속에서 드러나는 구속적이고 인격적인 관계의 실제적 체험이다. 자발적 공동체의 구조적 분리는 필수적 형태이며, 이런 사랑의 관계는 그 실체다.

   우리는 신자들의 자유가 공유되고 수용되는 것을 방해하는 예배 형식의 진부화를 거부한다.

   우리는 특정한 형태의 예배 혹은 개인적 체험을 규정하고 규칙화하는 것을 경계한다.

C. 회중은 세상의 구조 및 가치과 구분되면서도, 그것들 안에서, 그리고 그것들을 위해 공동체적 삶을 살도록, 더 넓은 사회로부터 부름을 받았다. 세상과 이런 식의 구분은 세상을 향한 선교 및 섬김의 사역을 위한 전제조건이다. 때때로, 그런 구분은 세상의 권력에 대한 값비싼 도전을 요구한다.

우리는 세상의 타락을 온전히 이해하지 못하는 어떤 형태의 세계관, [하나님께]반역하는 세상과 자신의 회원권 혹은 목적을 동일시하는 어떤 형태의 교회관도 거부한다.

우리는 지리적 혹은 사회적 거리, 윤리적 혹은 문화적 불일치란 측면에서 세상으로부터의 분리를 오해할 위험이 있고, 세상으로부터의 분리란 개념을 우리와 다른 기독교인들에게 성급하게 적용하는 더욱 심각한 위험도 지닌다.

우리는 그리스도의 몸(the corpus christianum)의 의미를 교회론적으로 해석하는 또 다른 과제를 안고 있다. 문화적으로 적용된 기독교 혹은 기독교화된 문화는 회복교회(restoration churches)의 후손이자 부모다. 어떤 이들은 신자들의 교회나 회복운동이 "기독교 왕국"에서 기원하거나, 그것으로 퇴행한 교회들에 의해 거부된다고 주장한다.

D. 회중의 중심성은 에큐메니컬과 관련 있는 신자들의 교회의 특징이다. 이것은 순수하게 비가시적인 일치에 대한 영적 개념이 아니다. 협의회, 이사회, 대회, 연합회, 그리고 공의회가 어떤 교회론적 의미가 있을 수 있다는 것이 부인될 필요는 없다. 회중주의가 이런 기관들에 대해 갖는 의미는, 그 기관들의 권위는 그들이 만나면서 그들에게 주어진 "회중적" 특성, 절차, 그리고 일치된 신념의 권위라는 것이다. 그 기관들은 자주 만나고, 회원들끼리 잘 알며, 회원들의 총체적 삶에 대해 책임을 지는 다른 지역 회중들을 권위적으로 통제할 수 없다.

우리는 전체 교단이나 공동체의 신앙, 질서, 혹은 행정구조를 규제하고, 상부의 지시를 받는 대의원, 비례 대표제, 다수결의 원칙에 의해 결정을 내리려는 에큐메니컬 비전을 거부하며, 특성상 비회중적인 일체의 과정을 거부한다.

우리는 우리가 추구하는 가시적 일치가 모든 기독교인을 모으고, 대표하고,

지도하려는 특정한 형태의 기구(이사회, 대회, 연합회, 협의회, 혹은 "교회")를 택할 것이라는 가정을 거부한다.

우리는 권위적이고, 정부주도적인 일치의 비전을 거부하는 것이 그리스도 몸의 일치를 더 자유롭고, 유동적이고, 선교적이며, 고귀하게 표현하려는, 동일하게 당당한 비전과 동일하게 열정적인 헌신과 병행해야 한다고 믿는다. 그렇지 않으면 위협적인 무정부주의, 경쟁적 삶, 그리고 고립주의에 직면할 위험이 있다.

3. 우리는 하나님의 말씀이 교회를 창조하고, 심판하고, 회복시킨다는 사실에 동의한다.

   A. 교회는 기독교 신앙의 독특하고 역사적인 특성에 속한다. 교회의 토대와 규범은 사도들이 증명한 사건들 속에 근거한다. 교회는 이런 사건들이 보고되고, 그것의 의미가 믿음의 증인들에 의해 믿음의 청중들을 향해 해석되는 곳에 존재한다. 신약성서의 인식은 사도적 증거의 규범적 권위를 확증한다.

   우리는 성서에서 독립한 규범으로서 전통의 지속적 발전이란 개념을 거부한다. 우리는 예수 그리스도에 대한 증거라는 신약성서의 관점에서 구약성서를 읽지 않는 어떤 형태의 역사적 해석도 거부한다.

   우리는 위계적 권위나 전문 해석자의 주장에 의해 청중 공동체를 축소하는 어떤 시도도 거부한다.

   우리는 성서의 자명함이란 교리를 지나치게 단순화하여, 정확한 해석을 위해 필요한 역사적, 상황적 요구 사항들을 간과할 위험에 대해 경계한다.

   우리는 우리 자신의 역사에서 발생하는 교육, 강조, 해석의 변화들을 인지하고 평가하는데 어려움을 느낀다.

   B. 교회들의 삶이 복음 사건처럼, 역사적이고 특이하며 우발적인 특성이 있기 때문에, 교회는 불순종할 수 있다. 만약 교회가 지속적으로 불순종하고 이방의 정신에 현혹된다면, 교회는 배반자가 될 수 있다. 이런 사건에서, 성령은 사람들이 신약규범을 따라 신실한 믿음과 실천을 회복하도록 요구한다.

우리는 일체의 교회 무오성 개념을 거부한다. 그것은 정의상 배교를 불가능하게 만들고, 회복을 불필요하게 만들기 때문이다.

우리는 신약교회생활의 문화적 형태를 특별히 상세하게 모방하고 싶은 욕구와 가능성을 과장할 유혹에 노출되어 있다.

우리는 큰 기구가 진리를 수용하도록 모든 노력을 기울이지 않은 채, 분리하고 싶거나, 단순한 분열을 "회복"으로 정당화하려는 유혹에 자주 노출된다.

C. 예수는 자신의 제자들에게 성령에 의해 자신이 그들을 모든 진리로 인도할 것이며, 그들이 이미 들었던 말씀의 의미를 가르치고, 그 의미를 새로운 상황에서 갱신할 것이라고 약속했다. 이렇게 지속한 교훈과 안내는 성서의 구두적 내용에 의해 제한되지만, 그것에 한정되지는 않는다.

우리는 가치 있는 기독교적 증언을 성서 말씀에만 한정시키는, 어떤 형태의 정경 완결 개념도 거부한다.

우리는 그리스도의 성육신과 주되심에 대한 신약성서의 증언에 따라, 성령의 시험에 복종하지 않는 어떤 형태의 "새로운 빛"New Light 개념도 거부한다.

우리는 이렇게 사도 시대를 넘어 지속한 인도와 교훈이 "계시"라고 불릴 수 있는지는 여전히 언어학적으로 불확실한 부분이 남아 있다고 생각한다.

4. 우리는 세상에서 교회의 사명이 세상 한복판에서 언약 공동체로서 자신의 존재를 실천하는 것이라는데 동의한다.

　A. 가시적 공동체는 선교적 선포의 기관이다. 공동체의 교제와 삶의 방식 속으로 개인들을 통합시키는 것이, 개인들을 향한 복음전도 사명의 목적이다.

　우리는 개인들을 그들의 이기적 관심 속에, 사죄, 자기용납, 그리고 확신 쪽으로 이동시키는 것이 전도라는 주장에 반대한다.

　우리는 회중이 자신의 선포를 자신의 제도적 프로그램을 위한 후원요청의

부록 237

도구로 이해할 위험에 노출되어 있다.

B. **가시적 공동체는 주변사회에 대한 증언 기관이다. 분별력 있는 공동체로서, 교회는 성령의 인도 하심 속에 사회적 이슈들에 대한 도덕적 판단의 기준을 개발한다. 용서받은 공동체로서, 교회는 사랑과 애정의 성품을 지녀야 한다. 모범적 공동체로서, 교회는 새로운 유형의 사회적 관계를 형성하는 선도기관이다. 사회의 권력구조의 민주화와 복지적 관심의 개발은 언약공동체에 의해 개척되고 선포된다.**

우리는 사회적 변화에서 교회가 담당하는 일차적 역할이 더 커다란 사회질서가 권력구조 내부에 즉각적으로 가능한 변화들을 수용하도록 요구하거나, 사회적 현상유지를 요구하는 것이란 생각을 거부한다.

우리는 공적 도덕성의 문제들이 사회적, 에큐메니컬, 그리고 정치적 삶에서 발생할 때, 이것들에 대해 발언하는 것은 교회의 관심사가 아니라는 생각도 거부한다.

우리는 교회가 자신의 사회적 증언에 대해 생각할 필요가 있다는 사실에 직면해 있다. 세상이 자신의 구조적 문제를 자신의 힘으로 해결하기 전에, 교회가 먼저 이 문제에 대해 고민해야 한다.

　이 보고서(1967년 8월 10일)의 서명자들은 미국과 캐나다 출신의 9명의 조사위원회 위원들이었다. 여기에 위원회의 임원 3명이 추가되었다. 의장 존 하워드 요더(고셴, 인디애나), 부의장 윌리엄 L. 럼프킨(노폭, 버지니아), 서기 존 키위트(오크부룩, 일리노이).

후 주

서 문

1) 아마도 생략부호는 이 전통의 공동체적 이상을 강조하는 방법의 하나로 과거에 사용되었던 것 같다. 그리스도인들은 신실한 자들의 훈련된 교제 안에서 함께 신자들이 된다. 분명히 이것은 적절한 강조점이기는 하지만, 생략부호를 사용하는 것이 흔히 오해를 불러일으킬 수 있기 때문에, 여기서는 제거했다.
2) 예를 들면, 하나님의 교회(앤더슨파) 운동의 개척자인 데니얼 워너(Daniel S. Warner)의 전기 제목이 *It's God's Church!*(Barry Callen, Warner Press, 1995)이다.
3) Clark Pinnock, *Flame of Love: A Theology of the Holy Spirit*(Downers Grove, Ill.: InterVarsity Press, 1996)을 참조하시오.
4) M. Robert Mulholland, Jr., *Shaped by the Word: The Power of Scripture in Spiritual Formation*(Nashville: The Upper Room, 1985).
5) Millard Erickson, *Postmodernizing the Faith: Evangelical Responses to the Challenge of Postmodernism*(Grand Rapids: Baker Books, 1998)와 Stanley Hauerwas, *After Christendom?: How the Church is to Behave if Freedom, Justice, and a Christian Nation are Bad Ideas*(Nashville: Abingdon Press, 1991)을 참조.
6) John Howard Yoder, "A People in the World", in Michael Cartwright, ed., *The Royal Priesthood : Essays Ecclesiological and Ecumenical*(Grand Rapids: Eerdmans, 1994), 65-101을 참조하시오. 요더의 관점에서, 매체(교회)는 그 메시지(예수 그리스도 안의 복음)과 분리될 수 없다.

1장. 주님과 함께 변두리에 머물라

1) Alan Kreider, *Journey Towards Holiness: A Way of Living for God's Nation*(Scottdale, Pa.: Herald Press, 1987), 178.
2) M. Robert Mulholland, Jr., "Life at the Center-Life at the Edge", *Weavings: A Journal of the Christian Spiritual Life* XIII: 4(July /August, 1998), 27.
3) C. Leonard Allen, *Distant Voices: Discovering a Forgotten Past for a Changing Church*(Abilene, Tex.: Abilene Christian University Press, 1993), 5.
4) Ibid., 169.
5) Rodney Clapp, *A Peculiar People: The Church as Culture in a Post-Christian Society* (Downers Grove, Ill.: InterVarsity Press, 1996), 12-13.
6) C. Norman Kraus, "Toward a Theology for the Disciple Community", in J. R. Burkholder and Calvin Redekop, eds., *Kingdom, Cross and Community*(Scottdale, Pa.: Herald Press, 1976), 276.
7) Clapp, op. cit., 32.
8) Howard A. Snyder, *Signs of the Spirit: How God Reshapes the Church*(Grand Rapids: Academie Books, Zondervan, 1989), 15, 18.
9) Jane Elyse Russell의 박사학위 논문, *Renewing the Gospel Community: Four Catholic Movements with an Anabaptist Parallel*(University of Notre Dame, 1979)을 참조하시오.
10) 이 문구는 로마의 황제 콘스탄틴(275-337)과 관계가 있다. 기독교의 "타락"과 그와의 관계에 대해서는 2장에서 설명할 것이다.
11) John Howard Yoder, in Michael G. Cartwright, ed., *The Royal Priesthood*(Grand Rapids:

Eerdmans, 1994), 246-247.
12) 이 경멸적인 용어는 다시 침례(세례)를 주는 것 혹은 침례(세례)를 반복하는 것을 의미하며, 그 당시에는 정치권력과 교회권력 모두에 의해 용납될 수 없고 심지어 선동적인 것으로 규정되었다. 그런 개혁적 성향의 그리스도인들이 오직 신자들만의 침례(세례)가 유효하다고 주장했지만(그래서 유아에게 행해진 비자발적 침례(세례)를 인정하지 않았고, 그래서 자신들이 누구에게 침례(세례)를 두 번 베푼다고 생각하지 않았다), 국가와 교회에 있는 그들의 적들이 그들에게 그런 이름을 붙였다. 아마도 (메노 시몬스의 이름을 따서 지은) "메노나이트"(Menonites)라는 용어가 최소한 미국에선 일부 "급진주의자들" 사이에서 "아나뱁티스트"라는 이름을 대체하게 되었다. 왜냐하면, 더 커다란 사회에서 메노나이트란 용어가 부정적인 신학적 · 정치적 함의를 지니지 않기 때문이다. 메노 시몬스의 삶과 사역에 대한 논의를 위해서는 제3장을 참조하시오.
13) George H. Williams, *The Radical Reformation*(Philadelphia: Westminster Press, 1962).
14) 예를 들어, Barry Callen, *It's God's Church! The Life and Legacy of Daniel Sidney Warner* (Anderson, Ind.: Warner Press, 1995)을 참조하시오.
15) 오늘날 널리 유포된 진술에 대해서, Stanley Hauerwas and William Willimon, *Resident Aliens: Life in the Christian Colony*(Nashville: Abingdon Press, 1989)와 비교해 보시오.
16) 성서에 나타난 하나님은 심오한 신적 사랑과 신실함 때문에, 연약하고 현재에는 타락한 인류와의 관계에서 진정한 위험을 감수할 준비가 된 하나님이다. John Sanders, *The God Who Risks: A Theology of Providence*(Downers Grove, Ill.: InterVarsity Press, 1998)을 참조하시오.
17) 다른 환경에서 신자들의 교회 전통과 비슷한 모습을 보였던 이전의 반대파 운동들(dissenting movements)로는 몬타니스트들(2세기), 왈도파(13세기), 그리고 롤라드파(15세기)가 있었다.
18) 메노나이트들은 16세기 아나뱁티스트운동의 직계 후손이지만, 다른 많은 사람이 보기에, 아나뱁티스트운동과의 관계는 역사적으로는 덜 직접적이고, 특정한 기독교적 관점과 관례를 공유한다는 측면에서는 더 직접적이다. 예를 들어, 침례교인들은 직접적인 역사적 연속성이란 측면에선 16세기 영국의 분리주의자들과 가장 긴밀하게 연결된 것처럼 보인다. 하지만, 최소한 침례교인들은 16세기 "급진적 종교개혁"의 간접적 후예들임이 명백하다.
19) Max Weber, *The Protestant Ethic and the Spirit of Capitalism*, trans. T. Parsons(N.Y.: Charles Scribner's Sons, 1958, originally 1930), 122, 144.
20) William Brackney, *The Believers Church: A Voluntary Church*(Kitchener, Ontario: Pandora Press, and Scottdale, Pa.: Herald Press, 1998)을 참조하시오.
21) Michael Novak, "The Conception of the Church in Anabaptism and in Roman Catholicism: Past and Present", *Journal of Ecumenical Studies*(Fall 1965), 428. Novak은 "사회주의자들과 마르크스주의자들이 그것(아나뱁티스트의 비전)을 자신들이 꿈꾼 혁명의 초기 형태라고 주장한다"고 썼다(429).
22) 해럴드 밴더(1897-1962)는 그의 시대에 세계적으로 주도적 역할을 담당했던 메노나이트의 정신이었다. 1924년부터 1962년까지 그는 고센대학(Goshen College, Indiana)에서 교회사, 성서, 그리고 사회학을 가르쳤다. 또한, 그는 고센대학(1931-1944)과 고센대학 신학부(Goshen College Biblical Seminary, 1944-1962)의 학장을 지냈다. 1927년에 그는 영향력 있는 잡지인 *the Menonite Quarterly Review*를 창간했다. 그에 대한 중요한 전기, Albert Keim, *Harold S. Bender 1897-1962*(Scottdale, Pa.: Herald Press, 1998)을 참조하시오.
23) 이 연설은 후에 *Church History 13*(March 1944), 3-24에 실렸다.
24) 니버의 명저 중 하나가 *Moral Man and Immoral Society*(N.Y.: Charles Scribner's Sons, 1932)이다. 그는 인간의 도덕적 · 사회적 행동과 사회적 집단(국가적, 인종적, 그리고 경제적)의 도덕적 · 사회적 행동 사이에 분명한 선이 그어져야 한다는 논지를 폈다. 이런 구분을 통해 순수하게 개인주의적인 윤리를 언제나 당혹스럽게 만드는 정치적 정책들을 정당화하고, 사실 필연적으로 만든다고 한다.
25) 1950년대의 미국상황에 대한 보다 폭넓은 분석을 원한다면, Barry L. Callen, *Seeking the Light: America's Modern Quest for Peace, Justice, Prosperity, and Faith*(Nappanee, Ind.: Evangel Publishing House, 1998), 제3장을 참조하시오.

26) William Strauss and Neil Howe, *The Fourth Turning: An American Prophecy*(N.Y.: Broadway Books, 1997), 169.
27) Harold S. Bender, *The Anabaptist Vision*(Scottdale, Pa.: Herald Press, 1944). 후에 이루어진 연구들에 의하면, 아나뱁티스트의 기원은 밴더가 처음 제안했던 것보다 훨씬 더 복잡하다고 한다.
28) Elmer Ediger, "Statement of Our Task in This Study Conference", in *Study Conference on the Believers' Church*(Newton, Kan.: The Mennonite Press, 1955), 5-7.
29) John Howard Yoder, "The Believers' Church Conferences in Historical Perspective", *Mennonite Quarterly Review*(January 1991), 5-19.
30) 메노나이트들은 신자들의 교회 전통이란 개념이 자신들의 자기 이해에 도움이 된다는 사실을 발견했다. 그들은 그 개념을 연합메노나이트신학교(Associated Mennonite Biblical Seminary), 고센대학(Goshen College), 동 메노나이트 대학(Estern Mennonite College), 그리고 블러프톤 대학(Bluffton College) 같은 학교에서 과목 및 전체교과과정을 결정하는데 기초원리로 사용했다. 그들은 그 개념을 기독교 교육 자료들("기초 시리즈"(Foundation Series)와 "희년: 하나님의 복음"(Jubilee: God's Good News)과 일년의 성서 주석들을 위한 신학적 토대로 사용했다. 이 신자들의 교회 성서주석(Believers' Church Bible Commenary)은 펜실베이니아 주 스콧데일(Scottdale, Pennsylvania)에서 헤럴드 출판사에 의해 출판되었으며, 이 주석이 "신자들의 침례(세례), 교회 회원자격의 부분적 의미로서 마태복음 18:15-18에 있는 그리스도의 통치에 대한 헌신, 모든 관계에서 사랑의 권능에 대한 믿음, 그리고 그리스도의 십자가의 길을 기꺼이 따르려는 마음" 같은 특별한 종류의 신학적 이해를 대표한다고 주장한다.
31) C. Norman Kraus, *The Community of the Spirit: How the Church Is in the World* (Scottdale, Pa.: Herald Press, rev. ed., 1993)를 참조하시오.
32) Franklin Littell, *The Free Church*(Boston: Star King Press, 1957), 2.
33) Nadine Pence Frantz, "Theological Hermeneutics: Christian Feminist Biblical Interpretation and the Believers' Church Tradition"(doctoral dissertation, Divinity School, University of Chicago, 1992), 144.
34) C. Arnold Snyder, *Anabaptist History and Theology*(Kitchener, Ont.: Pandora Press, 1995), 384. 스나이더의 이런 강조점을 긍정하면서도, 데니 위버(J. Denny Weaver)는 그 운동의 초기 구성원들이 16세기에 공통적으로 주장하던 것에 의해 아나뱁티스트운동을 정의하는 스나이더의 일반적 접근방법을 비판한다. 예를 들면, 그들은 칼과 믿음의 관계에 대해서 동의하지 않기 때문에, 스나이더는 이 주제를 아나뱁티스트 신학의 변두리로 옮겨버린다. 이것을 위버는 오늘날 평화 교회에 해를 입히는 부적절한 방식으로 역사를 거꾸로 읽는 일종의 근대적 종합으로 간주한다.(Weaver, "Reading Sixteenth-Century Anabaptism Theologically", *The Conrad Grebel Review* 16:1, Winter 1998, 37-51.)
35) Franklin Littell, "The Historical Free Church Defined", *Brethren Life and Thought* IX(1964), 4:78.
36) Stanley Hauerwas, William Willimon, *Resident Aliens: Life in the Christian Colony* (Nashville: Abingdon Press, 1989), 39. 이 "기독교 왕국"의 상실은 313년 콘스탄틴 황제의 밀라노 칙령을 지칭한다. 이때 아직도 어렸던 기독교 신앙 자체가 로마 제국의 침례(세례)를 받았고, 정치적 기득권의 일부가 되었으며, 많은 해석가의 눈에, 자신의 독특한 반문화적 위치에서 "추락"하기 시작했다. 이전에 기독교 신앙에 의해 지배되었던 서구 사회의 근대적 세속화는 기독교 문명의 종언으로 보인다. 하우어워스와 윌리몬은 다음과 같이 말한다. "콘스탄틴적 세계관의 붕괴, 즉 교회가 자신을 지탱하고 자신의 젊은이들을 양육하기 위해 일종의 기독교적 문화가 필요하다는 개념이 점차 쇠퇴한 것은 탄식해야 할 서러운 죽음은 아니다. 오히려 축하하며 기념해야 할 기회이다…마침내 우리 미국의 그리스도인들은 오늘날 그리스도인이 되는 것을 짜릿한 모험으로 만들면서, 신자들이 되는 자유를 누리게 되었다."(18).
37) Donald Durnbaugh, "Theories of Free Church Origins", *Mennonite Quarterly Review* (April, 1968), 95.

38) 1881년 10월에 발생한 이런 탈퇴와 그 외 관련된 사건들의 결과, 하나님의 교회(앤더슨파, Anderson) 운동이 형성되었다. 칼슨 시티 결의문은 Barry L. Callen, ed., *A Time To Remember: Teachings*(Anderson, Ind.: Warner Press, 1978)에 수록되어 있다. 이 결의안들을 둘러싼 관심들과 발전들에 대한 서술이 Barry L. Callen, *It's God's Church!: The Life and Legacy of Daniel Sidney Warner*(Anderson, Ind.: Warner Press, 1995), chapter six에 수록되어 있다.
39) John Howard Yoder, "A People in the World", in Michael Cartwright, *The Royal Priesthood: Essays Ecclesiological and Ecumenical*(Grand Rapids: Eerdmans, 1994), 91.

2장, 성령과 함께 시작하라

1) C. Norman Krauts, *The Community of the Spirit*(Scottdale, Pa.: Herald Press, 2nd ed., 1993), 12-13.
2) Alan Kreider, *Journey Towards Holiness: A Way of Living for God's Nation*(Scottdale, Pa.: Herald Press, 1987), 204.
3) Ronald Knox, *Enthusiasm*(Oxford University Press, 1950).
4) Michael Novak, "The Conception of the Church in Anabaptism and in Roman Catholicism: Past and Present", *Journal of Ecumenical Studies*(Fall 1965), 427.
5) 예를 들면 여러 면에서 성공회의 "고교회 전통"에 헌신했음에도 불구하고, 존 웨슬리도 "열광주의자"란 비난을 받았다.
6) 신자들의 교회 전통이 예수의 역사적 가르침에 대한 집중과 현재의 제자도에 대한 소명을 배제할 정도로 사색적 종말론에 심취했다고 생각해선 안 된다. 반대로, 신앙의 역사적 뿌리와 성령 통치의 현재적 적합성이 이 전통의 두드러진 점이다. Barry Callen, *Faithful in the Meantime*(Nappanee, Ind.: Evangel Publishing House, 1997)와 Walter Klaassen, *Armageddon and the Peaceable Kingdom*(Scottdale, Pa.: Herald Press, 1999)을 참조하시오.
7) C. Arnold Snyder, *Anabaptist History and Theology: An Introduction*(Kitchener, Ontario: Pandora Press, 1995), 88.
8) Ibid., 379-380. 16세기 이후, 다양한 흐름의 신자들의 교회 전통이 경건주의라고 불리게 된 다른 개혁운동에 의식적으로 참여함으로써, 성령에 대한 관심을 다시 불러 일으키려고 노력했다. 예를 들어, 이런 노력이 그리스도의 형제들(Brethren in Christ,)과 형제교회(the Church of the Brethren)의 경우 특별히 사실이다. Luke Keefer, *the Wesleyan Theological Journal* (Fall 1998)과 Dale W. Brown, *Understanding Pietism*, rev. ed. (1996, Evangel Publishing House)을 참조하시오.
9) Clark Pinnock, *Flame of Love: A Theology of the Holy Spirit*(Downers Grove, Ill.: InterVarsity Press, 1996), 47, 113.
10) Barry Callen and James North, *Coming Together In Christ*(Joplin, Mo.: College Press, 1997), 91ff.
11) 초창기 아나뱁티스트에서 성령의 부르심에 허용된 주된 역할은 남자와 여자 모두에게 동등하게 기능을 하는 것으로 간주하였다. 하나님 편에선 어떤 성 차별도 없는 것으로 여겨졌다. 그러나 성령이 교회 생활에서 "공적" 지도력을 향한 신적 소명을 남자들에게만 제한한다는 생각이 전형적인 입장이 되었다. 가부장적 배경 속에서, 아나뱁티스트 지도자들이 초기의 성령론적 자율성을 강조하던 입장에서 교회를 위한 "생활 규칙"을 제공하기 위해 점점 더 성서에 대한 문자적 해석(교회 내에서 여성의 적절한 역할에 대한 바울의 진술들을 포함하여)에 의존하는 방향으로 이동하면서 그 시대의 사회적 규범이 중요해졌다. 그 결과, 교회 내에 성적 평등을 위한 "황금시대"는 도래하진 못했지만, 여러 면에서, "아나뱁티스트 여인들이 그들의 성에 대한 사회적 제약들에 대항하여, 자신들 스스로 선택할 수 있는 권리를 갖게 되었다." (C. Arnold Snyder, op. cit., 269). 인간의 경계를 넘어서는 성령은 19세기 성결운동에서, 특별히 하나님의 교회(앤더슨파) 운동 속

에서 좀 더 극적으로 발견되었다. (James Earl Massey, "Race Relations in the American Holiness Movement", *Wesleyan Theological Journal* 31:1 Spring 1996), 40-40을 참조하시오).

12) 하나님에 대한 삼위일체적 맥락에서, 인간의 구원을 위한 하나님의 사역의 여러 측면이 성부, 성자, 그리고/혹은 성령의 탓으로 적절히 돌려질 수 있다. 모든 것이 다 하나님에 의한 것이다. 여기에서 성령의 사역이 강조되긴 하지만, 그리스도의 교회 같은 몇몇 교회들은 좀 더 그리스도 중심적인 경향을 지닌다. 비록 예수의 존재와 사역을 해석하고, 필요를 공급하고, 적용하는 것이 그리스도의 영이긴 하지만, 예수는 하나님의 성육신이다. 따라서 우리는 이 맥락에서 어떤 갈등이 아니라, 단지 강조점의 차이를 발견할 뿐이다.

13) 더욱 확대된 토론을 위해서는, Barry Callen, *God As Loving Grace*(Nappanee, Ind.: Evangel Publishing House, 1996), 제6장과 7장을 참조하시오.

14) C. Leonard Allen, *Distant Voices: Discovering a Forgotten Past for a Changing Church* (Abilene, Tex.: Abilene Christian University Press, 1993), 19을 참조하시오. 스톤은 이단이 잘못된 교리를 믿는 것보다는 사랑의 결핍과 그리스도의 몸의 분열과 관련이 깊다고 믿었다. 참된 기독교적 일치를 위한 가장 적절한 토대로서 "불의 일치"를 선택하면서, 그는 자신이 "책의 일치", "머리의 일치", "물의 일치"(신자들의 물 침례 교리에 근거한 일치)라고 부른 것을 거부했다. 하나님의 교회(앤더슨 파) 전통은 참된 기독교적 일치를 위해 가져오려고 발튼이 분석하고 처방했던 것에 대해 공감을 표한다. 이 전통에서 유래하여 애창되는 찬송은 "완전의 유대"(the Bond of Perfectness)이다. 반복되는 후렴구는 이렇다. "사랑하는 자여, 어떻게 이 완전한 사랑이, 우리 모두를 예수 안에서 하나로 만드는가! 한마음, 영혼, 그리고 정신. 우리는 하늘이 허락한 연합을 증거한다네." (Worship the Lord: Hymnal of the Church of God, Anderson, Ind.: Warner Press, 1989, 330).

15) C. Leonard Allen and Richard T. Hughes, *Discovering Our Roots: The Ancestry of Churches of Christ*(Abilene, Tex.: Abilene Christian University Press, 1988), 82.

16) 예를 들어, Pat Brooks, "Robert Richardson: Nineteenth Century Advocate of Spirituality", *Restoration Quarterly* 21(1978), 135-149 를 참조하시오.

17) John Howard Yoder, "The Believers' Church Conferences in Historical Perspective", *Mennonite Quarterly Review*(January 1991), 12.

18) Franklin Littell, "The Contribution of the Free Churches", The Chicago Theological Seminary *Register*(September 1970), 49.

19) John Wesley, "Of Former Times"란 제목의 설교 중.

20) Howard Snyder, *The Radical Wesley*(Downers Grove, Ill.: InterVarsity Press, 1980), preface.

21) Carton O. Wittlinger, *Quest for Piety and Obedience: The Story of the Brethren in Christ* (Nappanee, Ind.: Evangel Press, 1978), ix.

22) John W. V. Smith, *The Quest for Holiness and Unity: A Centennial History of the Church of God*(Anderson, Ind.: Warner Press, 1980), xiv.

23) C. Norman Kraus, *The Community of the Spirit*(Scottdale, Pa.: Herald Press, 2nd ed., 1993), 12.

24) 예를 들면, Millard J. Erickson, *Postmodernizing the Faith: Evangelicalism Responses to the Challenge of Postmodernism*(Grand Rapids: Baker Books, 1998)을 참조하시오.

25) Herald Bender, "The Anabaptist Vision", *Mennonite Quarterly Review*, 18(1944), 67-88.

26) John Oyer, *Lutheran Reformers Against the Anabaptists*(The Hague: Martinus Nijhoff, 1964), 212.

27) Randy Madox, *Responsible Grace: John Wesley's Practical Theology*(Nashville: Kingswood Books, Abingdon Press, 1994)을 참조하시오. 이 책은 웨슬리의 신학적 부담 전체를 메노의 이런 강조점 내에서 바라본다.

28) Howard Snyder, op. cit., 147.

29) C. Norman Kraus, op. cit., 11.
30) Hymn "O Church of God" in *Worship The Lord: Hymnal of the Church of God*(Anderson, Ind.: Warner Press, 1989), 289.
31) Menno Simons, *The True Christian Faith*(c. 1541), as in *The Complete Writings of Menno Simons*(Scottdale, Pa.: Herald Press, 1956), 343.
32) Clark Pinnock, *Flame of Love: A Theology of the Holy Spirit*(Downers Grove, Ill.: InterVarsity Press, 1996), 113-114.
33) Howard Clark Kee, et. al., *Christianity: A Social and Cultural History*, second edition(Upper Saddle River, N. J.: Prentice Hall, 1998), 278.
34) Alan Kreider, *Journey Towards Holiness: A Way of Living for God's Nation*(Scottdale, Pa.: Herald Press, 1987)을 참조하시오. 일차적으로 개인의 영적 경험에 집중하는 대신, 크라이더는 "성결"을 이 세상에서 하나님을 위해 거룩한 나라가 될 운명을 지닌 하나님 백성의 중심적 특징으로 본다.
35) Daniel Warner and Herbert Riggle, *The Cleansing of the Sanctuary*(Moundsville, W. V.: Gospel Trumpet Publishing Co., 1903), 229-230.
36) 이 "타락"은 존 하워드 요던에 의해서 "The Otherness of the Church", *Mennonite Quarterly Reviews* 35(October 1961), 과 "The Constantinian Sources of Western Social Ethics", in *The Priestly Kingdom*(Notre Dame, Ind.: University of Notre Dame Press, 1984), 136ff에서 잘 묘사되었다. 또한 Rodney Clapp, *A Peculiar People: The Church as Culture in a Post-Christian Society*(Downers Grove, Ill.: InterVarsity Press, 1996), 23-27.
37) Franklin Littell, *A Tribute To Menno Simons*(Scottdale, Pa.: Herald Press, 1961), 24.
38) Steven Land, *Pentecostal Spirituality: A Passion for the Kingdom*(Sheffield, England: Sheffield Academic Press, 1993), chapter 2. 또한 D. William Faupel, *The Everlasting Gospel: The Significance of Eschatology in the Development of Pentecostal Thought* (Sheffield, England: Sheffield Academic Press, 1996)을 참조하시오.
39) 뮨스터의 대실패(1534-35)에 대한 간략한 설명을 위해서는 제3장을 참조하시오. 뮨스터의 경험은 이런 대단히 실재적인 위험의 서글픈 예 중의 하나이다.
40) Howard A. Snyder, *The Radical Wesley and Patterns for Church Renewal*(Downers Grove, Ill.: InterVarsity Press, 1980), 128-29, 133. 스나이더는 심지어 이렇게 말한다. "감리교회가 2세기 먼저 종교개혁 기독교 내에서 탄생했였다면, 분리파 형제교회가 되었을 것이다"(151). 16세기에 그렇게 분노했던 사람들은 자신들을 전체교회의 삶에서 완전히 분리된 개체들로 생각하거나 역할을 해선 안 된다.
41) C. Leonard Allen, *The Cruciform Church*(Abilene, Tex.: Abilene Christian University Press, 2nd ed., 1990), 4-7.
42) Howard A. Snyder, *Signs of the Spirit: How God Reshapes the Church*(Grand Rapids: Academic Books, Zondervan, 1989), 40.
43) 적절히 겸손한 관점의 부족에 대한 훌륭한 연구서는 Richard Hughes and C. Leonard Allen, *Illusions of Innocence: Protestant Primitivism in America, 1630-1875*(Chicago: University of Chicago Press, 1988)를 참조하시오.
44) Myron Augsburger, "Concern for Holiness in the Mennonite Tradition", *The Asbury Seminarian*(October 1981), 28-44을 참조하시오.
45) 로드니 클랩(Rodney Clapp)은 미국이 너무나 철저히 콘스탄틴적이 되어, 진정한 "구식" 시민종교를 소유하게 되었으나, 이 종교는 결코 그리스도교가 아니라고 주장한다. 대신 이것은 영지주의라고 불리는, 과도하게 내면화되고 개인주의화 된 종교다. *A Peculiar People*, 1996, 34.
46) 오늘날 로마 가톨릭 신학자인 로즈마리 류터(Rosemary Ruether)는 "자유교회들"의 구조적인 개혁의 역할에 대해 우호적으로 발언한다. 하지만, 그 교회들을 제도교회와 적절히 관련된 것으로 간주한다. 한편, 그녀는 제도교회보다 성령의 삶과 사역의 즉각성을 더 중요시한다. 그럼에도, 기성교회는 교회의 전통이 후대로 계속 전수되려면 꼭 필요한 것으로 여겨진다. 그래서 류터의

견해로는, "그 둘은 교회 존재의 변증법 내에 존재하는 상호의존적인 양극이다." ("The Free Church Movement in Contemporary Catholicism", in Marty and Peerman, eds., *New Theology* No. 6, Macmillan, 1969), 286-287.

3장, 비전 바라보기

1) Rodney Clapp, *A Peculiar People: The Church as Culture in a Post-Christian Society* (Downers Grove, Ill.: InterVarsity Press, 1996), 209-210.
2) Myron A. Augsburger, "Concern for Holiness in the Mennonite Tradition", *The Asbury Seminarian*(October 1981), 28.
3) Roland Bainton, *Studies on the Reformation*(Boston: Beacon Press, 1963), 206.
4) Walter Bruggemann, *The Prophetic Imagination*(Minneapolis: Augsburg Press, 1978), 13. 이 책과 다른 책들에서, 브루그만은 이스라엘의 출애굽사건을 모세의 도움으로 통제문화의 지배적 상상력(모든 권력을 장악하고 있던 바로로 상징된)과 다른 예언적 상상력을 획득했고, 그들의 울부짖음을 들으신 하나님의 도움을 통해 자유를 쟁취한 백성의 대표적 모델로 사용한다.
5) J. Denny Weaver, *Becoming Anabaptist*(Scottdale, Pa.: Herald Press, 1987), 21-22. 교회와 사회의 관계에 대한 위버의 보다 최근의 철저한 논의에 대해서는, 그가 쓴 "The Socially Active Community: An Alternative Ecclesiology", in *The Limits of Perfection: Conversations with J. Lawrence Burkholder*, 2nd ed., Rodney Sawatsky and Scott Holland, eds.(Waterloo and Kitchener, Ont.: Institute of Anabaptist-Mennonite Studies, Conrad Grebel College, and Pandora Press, 1993), 71-94. 위에서 제기된 문제에 대한 대답은 엄격한 양자택일이 아니다. 심지어 그렇다고 해도, 신자들의 교회는 세상에서 하나님 사역의 거룩한 장소로서 신실한 교회에 관심을 집중한다.
6) Valorous Clear, *Where the Saints Have Trod*(Chesterfield, Ind.: Midwest Publications, 1977, 이것은 그의 시카고대학교의 박사학위 논문을 개정하여 출판한 것이다.), 41.
7) 부분적으로는 워너의 개척사역에서 기원한 하나님의 교회(앤더슨파) 운동의 교육전통에 대한 폭 넓은 탐구에 대해선, Barry L. Callen, *Contours of a Cause: The Theological Vision of the Church of God Movement*(Anderson University School of Theology, 1995)을 참조하시오. 워너의 비전에 대해 보다 집중하고 싶다면, Callen, "Daniel Warner: Joining Holiness and All Truth", *Wesleyan Theological Journal* 30:1(Spring 1995), 92-110을 참조하시오.
8) 루터의 의도는 로마 가톨릭교회와 관계를 단절하고 자신의 "분파"를 세우는 것이 아니었다. 단지 그는 교회의 필요한 개혁을 추구했을 뿐이며, 자신을 교회의 충실하고 순종적인 종으로 이해했다. 예를 들면, 영국, 프랑스, 그리고 독일에 있는 개신교인들이 자신들을 "루터주의자"(Lutheran)로 부른다는 사실을 알게 된 1522년 초, 그는 반박성명서를 발표했다. 루터는 자신을 교회의 혁명가가 아니라, 하나님 말씀에 충실한 소박한 독일 수도승으로 간주하고 싶어 했다(비록 하나님 말씀이 교회에 거대한 변화를 가져왔지만 말이다).
9) Donald Durnbaugh, *The Believers' Church: The History and Character of Radical Protestantism*(Scottdale, Pa.: Herald Press, 1985 ed., originally 1968), 3.
10) Ulrich Leupold, ed., *Liturgy and Hymns*, vol. 53 of *Luther's Works*, ed., Helmut Lehman(Philadelphia: Fortress Press, 1965), 53ff. Luther's Deutche Messe는 1526년에 출판되었다.
11) George Williams, "Congregationalist' Luther and the Free Churches", *Lutheran Quarterly*, XIX(August 1976), 285. 윌리엄스는 더 나아가 이렇게 말한다. "루터가 제시하는 세 번째 유형 교회에 대해 놀라운 점은 그가 그런 교회를 탈퇴자들의 교회로 간주하지 않았다는 것이다. 사실, 수많은 신자들의 교회가 떠나는 자들의 교회였다.
12) 유사하며 보다 동시대적인 판단에 대해서는, William Mueller, *Church and State in Luther and Calvin*(Nashville, Broadman Press, 1954), 24-25를 참조하시오. Frank Littell: The

"principle of discontinuity, of separation, was the real offense which the political and religious leaders of Christendom could not bear"(A Tribute to Menno Simons, 30)도 그 목록에 추가하라.
13) George Williams, "A People in Community: Historical Background", in James Leo Garrett, Jr., *The Concept of the Believers' Church*(Scottdale, Pa.: Herald Press, 1969), 102.
14) J. A. Oosterbaan, "The Reformation of the Reformation: Fundamentals of Anabaptist Theology", *Mennonite Quarterly Review*(July 1977), 171-195.
15) James DeForest Murch, *Christian Only: A History of the Restoration Movement* (Cincinnati: Standard Publishing, 1962).
16) Dale Brown, *Understanding Pietism*(Nappanee, Ind.: Evangel Publishing House, rev., 1996), 17.
17) Weaver, *Becoming Anabaptist*, op. cit., 117-118.
18) 물론, 정치구조와 형식적으로 연결되어 있다는 것이 그런 유보사항의 하나였다. Stanley Hauerwas and William Willimon, *Resident Aliens: Life in the Christian Colony*(Nashville: Abingdon Press, 1989)을 참조하시오. 이 저자들은 현대적 맥락에서 "기독교인들의 정치적 과업은 세상을 변혁하기보다 교회가 된다고 주장한다."(38). 그런 과업은 교회가 비교회적 정치영역에 묶여 있거나 의존할 때 붕괴된다.
19) Donald Durnbaugh, *The Believers' Church: The History and Character of Radical Protestantism*, 64-65.
20) 그의 공적을 기념하여, 신자들의 교회 전통의 대표적 캐나다 센터로서 온타리오 주 워터루에 콘라드 그레벨 대학(Conrad Grebel College)이 있다.
21) 이 문제에 대한 약간 다른 해석이 존재한다. 그레벨과 그의 친구들은 쯔빙글리가 그 도시에서 필요한 교회개혁을 수행하지 않는 것을 참지 못한 비타협적 급진주의자들이 아니었다는 것이다. 대신, 그레벨은 쮜리히 주변에 있는 농촌지역에서 필요한 개혁에 대해 보다 급진적인 견해를 갖고 있었다. 그 지역을 쮜리히의 통제에서 해방하는 과정에서 말이다. 하지만, 쯔빙글리와 그 도시 의회는 그 문제에 대해 아무런 조치도 취하지 않았고, 그 결과 교회개혁에 대한 쯔빙글리의 더 신중한 접근(그 체제가 수용할 수 있는 속도로 움직이는)에 대해 그레벨이 참지 못하게 되었다. 초기 아나뱁티스트운동에서 그레벨의 역할에 대한 최근의 새로운 논의에 대해서는, *The Mennonite Encyclopedia*, vol. V, A-Z(Scottdale, Pa.: Herald Press, 1990), 354-356을 참조하시오.
22) John Howard Yoder, "The Turning Point in the Zwinglian Reformation", *Mennonite Quarterly Review*(April 1958), 128-140.
23) Franklin Littell, *A Tribute to Menno Simons*(Scottdale, Pa.: Herald Press, 1961), 40.
24) *The Radicals*(1989년, Gateway Films, Worcester, Pa. 배급)란 제목으로 초기 아나뱁티스트들의 삶을 극화한 비디오 작품을 보라. 전직 베네딕트 수도회의 수사였으나 아나뱁티스트가 되어 쉴라이트하임 고백서(Schleitheim Confession) 초안 작성에 일차적 책임을 수행했고, 1527년 5월 20일에 순교한 마이클 자틀러(Michael Sattler, 그는 화형 당했고, 그의 아내는 이틀 후 익사 당했다)의 감동적 이야기를 다룬 작품이다.
25) 발타자르 휩마이어는 1528년에 화형 당했으며, 흔히 16세기 아나뱁티스트운동의 가장 탁월한 대변인이며 심오한 신학자로 간주한다. 어느 신자들의 교회 학술대회(1989) 전체가 그의 사상과 영향을 연구하는데 집중했다(부록 A와 the Mennonite Quarterly Review, January 1991, 5-53을 참조하시오). 종교의 자유, 의지의 자유, 그리고 침례(세례)에 대한 그의 저작들이 매우 중요하지만, 그는 매우 논쟁적이었다. 예를 들면, 엄격한 평화주의자가 아니었던 그는 영주의 강제력 지원을 받는 특정한 지역에 거주하는 아나뱁티스트 교회를 꿈꾸었다. 더 관대하게 말한다면, 그는 세속권력을 수행할 때는, 기독교 행정관이 불신자보다 더 낫다고 생각했다.
26) 메노가 로마 가톨릭 교리에 대해 의혹을 품기 시작했던 1525년에, 콘라드 그레벨(Conrad Grebel)이 스위스에서 최초의 아나뱁티스트 회중을 조직하고 있었다. 아나뱁티스트운동은 그레벨이 게오르그 블라우록(Georg Blaurock)을, 그다음에는 그곳에 참석한 다른 사람들에게 침례(세례)를 베풂으로써 하나의 모인 교회를 구성하고 시의회의 분노를 촉발시켰을 때, 쮜리히에서

시작한 것으로 알려졌다. 그레벨은 그다음 해에 세상을 떠났는데, 옥고를 치르고 몸이 약해진 상태에서 전염병에 걸린 것으로 추정된다.

27) 그런 기대감 이면에는 멜키오르 호프만(Melchior Hoffman, 1495-1543)의 과도한 환상과 예언이 있었다. 그는 북부독일에서 활동했던 초기 아나뱁티스트운동의 가장 중요한 선전가였으며, 참된 신자들이 1533년으로 예정된 그리스도의 재림과 세상의 예상된 종말을 준비하기 위해, 참된 그리스도의 교회 속으로 침례(세례)를 수용해야 한다고 요구했었다. 그는 스트라스부르그를 종말의 최종적 사건들이 발생할 장소로 선포했다. 그 도시의 행정관들은 그가 죽을 때까지 투옥했으나, 그의 가르침은 다른 일부 사람들의 기대감에 불을 붙였고, 그들은 종말의 장소를 뮌스터로 바꾸었다.

28) 비록 주류 루터파 종교개혁이 국가와 교회 간의 타협으로 제약을 받긴 했지만, 마틴 루터 자신의 신학은 예수 자신과 세상에서 그리스도인이 되는 방식으로서의 십자가에 집중했다. Alister McGrath, *Spirituality in an Age of Change*(Grand Rapids: Zondervan, 1994), chap. 5, "The Dark Night of Faith: Luther's Theology of the Cross"를 참조하시오.

29) John C. Wenger, ed., trans. Leonard Verduin, *The Complex Writings of Menno Simons*(Scottdale, Pa.: Herald Press, 1956), 107.

30) Franklin Littell, *The Anabaptist View of the Church*, 2nd ed.(Boston: Starr King Press, Beacon Hill, 1958), 43.

31) Wenger, op. cit., 333-334.

32) Timothy George, *Theology of the Reformers*(Nashville: Broadman Press, 1988), 270.

33) Robert Friedmann, "The Anabaptist Genius and Its Influence on Mennonites Today", in *Proceedings of the First Conference on Mennonite Cultural Problems*(Bethel College, Bluffton College, Eastern Mennonite School, Freeman College, Goshen College, Hesston College, Messiah Bible School, and Tabor College, 1942), 21.

34) 신자들의 교회 신학, 교회론, 그리고 윤리학의 기본적 토대는 인간의 자유의지를 인정하는 것이다. 이것은 노예의지론에 기초한 캘빈주의적 예정론과 대립한다. 이런 전통은 인성의 발달과정에서, 사람은 선과 악에 대한 지식, 그리고 하나님이 제공한 은총에 반응할 수 있는 능력과 책임을 습득한다는 믿음을 전제로 한다. 이것이 하나님께서 인간에게 선택할 수 있는 능력을 공급하시는 "선행은총"(prevenient grace)이다(이것은 후에 존 웨슬리의 저술을 통해 훨씬 더 명료하게 설명되었다).

35) Elton Trueblood, *The Company of the Committed*(N. Y.: Harper & Row, 1961)과 C. Norman Kraus, *The Community of the Spirit*(Scottdale, Pa.: Herald Press, rev. ed., 1993)를 참조하시오.

36) 1527년의 쉴라이트하임 고백서와 부록 B, 조사위원회 보고서, 신자들의 교회전통 학회(1967) 등을 참조하시오.

37) Hauerwas and Willimon, *Resident Aliens*, 43.

38) James DeForest Murch, *The Free Church*(Restoration Press, 1966), 36-48. 물론 이것은 아나뱁티스트들이 왈도파의 영향을 직접 받았다는 것도, 아나뱁티스트들이 왈도파나 다른 이들의 개혁 흐름을 심화시켰다고 그들 스스로 생각했다는 말도 아니다.

39) James B. North, *Union In Truth: An Interpretive History of the Restoration Movement* (Cincinnati: Standard Publishing, 1994), 6. 1975년 신자들의 교회 대회는 페퍼다인 대학교 (Pepperdine University)의 캘리포니아 캠퍼스에서 개최되었는데, 이 학교는 그리스도의 교회 소속이다. 그 대회는 사도적 기독교의 회복이란 주제를 탐구했다. 이 대회의 출판된 보고서는 the *Journal of the American Academy of Religion* 44:1(March 1976), 3-113에서 볼 수 있다.

40) 예를 들어, 영국의 청교도들은 "참된 기독교"를 회복하려고 노력했으며, 영국에서는 좌절되었지만, 미국에서는 이 신세계가 하나님 나라의 처소가 되게 만들려는 열망이 있었다. 이것과 또 다른 회복주의 흐름, 비전, 실험이 1975년도 페퍼다인 대학교에서 열린 신자들의 교회 대회의 초점이었다. 부록을 참조하시오.

41) R. J. Smithson, *The Anabaptists*(London: James Clark & Co., 1935), 14-15.에서 인용.

42) 어떤 이들은 회복 보다 개혁(reformation)이란 달을 선호한다. 그 이유는 개혁이 초대교회가 후대의 모든 시대에 단지 반복될 필요가 있는 하나의 이상적 모형을 제공한다는 의미를 내포하기 때문이다. 이런 유형의 사고는 너무 기계적이며, 역사적·문화적으로 너무 순진하다고 생각한다.
43) Weaver, *Becoming Anabaptist*, 122. 그렇지만 "아나뱁티스트들은 신약성서가 기독교 신앙의 내용과 참된 기독교 공동체의 조직과정 모두에 대해 명쾌한 입장을 지닌다고 주장했다"고 프랭클린 리텔은 강조한다. *Anabaptist View of the Church*, 46.
44) Franklin Littell, *A Tribute to Menno Simons*, 24. 리텔은 후에 캠벨파 운동(그리스도 교회들)의 한 분파를 특징짓는 허약한 회복주의가 여기에서는 나타나지 않는다고 지적한다.
45) Millard Erickson, *Christian Theology*, vol.(Grand Rapids: Baker Book House, 1983), 108-112.
46) Donald Bloesch, *The Future of Evangelical Christianity*(Doubleday, 1983), 86.
47) Barry L. Callen, *The First Century*, vol. 2(Anderson, Ind: Warner Press, 1979), 778-779. 하나님의 교회 운동(앤더슨파) 100주년(1980)을 준비하면서 이런 관찰이 있었다.
48) Charles E. Brown, *The Apostolic Church*(Anderson, Ind: Warner Press, 1947), 31.
49) Carl E. Braaten, *Principles of Lutheran Theology*(Philadelphia: Fortress Press, 1983), 51.
50) Jürgen Moltmann, *Theology Today*(Philadelphia: Trinity Press International, 1988), viii.
51) D. Elton Trueblood, *While It Is Day: An Autobiography*(Harper & Row, 1974), 123-124.
52) 사실, 후스토 곤잘레스(Justo Gonzalez)는 오늘날 교회의 이런 상황이 초대교회의 것과 대단히 유사하다고 생각한다. 그의 책, *Christian Thought Revisited*(Nashville: Abingdon Press, 1989) 제9장을 보시오.
53) John Driver, *Understanding the Atonement for the Mission of the Church*(Scottdale, Pa: Herald Press, 1986), 31.
54) Merle Strege, ed. *Baptism and Church*(Grand Rapids: Sagamore Books, 1986), 149-150에서 마이클 키나몬(Michael Kinnamon)이 인용했듯이, 키나몬은 그의 저서 *Truth and Community*(Eerdmans, 1988)에서, 성서학자 에른스트 케제만(Eernt Kasemann)과 레이몬드 브라운(Raymond Brown)이 1963년 몬트리올 대회에서 대단히 중요한 논문을 발표했다고 언급했다. 그들은 성서가 기독교의 다양성을 실제로 승인한다고 주장하면서, 성서 자체 내에 내적 다양성이 존재한다고 강조했다. 성서는 "신약성서 교회의 모양을 회복하는 일에 무모하게 집착하는 일로부터 우리를 자유롭게 하고, (성서를 따라) 대단히 다양하고 미래지향적인 성령의 역사에 근거한 일치의 가능성에 우리를 개방시킨다"고 케제만이 결론을 내렸다(1988, 3). 우리 시대에 사도적 교회를 회복하는 것은 실제로 1, 2세기에 존재했던 것과는 구체적인 면에서 많이 다를 것이다. 다만, 고대의 다양하고 발전하는 교회와의 연속성을 절대로 단절하지 않으면서 말이다.
55) 부록 B, section 2D를 참조하시오. 신자들의 교회 전통에 속한 하나님의 교회(앤더슨파)에서 교회 일치에 대해 작성된 수많은 문헌에 대해서는, James Earl Massey, *Concerning Christian Unity*(Anderson, Ind.: Warner Press, 1979), 그리고 Barry L. Callen and James B. North, *Coming Together in Christ: Pioneering a New Testament Way to Christian Unity*(Joplin, Mo.: College Press, 1997)을 참조하시오.
56) Donald Bloesch, *A Theology of Word and Spirit*(Downers Grove, Ill.: InterVarsity Press), 268. 흔히 "고백적"(confessional)이란 형용사는 블로쉬가 주장하는 것보다 훨씬 더 고정되고 교조적인 입장을 내포한다.
57) Earle W. Fike, Jr., in Emmert Bittinger, ed., *Brethren in Transition: 20th Century Directions and Dillemmas*(Camden, Maine: Penobscot Press, 1992), 20-21.
58) Howard A. Snyder, *The Radical Wesley and Pattern for Church Renewal*(Downers Grove, Ill.: InterVarsity Press, 1980), 151.
59) D. Michael Henderson, *John Wesley's Class Meeting: A Model for Making Disciples* (Nappanee, Ind.: Evangel Publishing House, 1997)를 참조하시오.

4장, 믿음의 확증 : 신학

1) Willard Swartley, "The Anabaptist Use of Scripture", in C. Bowman and S. Longenecker, *Anabaptist Currents*(Penobscot Press, 1995), 69-70. 또한 D. Schipani. ed., *Freedom and Discipleship: Liberation Theology in an Anabaptist Perspective*(Maryknoll, N.Y.: Orbis Books, 1989)에서 H. Zorrilla, R. Padilla, L. Rutschman, W. Swartley, R. Sider, 그리고 J. Driver가 쓴 글들을 참조하시오.
2) John Howard Yoder, "Thinking Theologically from a Free-Church Perspective",in John Woodbridge and Thomas McComiskey, eds., *Doing Theology in Today's World*(Grand Rapids: Zondervan, 1991), 252.
3) 예를 들어, William H. Brackney, ed., *The Believers Church: A Voluntary Church* (Kitchener, Ont.: Pandora Press with Herald Press, 1998)를 참조하시오.
4) 부록 B, 1A항을 참조하시오.
5) 예를 들어, 발타자르 휩마이어의 1526년 판 교리문답서는 십계명, 주의기도, 그리고 사도신경의 가르침에 집중한다. 고전적인 에큐메니컬 신조에 대한 신자들의 교회 전통의 긍정적이면서 신중하고 정교한 접근에 대해서는, J. Denny Weaver, "A Believers' Church Christology", *Mennonite Quarterly Review* 57(April 1983), 112-131을 참조하시오. 위버는 메노나이트총회(the General Conference Mennonites)의 블러프턴 대학(Bluffton College)에서 소집된, 1980년 신자들의 교회 대회를 개최하는데 핵심적 역할을 담당했던 인물이다.
6) Alister McGrath, *Spirituality in an Age of Change*(Grand Rapids: Zondervan, 1994), 31-32.
7) Leonard Gross, "Recasting the Anabaptist Vision: The Longer View", *Mennonite Quarterly Review* 60:3(July 1986), 352-363을 참조하시오.
8) J. Denny Weaver, "Discipleship Redefined: Four Sixteenth Century Anabaptists", *Mennonite Quarterly Review* 54:4(October 1980), 256.
9) 발타자르 휩마이어는 16세기 아나뱁티스트운동의 가장 탁월한 대변인이자 심오한 신학자로 언급됐다. 그의 강력하고 공적인 개혁의 신념 때문에, 그는 1528년에 화형 당했다. 그의 신학 활동은 상아탑에서 행해진 추상적 학술활동이 아니었다. 비록 그가 훌륭한 교육을 받고 정교한 사고를 하는 사람이었지만 말이다. 1989년에 텍사스 주 포트워스에 소재한 남서침례신학대학교에서 개최된 신자들의 교회 대회는 전적으로 휩마이어와 그의 사상에 집중했다(*Mennonite Quarterly Review*, January, 1991, 5-53을 참조하시오). 현대 신자들의 교회 전통의 신학자로서 침례교인인 제임스 맥클랜든(James McClendon)은 그의 조직신학을 윤리학에 대한 책으로 시작한다 (Ethics: Systematic Theology, vol. 1, Nashville: Abingdon Press, 1986). 그에게 신앙생활과 그 생활에 대한 신학적 반성은 분리될 수 없다.
10) Myron Augusburger, "Concern for Holiness in the Mennonite Tradition", *The Asbury Seminarian*(October 1981), 32. 또한 Robert Friedman, *Mennonite Piety Through the Centuries*(Goshen, Ind.: Mennonite Historical Society, 1949), 82도 참조하시오.
11) 부록 B, 1A항을 참조하시오.
12) D. Elton Trueblood, *Robert Barclay*(N.Y.: Harper&Row, 1968), 3.
13) Ibid., 139.
14) Luke Keefer, "Brethren in Christ: Uneasy Synthesis of Heritage Streams", *Wesleyan Theological Journal* 33:1(Spring 1998), 92-110을 참조하시오. 그는 이런 역사적 종합 내에 존재하는 현재의 불균형에 대해 보고한다. 대체로 그것은 최근에 복음주의의 과도한 영향 때문이다. 복음주의는 이 교단 내에 존재하는 새롭고 특이한 파트너다.
15) Rodney Clapp, *A Peculiar People: The Church as Culture in a Post-Christian Society* (Downers Grove, Ill.: InterVaristy Press, 1996), 12. 다른 기독교인들 및 지배문화와 지적으로 연관을 맺지 못하는 현대 복음주의의 실패를 탄식하는 교회사가 마크 놀(Mark Noll)은 최근 세대의 합리주의적 근대주의의 심각한 포로가 되었다.

16) Michael Kinnamon, *Truth and Community: Diversity and Its Limits in the Ecumenical Movement*(Grand Rapids: Eerdmans, 1988), 20.
17) 1708년에 조직된 이 형제단 운동은 1871년에 독일 침례교 형제단(the German Baptist Brethren)에서 이름을 따왔다. 이 운동의 가장 큰 기구는 형제교회(the Church of the Brethren)로 알려졌다.
18) Dale R. Stoffer, *Background and Development of Brethren Doctrines: 1650-1987* (Philadelphia: Brethren Encyclopedia, Inc., 1989), 69.
19) 이 세 가지 핵심적 주제는 J. Denny Weaver. *Becoming Anabaptist: The Origin and Significance of Sixteenth-Century Anabaptism*(Scottdale, Pa.: Herald Press, 1987), 120-121.
20) Howard Snyder, *The Radical Wesley*(Downers Grove, Ill.: InterVarsity Press, 1980).
21) Randy Maddox, *Responsible Grace: John Wesley's Practical Theology*(Nashville: Kingswood Books, Abingdon Press, 1994), 17.
22) Myron Augsburger, op. cit., 28.
23) 신자들의 교회 전통은 존 웨슬리처럼, 육신을 입은 하나님으로서 그리스도의 본성을 설명하는 일에 대한 관심을 제한했다. 이것은 흔히 사색적이고, 정치적 영향이 강한 과정이며(이 장 후반부에서 논의될 것이다), "성서와 초대교회의 단순하게 표현된 가르침에 철학적 개념을 부당하게 부여한다."(Randy Maddox, *Responsible Grace: John Wesley's Practical Theology*, 1994, 94-95).
24) *The Scandal of the Evangelical Mind*(Grand Rapids: Eerdmans, 1994)에서 제시된, 마큰 놀(Mark Noll)의 비슷한 주장들을 주목하라. 놀(Noll)보다 덜 교조화된 복음주의를 대표하는 학자들의 이 책에 대한 비판을 보고 싶다면, *the Wesleyan Theological Journal*(32:1, Spiring 1997), 157-192에 실린 David Bundy, Henry Knight, 그리고 William Kostlevy의 글을 참조하라.
25) Alister McGrath, *A Passion For Truth: The Intellectual Coherence of Evangelicalism* (Downers Grove, Ill.: InterVarsity Press, 1996), 53-54.
26) J. Denny Weaver, "Perspective on a Mennonite Theology", *Conrad Grebel Review*(Fall 1984), 200.
27) 역사적 예수, 당대의 배경, 그리고 실천적 제자도로의 부름을 하나로 묶으려는 노력의 두드러진 예는 Howard Thurman, *Jesus and the Disinherited*(Abingdon Press, 1949)이다. 자신 동족들의 경험에 적합한 방식으로 기독론을 구성하려고 했던 아프리카계 미국인인 Thurman은 성서 이야기가 예수를 가난한 유대인, 억압받는 소수민족의 한 구성원으로 예수를 규정한다. 그렇다면, 오늘날 짓밟히는 사람들에게 예수는 누구인가? Thurman은 예수가 과격한 폭력과 소극적 도피 모두를 꺼리고, 대신 당대의 유대인들에게 하나님 나라(외부 상황에 적합한 내적 실재로서 이해된)에 기초한 저항을 제공했다고 주장한다. James Evans(*We Have Been Believers*, Fortress Press, 1992)는 "향후 흑인신학에서 기독론 발전의 중심적 동기"가 된 Thurman의 두 가지 성서 구절을 언급한다. 즉, "하나님의 나라가 우리 안에 있다"와 "주의 성령이 나(예수)에게 임하였다. 내가 가난한 자들에게 복음을 선포하도록 그가 기름을 바르셨다." 이 주제들은 예수에 대한 성서에 따른 이야기에서 직접 기원하여, 오늘날 값비싼 제자도에 대한 요구로 인도한다.
28) C. Norman Kraus, *Jesus Christ Our Lord: Christology from a Disciple's Perspective*(Scottdale, Pa.: Herald Press, rev. ed. 1990), 25.
29) 예를 들면, "과정"철학은 우리 시대에 공통된 세계관을 형성한다. 틀림없이 이것을 포함한 모든 인간적 사고체계는 한계가 있으며, 그 어떤 체계도 그 안에서 모든 기독교적 신앙과 삶이 발생하는 중심적 패러다임으로서 예수 그리스도를 대체할 수 없다. 따라서 클락 피녹 같은 복음주의 신학자들이 보여주었듯이, 성서에 따른 토대와 과정적 통찰 사이의 대화는 생산적 결과물을 산출할 수 있다. Clark Pinnock and Delwin Brown, *Theological Crossfire: An Evangelical/Liberal Dialogue*(Grand Rapids: Zondervan, 1990).
30) 요더는 1980년 10월, 블러프턴대학(오하이오)에서 열린 신자들의 교회 대회에서 그 논문을 발표했다. 그 논문의 수정본이 그의 *The Priestly Kingdom: Social Ethics as Gospel*(University of

Notre Dame Press, 1984, rev. ed., 1994)에 수록되어 있다.
31) 예를 들면, 313년에 콘스탄틴 황제의 밀라노 칙령은 제국이 기독교 신앙을 용인하고 교회가 사회적 환경에 자발적으로 적응하는 과정에서 통과한 주요 단계 중 하나였다.
32) J. Denny Weaver, "Perspectives on a Mennonite Theology", *The Conrad Grebel Review*(Fall 1984), 193.
33) J. Denny Weaver, "A Believers' Church Christology", *Mennonite Quarterly Review*(April 1983), 114.
34) C. Norman Kraus, "Interpreting the Atonement in the Anabaptist-Mennonite Tradition", *Mennonite Quarterly Review*(July 1992), 308, 310.
35) 고전적인 구속모델에 대한 개관 및 설명에 대해서는, Barry L. Callen, *God As Loving Grace*(Nappanee, Ind.: Evangel Publishing House, 1996), 제5장.
36) 안셀름은 이탈리아에서 태어난 수도승이었으며, 1093년부터 세상을 떠난 1109년까지 영국의 캔터베리 대주교였다.
37) 계몽주의는 그리스도의 사역을 "승리자로서 그리스도"적 과정에서 바라보는 태도를 원시적인 것으로 취급하는 경향이 있었다. 죄와 악이라는 사탄적 세력에 의해 인간 존재가 지배된다는 것과 악마의 인격성에 대한 모든 믿음은 전근대적 미신으로 무시당했다.
38) Gustav Aulen, *Christus Victor*, 1931년도 영어 번역판(Jaroslav Pelikan의 서문과 함께 1969년에 Macmillan에서 개정판이 출판되었다). 또한, Aulen, *The Faith of the Christian Church*, 2nd Eng. Ed.(Philadelphia: Fortress, 1960), 196-213. 현대 메노나이트 신학자 중 일부는 이 구속 모델을 성서적으로 충실하고, 신자들의 교회 전통의 전통적 관심과 직접 양립할 수 있는 것으로 주장한다 (예, John Howard Yoder, J. Denny Weaver, John Driver, Thomas Finger, and C. Norman Kraus).
39) 신자들의 교회 전통에서 지도자 대부분이 견지하는 비폭력적 입장들을 고려할 때, 비록 군사적 비유가 진정한 원수에 대한 그리스도의 승리를 강조하긴 하지만, 그것은 결코 하나님 편에서 폭력을 통해 승리가 쟁취 된다는 뜻이 아님을 강조할 필요가 있다. 사실, 그 승리는 신실함, 사랑, 그리고 경이적인 희생--이것은 전능하고 주권자이신 하나님께서 행동하시는 대단히 놀라운 방법이다--을 통해 도래한다. 바로 여기에, 하나님께서 그리스도 안에서 역할을 선택하신 것처럼, 기독교인들도 세상의 교회 역할을 해야 한다는 신자들의 교회 시각이 놓여 있다.
40) 죄의 지배적 권세로부터의 해방(성화)는 존 웨슬리의 중심적 관심이었다.
41) James McClendon, *Systematic Theology: Doctrine*(Nashville: Abingdon Press, 1944), 208-209를 참조하시오. 그는 '승리자 그리스도' 같은 접근을 악에 대항한 그리스도의 업적, 악마를 물리치는 그리스도의 구속사역으로 언급한다. 역으로, 안셀름은 악보다 하나님께, 하나님의 명예와 정의를 만족하게 하는 그리스도의 사역에 더 많은 관심을 쏟는다.
42) J. Denny Weaver, "Atonement for the Non-Constantinian Church", in *Modern Theology* 6:4(July 1990), 315, 319.
43) McClendon, op. cit., 272.
44) J. Denny Weaver, "Atonement for the Non-Constantinian Church", in *Modern Theology* 6:4(July, 1990), 309. 이 새로운 사회질서는 교회이다. 신자들의 교회 전통에서 강조된 소수자를 위한 교회론 말이다. 이 구속모델은 하나님 승리의 가시적, 사회적 표현을 위한 성서의 의도가 약화하고 주관화되고 말았다. 루돌프 불트만과 폴 틸리히는 현대인들로부터 "진정한 존재"를 파괴하는 실존적 세력들에게 초점을 맞춤으로써, 승리의 주제를 사용했다. 비록 이것이 가치가 있지만, 이런 견해는 그리스도의 구속을 오직 인간의식 속의 주관적 승리로 축소한다. 미국의 부흥운동도 흔히 유사한 환원주의를 부추겨왔다. 성서 이야기는 이것보다 훨씬 더 외향적이고 역사적이다.
45) Justo Gonzalez, *Christian Thought Revisited: Three Types of Theology*(Nashville: Abingdon Press, 1989)를 참조하시오.
46) Justo Gonzalez, *Manana: Christian Theology from a Hispanic Perspective*(Nashville: Abingdon Press, 1990), 154.
47) Barry L. Callen, *God As Loving Grace*(Nappanee, Ind.: Evangel Publishing House, 1996),

234ff.
48) "할 수 있다"(can)가 중요하다. 인간의 자유의지에 대한 주장이 아나뱁티스트 안에서 재출현했고, 그 후 18세기에 존 웨슬리의 저작 속에서 다시 나타났다. 신자들은 그리스도에 의해 의롭게 되고 나서, 자신들이 살아간 삶에 대해 책임을 진다. 그리스도의 영은 정결케 하고, 평안케 하며, 은사를 부여하고, 삶을 인도하기 위해 사용할 수 있다.
49) 성결과 윤리, 하나님의 생명에 참여, 그리고 신적 은총의 수용 및 활용과 관련된 책임 등에 대해 비슷하게 강조한 것이 존 웨슬리 신학의 특징이다. Randy Maddox, *Responsible Grace: John Wesley's Practical Grace*(Nashville: Kingswood Boks, Abingdon Press, 1994)를 참조하시오.
50) Thomas N. Finger, *Christian Theology: An Eschatology Approach*(Scottdale, Pa.: Herald Press), 2 vols., 1985, 1989.
51) 흔히 성결을 묘사하기 위해 사용된 "완전"(perfect)이란 개념은 오늘날 흠 없는 존재와 행위를 뜻하려고 사용되기 때문에, 오해의 소지가 있다. 존 웨슬리는 흔히 "완전한 사랑"에 대해 말했다(Mildred Wynkoop, *A Theology of Love: The Dynamic of Wesleyanism*, Kansas City: Beacon Hill Press, 1972, 294-301을 참조하시오). Genen Miller, "Teleios as 'Mature,' 'Complete,' or 'Brought to Completion' in the Pauline Writings", in Barry Callen, ed., *Listening to the Word of God*(Anderson, Ind.: Anderson University and Warner Press, 1990), 121-130을 참조하시오.
52) Ernst Troeltsch, *The Social Teachings of the Christian Churches and Groups*(London: Allen and Unwin, 1931), 2:993.
53) Thomas Oden, *Life in the Spirit*(Harper SanFrancisco, 1992), 218.
54) 참다운 삶으로서 중생은 진정한 변화다. 죄의 용서인 칭의는 진정한 거듭남의 필요한 서막이다. 중생은 성령의 사역을 통해 신자의 삶의 동기가 재조직되는 것을 포함하는데, 그 결과 하나님에 대한 사랑과 그리스도에 대한 충성이 지배적 동기가 된다. 그런 재조직은 성화가 시작된 것으로, 칭의가 더 큰 규모로 작동하는 것이다. 존 웨슬리는 하나님이 죄에 대한 용서, 신자와 교회의 삶 속의 성령, 즉 권능을 부여하고 "완전하게 하는" 신의 현존 모두를 공급하셨다고 주장했다.
55) Theodore W. Jennings, Jr., "The Meaning of Descipleship in Wesley and the New Testament", *Quarterly Review: A Journal of Theological Resources for Ministry*(Spring 1993), 18.
56) James McClendon, Jr., *Systematic Theology: Doctrine*(Nashville: Abingdon Press, 1994), 118.
57) Daniel Migliore, *Faith Seeking Understanding*(Grand Rapids: Eerdmans, 1991), 184.
58) 로렌스 우드(Laurence Wood)는 사랑이란 "우리 자신을 초월하여 타자들의 삶 속으로 침투하고 그들을 우리 자신의 실재 일부로 포용하는 우리의 능력"이라고 정의한다(*Truly Ourselves: Truly the Spirit's*, Grand Rapids: Francis Asbury Press, 1989, 75).
59) 신자들의 교회 전통 내의 엄청난 다양성을 인식하는 것이 중요하다. 16세기의 아나뱁티스트들과 21세기에 이 유산을 공유하는 사람들 사이에도 큰 차이가 있다. C. Arnold Snyder(*Anabaptist History and Theology*, 382)는 다음과 같이 경고한다. "성서해석의 한 특이한 전통이 신자들의 교회 유산의 일부를 형성해 왔다…신자들의 교회 전통의 일부가 된다는 것은 순수하고 단순한 성서읽기를 통해 도달하는 결론에 대해 이미 해답을 제공하는, 잘 형성된 '정경 내의 정경'을 수용했다는 뜻이다. 이런 해석들은 전통적(자명하게 진실한) 가르침으로 전수됐다. 신자들의 교회 전통에 진지하게 참여한다는 것은 수용된 전통을 성서뿐만 아니라 다른 신학 전통을 배경으로 점검하기 위해 성서를 참신하게 읽는 것을 포함해야 한다.
60) Clark Pinnock, "Catholic, Protestant, and Anabaptist", *Brethren in Christ History and Life*(December 1986), 267.
61) Franklin Littell, *A Tribute to Menno Simons*(Scottdale, Pa.: Herald Press, 1961), 21.
62) 로버트 바클레이의 말은 Wilmer A. Cooper, *A Living Faith: An Historical Study of Quaker Beliefs*(Richmonde, Ind.: Friends United Press, 1990)에서 재인용한 것임. Cooper는 이렇게 말한다. "비록 진보적 퀘이커들이 경우에 따라 성서를 참조하면서 '내적 빛'에 의존하지만, 복음주

의적 퀘이커들은 일차적으로 성령의 해석적 역할과 짝을 이룬 성서에 의존한다."
63) Nadine Pence Frantz, "Theological Hermeneutics: Christian Feminist Biblical Interpretation and the Believers' Church Tradition", doctoral dissertation, Divinity School, University of Chicago, 1992, 148-174.
64) 데일 브라운(Dale W. Brown)은 다음과 같이 덧붙였다. "해석학에서, 무오류(infallibility)의 위치는 성서의) 본문 자체에서 학문적 기술을 연마한 신학 전문가들, 혹은 교회의 공적 해석자들로, 그리고 다시 말씀 주변에 모인 헌신하고 경청하는 회중으로 이동했다("Communal Ecclesiology", Theology Today, Aprill, 1979, 25-26). 존 하워드 요더는 성서에 대한 아나뱁티스트의 독특한 접근법으로서 "해석학적 공동체"란 개념을 유행시키는데 일조했다. 성서를 해석하는 것은 전통, 공적 신앙선언문, 혹은 국가의 정치적 이익에 허용된 이전의 권위를 부인하면서, 공동체가 행하는 활동이다(Yoder, "The Hermeneutics of Peoplehood" in Michael Cartwright, ed., The Priestly Kingdom, South Bend: Notre Dame University Press, 1984, 15-45).
65) John Howard Yoder, "The Authority of the Canon", in Willard Swartley, ed., Essays On Biblical Interpretation: Anabaptist-Mennonite Perspectives(Elkhart, Ind.: Institute of Mennonite Studies, 1984), 277.
66) Rodney Clapp, A Peculiar People: The Church As Culture in a Post-Christian Society (Downers Grove, Ill.: InterVarsity Press, 1996)을 참조하시오.
67) 성서에서 이 주제를 탐구한 가장 탁월한 학자는 월터 부그르만(Walter Bruggemann)이다. 그의 저서, Hope Within History(John Knox Press, 1987)과 Interpretation and Obedience: From Faithful Reading to Faithful Living(Fortress Press, 1991)을 참조하시오.
68) 현재 형제교회(the Church of Brethren, 그리고 신자들의 교회 전통) 내에 존재하는 성서영감과 권위의 문제에 대한 다양한 견해에 대해 훌륭한 설명은 Joan Deeter, Biblical Inspiration and Authority(Elgin, Ill.: The Brethren Press, 1980), 26-29에서 발견된다.
69) J. Denny Weaver, "Perspectives on a Mennonite Theology", The Conrad Grebel Review(Fall 1984), 193.
70) Dale R. Scoffer, Background and Development of Brethren Doctrines: 1650-1987, 84.
71) 랜디 매독스(Randy Maddox)는 모든 신자의 자기 이해를 위해 중요한 사실을 언급한다. "선이해들(preunderstandings)의 가장 오래된 패턴은 우리가 그것들에 대한 의식적 평가를 시작하기 오래전에 우리에게 사회적으로 전달된다. 그처럼, 웨슬리의 신학적 신념 중 편견 없이 의식적 방식으로 처음부터 선택된 것은 거의 없다. 그것들은 가족과 교회의 양육을 통해 흡수된다. 다른 말로 하면, '전통'(사회-문화적으로 정의된)이 웨슬리 신학 중 상당 부분의 일차적 원천이었다. 이런 전제를 지닌 신학의 어떤 측면에 대해 경험이 의문을 제기할 때, 그는 문제가 된 신념을 그대로 둘지, 교정할지, 아니면 버릴지 결정해야 했다. 성숙한 웨슬리는 이성, 경험, 그리고 '전통'의 도움을 얻어 내려진 결정들을 성서를 통해 올바로 인도하고자 했다(Responsible Grace: John Wesley's Practical Theology, Nashville: Kingswood Books, Abingdon Press, 47).
72) Albert Outler, "The Wesleyan Quadrilateral in John Wesley", in T. Oden and I. Longden, eds., The Wesleyan Theological Heritage(Grand Rapids: Zondervan, 1991), 24.
73) 이런 상호작용 역할은 도날드 토젠(Donald Thorsen)의 저서, The Wesleyan Quadrilateral: Scripture, Tradition, Reason, and Experience as a Model of Evangelical Theology(Grand Rapids: Zondervan, 1990)에서 잘 설명되었다. 토젠은 이 사대원리가 모든 역사적인 권위의 원천들을 통합할 수 있다고 주장한다. 그것은 (1) 비록 배타적인 것은 아니지만, 성서에 따른 권위를 일차적인 것으로, (2) 초대교회의 고전적 정통주의로까지 확대되는 전통, (3) 신학을 완성된 체제보다는 지속적 과정으로 이해하는 합리적 탐구방법, (4) 종교적 권위의 진정한 원천으로서 경험을 긍정한다. 그는 이런 4대 원리 속에서 "더욱 철저하게 보편적인 복음주의 신학 모델을 발전시킬 수 있는 대단히 가치 있는 통찰을 발견한다"(251).
74) 신학적 권위에 대한 웨슬리의 4대 원리는 "이성, 전통, 그리고 경험이라는 삼중적 해석학 내에서 성서의 우세한 통제"로 가장 잘 묘사될 수 있을 것이다(Randy Maddox, Responsible Grace, 46).

75) 후스토 곤잘레스의 곤혹스런 관찰을 주목하라. "성서는 전통적으로 소수자들과 힘없는 집단을 억압하고, 억압자들의 행동과 가치에 이바지하는 방식으로 해석됐다"(*Out of Every Tribe and Nation*, Nashville: Abingdon Press, 1992, 38). 그는 이런 사실이 웨슬리 신학의 4대 원리의 구성요소들을 더욱 폭넓게 이해하도록 요구한다고 생각한다. 예를 들어, "경험"은 "종교적" 경험 그 이상이어야 한다. 왜냐하면, 흑인공동체는 불가피하게 노예제도의 경험을 해석과정에 도입하게 되고, 다른 집단들도 자신들의 다양한 억압의 배경을 해석과정에 도입할 수밖에 없기 때문이다 (고대 이스라엘 사람들이 이집트에서 노예경험과 하나님에 의한 구조의 기억에 근거해서 성서를 해석했던 것처럼 말이다). 이처럼 개인적, 집단적 이야기들을 포함하는 것이 성서에 따른 권위를 붕괴시킬 필요는 전혀 없다. 이런 포함의 역할은 잘못되고 이기적인 해석을 폭로하며, 이로써 해석과정을 풍요롭게 만든다.
76) David Cubie, "The Theology of Love in Wesley", *Wesleyan Theological Journal*(Spring 1985), 122-154.
77) *Christianity Today*(Feb. 9, 1998, 40-50)에 나오는 로저 올슨(Roger Olson)의 분석을 참고하시오. 그는 훨씬 더 많은 공통점을 공유하는 복음주의자들 내에서 두 가지 상반된 신학적 사고방식을 발견한다. "전통파"(traditionalists)와 "개혁파"(reformists) 사이의 결정적 차이는 그들이 교리를 일급 언어 혹은 이급 언어로 보는 것에 으해 드러난다. 신자들의 교회 전통은 후자를 지지하는 경향이 있다.
78) C. Arnold Snyder, *Anabaptist History and Theology*(Kitchener, Ontario: Pandora Press, 1995), 97.
79) Merle Strege, *Tell Me The Tale: Historical Reflections on the Church of God*(Anderson, Ind.: Warner Press, 1991), chapter six.
80) John Howard Yoder, "The Hermeneutics of Peoplehood", in *The Priestly Kingdom: Social Ethics as Gospel*(Notre Dame, Ind.: University of Notre Dame Press, 1984), 24.

5장, 믿음의 삶 : 기독교적 제자도

1) George Williams, *The Radical Reformation*(Philadelphia: Westminster Press, 1962), 844.
2) Donald Kraybill, in Kraybill and Lucian Niemeyer, *Old Order Amish*(Baltimore and London: Johns Hopkins Press, 1993), 3.
3) Gilbert W. Stafford, *Theology for Disciples*(Anderson, Ind.: Warner Press, 1996), 425.
4) Stanley Hauerwas and William Willimon, *Resident Aliens: Life in the Christian Colony*(Nashville: Abingdon Press, 1989), 48-49.
5) C. Norman Kraus, *The Community of the Spirit*(Scottdale, Pa.: Herald Press, rev. ed., 1993).
6) Dale W. Brown, *Understanding Pietism*(Nappanee, Ind.: Evangel Publishing House, rev. ed., 1996)을 참조하시오. 경건주의는 감정주의, 신비주의, 타계주의로 부정적으로 이해됐다. 브라운은 이런 부정적 평가가 지나친 것이라고 주장하며, 다음과 같이 결론을 내린다. "아나뱁티스트와 경건주의는 16세기 종교개혁을 그것의 논리적 결론까지 실천하려는 욕망을 공유했다. 그들은 공통적으로 성서를 올바로 이해하도록 가르쳤던 성령의 인도하심, 초대교회의 회복이란 사상, Wiedergeburt(신생)의 중심성, 그리고 Nachfolge Christi(그리스도 닮기), 산상수훈, 그리고 신앙의 열매로서 기독교적 삶의 윤리적 동기들을 믿었다.
7) 이 맥락에서 "급진적"이란 말은 단지 극단적이 된다는 뜻이 아니라, 문제의 본질에 접근한다는 뜻으로 사용된 것이다.
8) Franklin Littell, *The Free Church*(Boston: Starr King Press, 1957), 135.
9) John Howard Yoder, "A People in the World: Theological Interpretation", in James Garrett, ed., *The Concept of the Believers' Church*(Scottdale, Pa.: Herald Press, 1969), 256-257.

10) Ibid., 274. "1970년에 시카고에서 열린 신자들의 교회 대회에서 제시된 행동 강령 중 하나는 다음과 같았다. "사회는 직접 행동뿐만 아니라, 변화된 사람들에 의해 제공된 삶의 방식과 제도 속의 새로운 대안들에 의해 변화된다. 사회적 구분과 범주를 허무는 친교가 가능해진다. 이로써, 하나님 나라와 그것에 상응하는 구조를 형성하는데 관심이 있는 그룹들은 사회적 적합성을 발견한다(The Chicago Theological Seminary, September, 1970, 59).

11) John Howard Yoder, "Sacrament As Social Process: Christ the Transformer of Culture", *Theology Today* 48:1(April 1991), 42.

12) Franklin Littell, *The Anabaptist View of the Church*, rev. ed.(Boston: Starr King Press, 1958), 14.

13) 전통적으로 신자들의 교회 전통은 "구원"이 필연적으로 하나님 백성의 가시적 몸, 즉 교회와 활발한 관계를 맺은 것을 포함하는 것으로 이해됐다. "구원받는다."라는 것은 한 개인이 자유롭게 죄를 회개하고, 그리스도 안에서 새 생명을 얻고, 자발적으로 교회의 친교와 훈련에 참여하는 것을 의미했다. 교회가 개인의 구원에 핵심적이지 않다는 견해는 중세 로마 가톨릭의 입장에 대한 그들의 반응 속에서 주류(정부주도형) 개신교 개혁자들이 견지했던 입장이었다. 이것은 바로 그들이 아나뱁티스트들만큼 가시적 교회를 진지하게 취급할 필요를 느끼지 못했던 핵심적 이유의 하나였다.

14) Rosemary Reuther, "The Belivers' Church and Catholicity in the World Today", *The Chicago Theological Seminary Register*(September 1970), 6.

15) George Eldon Ladd, *The Presence of the Future*(Grand Rapids: Eerdmans, 1974), chap. 11, 그리고 John Bright, *The Kingdom of God*(Nashville: Abingdon Press, 1953), chap. 8을 참조하시오.

16) Barry Callen, *Faithful in the Meantime: A Biblical View of Final Things and Present Responsibilities*(Nappanee, Ind.: Evangel Publishing House, 1997)을 참조하시오.

17) Carl Braaten, *Eschatology and Ethics*(Minneapolis: Augsburg Publishing House, 1974), 84.

18) Jürgen Moltmann, *Theology of Hope*(SCM Press, 1967), 328.

19) Carl Braaten, *The Future of God: The Revolutionary Dynamics of Hope*(New York: Harper & Row, 1969), 111, 117.

20) Otto A. Piper, "Church and Judaism in Holy History", *Theology Today* 18(1961), 68.

21) Michael Kinnamon, *Truth and Community: Diversity and Its Limits in the Ecumenical Movement*(Grand Rapids: Eerdmans, 1988), 118.

22) Albert N. Keim, *Harold S. Bender, 1897-1962*(Scottdale, Pa.: Herald Press, 1998), 501.

23) John Howard Yoder, in Michael Cartwright, ed., *The Royal Priesthood*(Grand Rapids: Eerdmans, 1994), 207.

24) 교회가 어떻게 예언자적 기능을 수행할 수 있는지에 대한 탁월한 연구는, Howard Snyder, *The Community of the King*(Downers Grove, Ill.: InterVarsity Press, 1977), 06-116이다.

25) Gilbert Stafford, op. cit., 2.

26) D. Elton Trueblood, *Robert Barclay*(N.Y.: Harper & Row, 1968), 179.

27) John Wesley, "Causes of the Inefficacy of Christianity", *Works*, IV, 90.

28) Ibid.

29) Lawrence Cunningham and Keith Egan, *Christian Spirituality: Themes from the Tradition*(N. Y.: Paulist Press, 1996), chapter six, "Asceticism."

30) Franklin Littell, "The Contribution of the Free Churches", The Chicago Theological Seminary *Register*(September, 1970), 53-54.

31) Ibid., 51.

32) 찰스 웨슬리의 찬송, "A Charge to Keep I have"의 2절. *Hymns for Praise and Worship* (Nappanee, Ind.: Evangel Press, 1984), 509에 수록.

33) Franklin Littell, *The Anabaptist View of the Church*(Boston: Starr King Press, Beacon

Hill, 1958, 2nd ed.), 85.
34) 발타자르 휩마이어의 1526년 교리문답집은 침례(세례)를 통해 사람은 하나님께 맹세하고, 성부, 성자, 성령 하나님의 권능으로, 하나님의 거룩한 말씀에 따라 믿고 살겠다고 동의하는 것이라고 진술한다. 만약 침례(세례)받은 신자가 이 동의를 파기할 경우, 그리스도의 명령에 따라(마18:15), 따뜻한 훈계가 주어질 것이다.
35) Wilmer A. Cooper, *A Living Faith: An Historical Study of Quaker Beliefs*(Richmond, Ind.: Friends United Press, 1990), 102. 쿠퍼는 통전성, 단순성, 평화, 그리고 평등을 포함하여 친우회 내에서 강조되는 일군의 "사회적 증언"에 대해 언급한다. 그는 이렇게 결론을 내린다. "그 증언들의 한계선은 일관성이다. 즉, 다시 한번 우리를 통전성에 대한 증언으로 인도하는, 우리가 믿는 것과 우리의 믿음이 행동으로 전환되는 방식 사이의 일관된 일치 말이다"(110).
36) Franklin Littell, *Free Church*(Boston: Starr King Press, Beacon Hill, 1957), 116.
37) Unpublished "Findings Committee Reports", May 23, 1992, 1.
38) D. Michael Henderson, *John Wesley's Class Meeting: A Model for Making Disciples* (Nappanee, Ind.: Evangel Publishing House, 1997), 31.
39) Barry Callen, *Journeying Together*(Anderson, Ind.: Leadership Council of the Church of God and Warner Press, 1996), 144를 참조하시오.
40) C. Arnold Snyder, *Anabaptist History and Theology*(Kitchener, Ont.: Pandora Press, 1995), 393.
41) D. Elton Trueblood, *The Company of the Committed*(N.Y.: Harper and Row, 1961), 22-23.
42) Littell, *The Free Church*, 141.
43) John C. Wenger, ed., *The Complete Writings of Menno Simons*, trans. Leonard Verduin (Scottdale, Pa.: Herald Press, 1956), 740에서 재인용.
44) Jeff Bach, "Incorporation into Christ and the Brethren: The Lord's Supper and Feetwashing in Anabaptist Groups", in Carl Bowman and Stephen Longenecker, eds., *Anabaptist Currents*(Camden, Maine: Penobscot Press, 1995), 136, 146.
45) C. Arnold Snyder, *Anabaptist History and Theology*(Kitchener, Ontario: Pandora Press, 1995), 92에서 재인용.
46) Dale Stoffer, ed., *The Lord's Supper: Believers' Church Perspectives*(Scottdale, Pa.: Herald Press, 1977), 73에서 Donald Durnbaugh에 의해 재인용 됨.
47) 도움이 되는 연구로서, John D. Rempel, *The Lord's Supper in Anabaptism*(Scottdale, Pa.: Herald Press, 1994)를 참조하시오.
48) Dale Stoffer, ed., *The Lord's Supper: Believers' Church Perspectives*(Scottdale, Pa.: Herald Press, 1997)을 참조하시오.
49) 쉴라이트하임 고백서는 침례(세례)가 (유아들이 아닌) 복음의 요구를 이해하고, 그리스도를 통해 용서된 죄에 대해 증언하고, 헌신한 제자도의 삶 속에서 그리스도를 따르겠다는 마음을 표현하는 사람들을 위한 것이라고 강조한다(Marlin Miller, "The Mennonites" in Merle Strege, ed., *Baptism and Church*, Grand Rapids: Sagamore Books, 1986, 16-17을 참조하시오).
50) Russell Byrum, *Christian Theology*(Anderson, Ind.: Warner Press, 1925, rev. ed., 1982), 424.
51) 침례(세례) 문제에 대한 광범위한 대화 후에, 하나님의 교회(앤더슨파)와 그리스도 교회의 대표자들이 다음과 같이 말했다. "우리는 침례(세례)가 그의 모든 추종자가 실천하도록 주 예수께서 명령하신 것이라는데 동의한다. 이 침례(세례)는 참회하는 신자들에게 침례를 베푸는 것으로 표현되어야 한다. 침례(세례)는 예수의 대속적 죽음, 매장, 부활에 대한 상징이다. 이런 본질과 성서에 따른 가르침에 의해, 침례(세례)는 사죄와 연결된다. 하지만, 우리는 용서가 전적으로 하나님 은총의 문제라고 믿기 때문에, 침례(세례)에 의한 중생을 가르치는 어떤 교리도 단호하게 거부한다." Barry Callen and James North, *Coming Together In Christ*(Joplin, Mo.: College Press, 1997), 214.

52) 하나님의 교회(앤더슨파)에서 일반적으로 사용되는 이 슬로건의 의도는 월터 스코트(Walter Scott)가 웨스턴 리저브(Western Reserve, 북동 오하이오에 소재, 1827-1830)에서 복음전도 기간에 유명하게 만든 "다섯 손가락 운동"(five finger exercise) 같은 견해에 반대한다. 중요한 순서 대로, 스코트는 (손가락을 따라) 믿음, 회개, 침례(세례), 사죄, 그리고 성령의 은사를 가르쳤다. 그와 반대로, 하나님의 교회 운동과 다른 많은 웨슬리안 및 아나뱁티스트 단체들은 사죄가 반드시 침례(세례) 앞에 와야 한다고 이해해 왔다. 스코트의 유명한 동료였던 알렉산더 캠벨(Alexander Campbell)은 이 주제에 대해 복잡하고 흔히 오해되는 견해를 갖고 있었다. 그는 "내 형제 중 어떤 이들이 침례(세례)에 부적절한 지위를 부여했다. 즉, 사죄를 입증하고 그 효과를 누리기 보다, 사죄를 유도하는 것 같은 사상을 옹호하는 현상 말이다(*Millennial Harbinger*, 1840, 544-45). 대신 그는 다음과 같이 썼다. 즉, 이전의 믿음과 회개가 있는 한, 그래서 구원이 어떤 공로를 일으키는 선행이 아니라 믿음에 의해 이루어지도록 한다면, 침례(세례)는 "형식적이고 구별되며 특별한 사죄, 혹은 죄책으로부터의 해방을 받아들이는 도구다"(*The Christian System*, 1839, 61-62). 캠벨에 의해 침례(세례)는 단지 하나의 표식이 아니라, 구원과정의 한 단계로 이해되었다. 즉, 죄가 용서되고, 성령의 은사가 주어지는 때다(*Christian Baptist*, April 7, 1828, 82을 참조하시오). 침례(세례)는 사람이 하나님의 가족으로 입양되는 과정이 완료되는 것이라고 했다. 침례(세례)는 "우리를 향한 하나님 은총의 징표이며, 우리가 그 은총에 대해 "예"라고 대답하는 방법의 하나다" (Clark Williamson, *Baptism: Embodiment of the Gospel*, St. Louis: Christian Board of Education, 1987, 37).
53) "경건주의, 부흥운동, 그리고 성령쇄신운동의 영향이 빈번히 메노나이트 가르침과 실천 속에서 기독교 침례(세례)의 주관적이고 개인적인 차원들을 지나치게 강조한 것에 이바지했다."(Marlin Miller, "Baptism in the Mennonite Tradition", *Mennonite Quarterly Review*, July 1990, 236). 많은 유사한 단체들에 대해서도 똑같은 말을 할 수 있었다. 성령과의 개인적 체험이 핵심적이긴 하지만, 그것이 공동체적 맥락, 훈련, 그리고 실천(이것을 통해 성령께서 일하신다)에 대한 필요를 대체하지 않는다.
54) Dale Brown, "The Brethren", in Merle Strege, ed., *Baptism and Church*(Grand Rapids: Sagamore Books, 1986), 33.
55) 침례(세례)와 주의 만찬 외에, 세족식이 또 다른 거룩한 제의로서 신자들의 교회 전통 내에서 자주 실천되고 있다. 길버트 스태포드(Gilbert Stafford)는 "세족식이 침례(세례)와 주의 만찬만큼 제자들에게는 영적 의미를 지닌 예전적 행위였다"고 주장했다(*Theology for Disciples*, Warner Press, 1996, chapter 23, 590). 그는 "요한복음 13:1-20이 예수가 제자들의 발을 씻기는 것, 유다의 생활방식에 대한 준엄한 정죄, 예수의 제자들에게 생명을 향한 거룩한 접근에 대한 극적인 교훈, 그리고 영적 갱신을 위한 예전의 확립에 대해 말해주고 있다"라고 덧붙였다(571).
56) M. Robert Mulholland, Jr., *Shaped by the Word*(Nashville: The Upper Room, 1985), 78-79.
57) 이런 식의 사고에 대한 정교한 설명은, Barry L. Callen, *God As Loving Grace*(Nappanee, Ind.: Evangel Publishing House, 1996), 331-341을 참조하시오.
58) 비슷하게, Randy Maddox, "Reconnecting the Means to the End", *Wesleyan Theological Journal* 33:2(Fall 1998), 29-66을 참조하시오. Maddox는 이 세상의 삶에서 기독교적 "성결"의 목적과, 신자가 마음과 삶의 진정한 성결을 심화하기 위해 은혜로 제공된 모든 종류의 거룩한 수단들을 추구할 때, 그것의 현실적 가능성에 대해 말한다. 신자들의 교회는 대체로 이런 감성과 일치하며, 교회의 사회생활과 선교에 적용한다.
59) Howard S. Snyder, *A Kingdom Manifest: Calling the Church to Live Under God's Reign* (Downers Grove, Ill.: InterVarsity Press, 1985), 22.
60) 뮌스터의 비극(1535) 이후, 아나뱁티스트들 내에 이 세상에서 사회적 개선을 위한 수단으로서 공격적이고 심지어 폭력적인 시민불복종에 대한 광범위한 반대가 존재하게 되었다. 그 결과, 최소한 자신의 적절한 영역 내에서 관리들의 권위를 활용하는 경향이 출현했다.
61) Franklin Littell, *The Anabaptist View of the Church*, rev. ed.(Boston: Starrr King Press, 1958), 106-107.

62) Dale W. Brown, "Communal Ecclesiology: The Power of the Anabaptist Vision", *Theology Today* 36:1(April 1979), 28-29.
63) J. Denny Weaver, *Becoming Anabaptist*(Scottdale, Pa.: Herald Press, 1987), 134.
64) Tom Brokaw, *The Greatest Generation*(N.Y.: Random House, 1998), 296에서 재인용.
65) 1992년 연회처럼, 이 선언문은 전쟁과 평화에 대한 미연합감리교회의 기본적 입장으로 남아 있다.
66) Stanley Hauerwas, *The Peaceable Kingdom*(Notre Dame, Ind.: University of Notre Dame Press, 1983), xvii. 성서에 계시된 하나님을 이해하는 유일하고 가능한 최고의 방법은 "사랑의 은총"(loving grace)이다(Barry Callen, *God As Loving Grace*, Nappanee, Ind.: Evangel Publishing House, 1996을 참조하시오).
67) 예를 들어, 현재 활발히 활동하는 역사가인 Merle Strege가 그의 논문, "The Demise(?) of a Peace Church: The Church of God(Anderson), Pacifism and Civil Religion", *Mennonite Quarterly Review* 45:2(April 1991), 128-140에서 설명한 것처럼, 하나님의 교회(앤더슨파)의 혼합된 환경을 참조하시오.
68) Donald Durnbaugh, *A History of the Brethren 1708-1995*(Elgin, Ill.: Brethren Press, 1997), 474.
69) Stanley Hauerwas, *Christian Existence Today*(Durham, N.C.: Labyrinth, 1988), 91.
70) Rodney Clapp, *A Peculiar People: The Church as Culture in a Post-Christian Society* (Downers Grove, Ill.: InterVarsity Press, 1996), 110.
71) Virginia Wiles, "Gentle Strength: Contemporary Prospects for an Understanding of Salvation", in C. Browman and S. Longenecker, eds., *Anabaptist Currents: History in Conversation with the Present*(Penobscot Press, 1995), 46.
72) Marvin Wilson, *Our Father Abraham: Jewish Roots of the Christian Faith*(Grand Rapids: Eerdmans, 1989), 159.

6장. 비전 성취 : 오늘날 그리스도인의 사명

1) Emmert F. Bittinger, in Bittinger, ed., *Brethren in Transition: 20th Century Directions and Dillemmas*(Camden, Maine: Penobscot Press, 1992), 2-3.
2) Howard A. Snyder, *Liberating the Church: The Ecology of Church and Kingdom*(Downers Grove, Ill.: InterVarsity Press, 1983), 258.
3) John Roth, "Living Between the Times: 'The Anabaptist Vision and Mennonite Reality' Revisited", *Mennonite Quarterly Review*(July 1995), 323. Roth는 고센대학의 교수요, 메노나이트 역사도서관 관장이며, *Mennonite Quarterly Review*의 편집자다.
4) Harvey Cox, *Fire from Heaven*(Reading, Mass.: Addison-Wesley Publishing Company, 1995), 7.
5) Richard T. Hughes, *Reviving the Ancient Faith: The Story of Churches of Christ in America*(Grand Rapids: Eerdmans, 1996), 5. 또한 Carl Bowman, *Brethren Society: The Cultural Transformation of a "Peculiar People"*(Baltimore: Johns Hopkins University Press, 1995)을 참조하시오.
6) Intercourse, Pa.: Good Books, 1995. 9. 1967년 신자들의 교회 대회 조사위원회는 교회가 "세상 한복판에서 언약공동체로서 자신의 존재를 구현해야 한다"고 주장했다. 하지만, 위원회는 "교인들이 그 선언문을 자신의 제도적 프로그램을 위한 후원금 마련 목적으로 작성한 것이라고 오해할지도 모른다"고 우려했다(부록 B, 4A를 참조하시오).
7) Bittinger, op. cit.
8) Howard A. Snyder, *Signs of the Spirit: How God Reshapes the Church*(Grand Rapids: Academie Books, Zondevan, 1989), 273.

9) Roland H. Bainton, "The Left Wing of the Reformation", *Journal of Religion* XXI(9141), 125-134.
10) 발전과 적응, 전통에 대한 참된 충성과 현재의 단순한 실용주의를 구분하기는 어렵다. 예를 들면, 1960년대까지 미국의 메노나이트 그룹 내에서 해롤드 벤더(Harold Bender)는 20세기 불안한 변화 속에서 다양한 교회 기구들을 현대화의 도구로 활용한 중도적 목소리였다. 어떤 의미에서 벤더는 자신의 판단에 의해 대단히 새로운 환경 속에 존재하는 메노나이트 전통의 핵심을 보존하기 위해 일련의 진보적 조처를 했던 것이다.
11) Roth, op. cit., 329.
12) 이 이야기는 Barry L. Callen, *Seeking the Light: America's Modern Quest for Peace, Justice, Prosperity, and Faith*(Nappanee, Ind.: Evangel Publishing House, 1998), 제5장에서 상세하게 진술되고 있다.
13) Donald Durnbaugh, *Fruit of the Vine*(1997)는 그런 발전들을 서술하는 데 상당한 분량을 할애했다. 그 당시 하나님의 교회(앤더슨파)에선, 그런 발전들 속에 새로운 목회자 협의회(보수적 태도를 견지함)가 포함되었다. 이 단체는 여성들과 스페인계 사람들에게 점점 더 많은 관심을 보였고, (하나님의 교회 내에서 상대적으로 많은 비율을 차지하고 있던) 흑인들에게도 동등한 관심을 보였다. Barry L. Callen, *Journeying Together*(Anderson, Ind.: Leadership Council and Warner Press, 1996)에서 자세한 내용을 확인할 수 있다.
14) Dale W. Brown, "Tension and Reconciliation in a Split Society or Strategies of Witness for the Believers' Church in a Revolutionary Age", The Chicago Theological Seminary *Register*(September 1970), 31-33.
15) 몇 년 전, 다른 로마 가톨릭 신자가 "로마 가톨릭 교회가 콘스탄틴적 질서를 거절하면서 마침내 자유교회를 따르고 있다. 왜냐하면, 가톨릭 신자들은 하나님의 언약백성으로서 교회의 비전에 점점 더 호소하고 있으며, 일상적인 교회생활의 중요한 요소로서 공개토론, 평신도 참여, 그리고 합의의 방법을 사용하고 있기 때문이다"라고 선언한 바 있다. Michael Novak, "The Conception of the Church in Anabaptism and in Roman Catholicism: Past and Present", *Journal of Ecumenical Studies*(Fall 1965), 426.
16) Rosemary Reuther, "The Believers' Church and Catholicity in the World Today", The Chicago Theological Seminary *Register*(September, 1970), 5-6.
17) Ibid., 8.
18) 에큐메니컬 기구들로부터 신자들의 교회의 일반적 분리의 한 두드러진 예외는 형제교회(the Church of the Brethren)이다. 이 교회는 20세기 중반에 연방교회협의회(the Federal Council of Churches)와 세계교회협의회(the World Council of Churches)에 참여했다. 이 이야기에 대해서는, Donald Durnbaugh, *Fruit of the Vine*(1997)을 참조하시오. 분리를 지지하는 전형적 이유는 Barry l. Callen and James North, *Coming Together in Christ*(Joplin, Mo.: College Press, 1997), chapter one and two에서 설명되고 있다.
19) Brown, op. cit., 31.
20) Ibid., 32.
21) Leith Anderson, "Movement for the 21st Century", Report to the Leadership Council of the Church of God, Anderson, Indiana, April 23, 1996, 9-10. 20세기 동안 하나님의 교회 내부에서 조직적 발전과 변화에 대한 상세한 설명을 원한다면, Barry Callen, *Journeying Together*(Anderson, Ind.: Leadership Council of the Church of God and Warner Press, 1996)을 참조하시오.
22) William H. Brackney, *Christian Voluntarism: Theology and Praxis*(Grand Rapids: Eerdmans, 1997), 158, 170-171.
23) Dale W. Brown, "Communal Ecclesiology: The Power of the Anabaptist Vision", *Theology Today* 36:1(April 1979), 23-24.
24) Rodney Clapp, *A Peculiar People: The Church as Culture in a Post-Christian Society* (Downers Grove, Ill.: InterVarsity Press, 1996), 113. 클랩은 "존 하워드 요더와 스텐리 하우어

워스의 저작을 통해, 나는 아나뱁티스트 신학과 사회 윤리에 끌렸고, 또 심대한 영향을 받았다… 내 생각에, 현대 신학자들 중에서, 이 시대와 문화의 도전 앞에서 우리를 가장 충실하고 탁월하게 준비시키는 사람들은 바로 신-아나뱁티스트들과 후기자유주의자들이다"라고 말한다.

25) Philip Kenneson, "Selling Out the Church in the Marketplace of Desire", *Modern Theology* 9:4(October 1993), 319, 343.
26) Stanley Hauerwas, William Willimon, *Resident Aliens: Life in the Christian Colony* (Nashville: Abingdon Press, 1989), 16-17.
27) Ibid., 18.
28) Todd and Hahn and David Verhaagen, *Reckless Hope*(Grand Rapids: Baker Books, 1996), 113-123.
29) Thomas Merton, from *Thoughts in Solitude*(N. Y.: Farrar, Straus, and Giroux, 1958). 이 인용문은 겟세마네 수도원(이곳은 켄터키 전원지역에 있는, 토마스 머튼이 오랫동안 머물렀던 트라피스트 수도원이다)에 온 수련회 참가자들에게 나누어진 소책자 속에 담겨 있던 것이다.
30) Adrio König, *The Eclipse of Christ in Eschatology*(Grand Rapids: Eerdmans, 1989), 175.
31) Theodore Jennings, *Loyalty To God*(Nashville: Abingdon Press, 1992), 224.
32) Stanley Grenz and Roger Olson, *20th Century Theology*(InterVarsity Press, 1992), 288. 이런 발전들에 대한 "복음주의적 관점의 훌륭한 고찰을 위해선, Bob Patterson, *Carl F. H. Henry*(Peabody, Mass.: Hendrickson, 1983), 13-57과 칼 헨리의 자서전, *Confessions of a Theologian*(Waco, Tex.: Word Books, 1986)을 참조하시오.
33) Bernard Ramm, *The Evangelical Heritage*(Waco, Tex.: Word Books, 1973), 70.
34) Grenz and Olson, op. cit., 300.
35) Donald Bloesch, *The Future of Evangelical Christianity*(Doubleday, 1983), 5.
36) Stanley Grenz, *Revisioning Evangelical Theology*(InterVarsity Press, 1993), 17.
37) 건전한 복음주의의 서사적 경험적 특징을 강조하는 스탠리 그렌츠는 블로쉬와 다르다. 블로쉬는 복음주의를 위해 종교개혁 신학과 경건주의 사이에 긴장관계를 설정하는데, 이 문제에 대한 해법으로 경건주의자들과 영적 체험보다 개혁자들과 교리에 우선권을 부여한다. 경건주의로 더 경도된 그렌츠는 "복음주의에 대한 모든 교정은 특정한 형태의 신학적 헌신에 집중하며 복음주의) 운동의 핵심을 이해하려는 전형적 태도를 재고함으로써 시작해야 한다. 복음주의자들은 신자들의 삶에서 그리스도 현존의 동력에 집중한다는 면에서 경건주의자들이다"고 그렌츠는 주장한다 (*Revisioning Evangelical Theology*, 29, 40). 오순절주의와 근본주의 사이의 복잡한 관계에 대한 통찰력 있는 관찰은 D. William Faupel, "Whither Pentecostalism?" *Pneuma* 15:1(Spring 1993), 9-27이다.
38) Merle Strege, *Tell Me Another Tale*(Anderson, Ind.: Warner Press, 1993), 17-18. 또한 Barry Callen, *Contours of a Cause: The Theological Vision of the Church of God Movement*(Anderson, Ind.: Anderson University School of Theology, 1995), 193-202.
39) 인식론적 질문이 "The Calvinisit-Arminian Dialectic in Evangelical Hermeneutics" (*Christian Scholar's Review* 23:1, September, 1993)를 고찰함으로써, 더글라스 제이콥슨 (Douglas Jacobson)에 의해 탐구되었다. 그는 프란시스 투레틴(Francis Turretin, 1623-1687) 에 의해, 후에는 프린스턴신학교의 핫지와 와필드를 통해 명시된 캘빈주의적 모델을 예로 든다. 여기서 "해석학과 신학은 일반적으로 범주를 유지하는 문제가 된다. 이미 확립된 진리는 신자들의 교육을 위해 반복되어야 하며, 신학적으로 "정통"의 입장과 다른 사람들과는 관계를 단절해야 한다."(73-77) 야콥 알미니우스(1559-1609)에 기초한 알미니안 모델은 훨씬 덜 교리적이지만 더욱더 대화적이고, 덜 합리주의적이고 더 경험주의적이다. 알미니안주의 해석학은 다양성을 인정하고 관용을 강조한다. 반면, 캘빈주의 해석학은 본문 의미의 단일성을 강조하고 통일을 추구한다"(81). 20세기 복음주의적 해석학이 알미니안주의의 점증하는 지배력을 목격해 왔지만, 복음주의는 양자 간의 긴장을 유지한다. 그것은 여전히 상당 부분 캘빈주의적 모델에 의해 형성되고 있고, 하나님의 교회(앤더슨파), 그리스도 형제단, 그리고 수많은 다른 성결-오순절 기구들에 영향을 끼치는 경건주의-웨슬리안 전통과는 관계가 매우 미미하다.

40) Stanley Grenz, op. cit., 31-35.
41) Clapp, op. cit., 185.
42) Luke Keefer, "Brethren in Christ: An Uneasy Synthesis of Heritage Streams", *Wesleyan Theological Journal* 33:1(Spring 1998), 103, 110.
43) Ronald J. Sider, "Evangelicalism and the Mennonite Tradition", in C. Norman Kraus, ed., *Evangelicalism and Anabaptism*(Scottdale, Pa.: Herald Press, 1979), 150.
44) Ibid., 154.
45) C. Norman Kraus, in Kraus, ed., *Evangelicalism and Anabaptism*(Scottdale, Pa.: Herald Press, 1979), 173-179.
46) Ibid., 178-179.
47) Thomas Oden, *Life in the Spirit: Systematic Theology*, vol. 3(San Francisco: Harper, 1992), 369.
48) George Eldon Ladd, *The Presence of the Future: The Eschatology of Biblical Realism* (Grand Rapids: Eerdmans, 1974), 139.
49) 하나님께서 세상에서 사역하기 위해 선택한 특별한 방식과 하나님의 행동을 변화시킬 때, 기도의 효용성에 대한 논의들에 대해, Barry Callen, *God As Loving Grace*(Nappanee, Ind.: Evangel Publishing House, 1996), 73-80과 114-121을 참조하시오. 기독교 종말론 일반에 대한 광범위한 논의를 위해선, Barry Callen, *Faithful in the Meantime*(Evangel Publishing House, 1997)을 참조하시오.
50) Albert Schweitzer(1875-1965), *The Quest of the Historical Jesus*(1906)을 참조하시오.
51) Randy Maddox, *Responsible Grace: John Wesley's Practical Theology*(Nashville: Abingdon Press, Kingswood Books, 1994, 235-236).
52) George Eldon Ladd, *The Presence of the Future*(Grand Rapids: Eerdmans, 1974), 158.
53) George Beasley-Murray, *Word Biblical Commentary: John*, vol. 36(Waco, Tex.: Word Books, 1987), lxxxvii.
54) Boyd Hunt, *Redeemed!: Eschatological Redemption and the Kingdom of God*(Nashville: Broadman & Holman Publishers, 1993), 68.
55) Jürgen Moltmann, *The Church in the Power of the Spirit*(New York: Harper & Row, 1977), 197.
56) H. Ray Dunning, *Grace, Faith and Holiness: A Wesleyan Systematic Theology*(Kansas City, Mo.: Beacon Hill Press of Kansas City, 1988), 476.
57) Alan Kreider, *Journey Towards Holiness: A Way of Living for God's Nation*(Scottdale, Pa.: Herald Press, 1987), 204.
58) R. Pesch, *Naherwartungen*(1968), quoted by George Beasley-Murray, *Jesus and the Last Days*(Peabody, Mass.: Hendrickson Publishers, 1993), 475.
59) 예를 들어, Nancy Tatom Ammerman, *Baptist Battles: Social Change and Religious Conflict in the Southern Baptist Convention*(New Brunswick: Rutgers University Press, 1990)을 참조하시오.
60) Published in *Baptists Today*(June 1997).
61) 이런 침례교 관행들이 William Brackney, ed., *The Believers Church: A Voluntary Church* (Kitchener, Ont.: Pandora Press, and Scottdale, Pa.: Herald Press, 1998), 190-192에서 James McClendon, Jr.에 의해 간략히 해석되었다.
62) 맥클랜든은 몇 가지 난해한 질문을 제기한 후, 하나의 핵심적 대답을 지적한다. "만약 '그들 안에서 빠져나온다' 란 것이 항상 자발적 교회의 길이라면, 만약 우리가 자발적으로 모인 교회에 대해 '예' 라고 말하기 위해, 강제로 주어진 어떤 교회들에 대해 항상 '아니오' 라고 말한다면, 자발적 교회는 반복적으로 이단과 분열의 덫에 걸리지 않을까?… 개신교인은 오직 은총(sola gratia)을 주장하고, 천주교인들은 교도권(magisterium)만을 주장한다. 그렇다면 우리 급진주의자들은 우리를 성실하고 진실하게 유지하기 위해 무엇을 붙들어야 하는가?… 대답을 위해, 에베소서 4:1-16

을 살펴보라. 내 생각에, 그 말씀은 우리 기독교의 미래에 대해 언급하고 있다. 이 문단은 교회의 일치에 대해, 그리고 모두를 하나로 묶어야 한다고 에베소 사람들이 말한, 그 위대한 고백적 일치에 대해 말한다. 즉, 한 몸, 한 성령, 한 소망, 한 주님, 한 믿음, 하나의 침례(세례). 그 본문은 '머리이신 그리스도를 향해 온전히 성장하도록' 촉구하는 말씀으로 끝난다(4:15)." McClendon, op. cit., 192.

63) Melanie A. May, "Now Is the Time So Urgent: Called Into God's Future", in Emmert Bittinger, ed., *Brethren in Transition: 20th Century Directions and Dilemmas*(Camden, Maine: Penobscot Press, 1992), 226.

64) Ibid., 224.

65) Howard A. Snyder, *Liberating the Church: The Ecology of Church and Kingdom* (Downers Grove, Ill.: InterVarsity Press, 1983), 222. 그는 다음과 같이 덧붙인다. "교회는 모든 신자를 사역자로 간주하지 못할 때, 그래서 신자를 지도자로 훈련하지 못할 때, 목회자가 부족해진다."(247).

66) Stanley Hauerwas, William Willimon, *Resident Aliens: Life in the Christian Colony*(Nashville: Abingdon Press, 1989), 170-171. 강조는 첨가된 것임.

추천도서

일반서적

Basden, Paul, and David Dockery, eds., *The people of God: Essays on the Believers' Church*. Nashville: Broadman Press. 1991.

Bowman, Carl F., and Stephen L. Longenecker, eds. *Anabaptist Currents: History in Conversation with the Present*. Bridgewater College, Bridge-water, Virginia: Forum for Religious Studies, Penobscot Press. 1995.

Brackney, William H. *Christian Voluntarism: Theology and Praxis*. Grand Rapids: Eerdmans. 1997.

Brown, Charles E. *When Souls Awaken. An Interpretation of Radical Christianity*. Anderson, Ind.: Gospel Trumpet Company (Warner Press). 1954.

Brown, Dale W. *Understanding Pietism*. Nappanee, Ind.: Evangel Publishing House. 1978, rev. ed. 1996.

Burkholder, John, and Calvin Redekop, eds. *Kingdom, Cross, and Community: Essays on Mennonite Themes*. Scottdale, Pa.: Herald Press. 1976.

Callen, Barry L. *God As Loving Grace: The Biblically Revealed Nature and Work of God*. Nappanee, Ind: Evangel Publishing House. 1996.

Clapp, Rodney. *A Peculiar People: The Church As Culture in a Post-Christian Society*. Downers Grove, Ill.: InterVarsity Press. 1996.

Durnbaugh, Donald F. *The Believers' Church: The History and Character of Radical Protestantism*. Scottdale, Pa: Herald Press. 1968, 1985.

Estep, William R., Jr. *The Anabaptist Story*. Grand Rapids: Eerdmans. Rev. ed. 1975.

Friedmann, Robert. *The Theology of Anabaptism*. Scottadale, Pa.:Herald Press. 1973.

Garrett, James Leo, Jr. Editor. *The Concept of the Believers' Church*. Scottdale, Pa.: Herald Press. 1969.

Goertz, Hans Jurgen, *The Anabaptists, trans*. Trevor Johnson. N.Y.: Rout-ledge, English ed. 1996.

Hauerwas, Stanley. *Christian Existence Today*. Durham, N.C.: Labyrinth. 1988.

Hauerwas, Stanley, and William Willimon. *Resident Aliens: Life in the Christian Colony*. Nashville: Abingdon Press. 1989.

Klaassen, Walter, ed. *Anabaptism Revisited*. Scottdale, Pa.: Herald Press. 1992.

Kraus, C. Norman. Ed. *Evangelicalism and Anabaptism*. Scottdale, Pa.: Herald Press. 1979.

Littell, Franklin. *The Anabaptist View of the Church*. 2nd ed. Boston: Starr King Press, Beacon Hill. 1952, 1958, 1964.

Littell, Franklin. *The Free Church*. Boston: Starr King Press. 1957.

Littell, Franklin. *A Tribute To Menno Simons*. Scottdale, Pa.: Herald Press. 1961.
Loewen, Jacob A., and Wesley J. Prieb. *Only the Sword of the Spirit: Perspectives on Mennonite Life and Thought*. Hillsboro, Kan.: Kindred Productions. 1997.
Longenecker, Stephen L., ed. *The Dilemma of Anabaptist Piety: Strengthening Or Straining the Bonds of Community?* Bridgewater College, Bridgewater, Va.: Forum for Religious Studies, Penobscot Press. 1997.
Murch, James DeForest. *The Free Church*. Louisville, Ky.: Restoration Press. 1966.
Pipkin, H. Wayne, and Yoder, John H., trans. and eds. *Balthasar Hub-maier: Theologian of Anabaptism*. Scottdale, Pa.: Herald Press. 1989.
Snyder, Co. Arnold. *The Life and Thought of Michael Sattler*. Socttadale, Pa.: Herald Press. 1984.
Snyder, C. Arnold. *Anabaptist History and Theology*. Kitchener, Ont.: Pandora Press. 1955.
Snyder, Howard. *Liberating the Church: The Ecology of Church and Kingdom*. Downers Grove, Ill.: InterVarsity Press. 1983.
Snyder, Howard A. *A Kingdom Manifesto: Calling the Church to Live Under God's Reign*. Downers Grove, Ill.: InterVarsity Press. 1985.
Snyder, Howard A. *Signs of the Spirit: How God Reshapes the Church*. Grand Rapids: Academies Books, Zondervan. 1989.
Trueblood, David Elton. *The Company of the Committed*. N.Y.: Harper & Row. 1961.
Weaver, J. Denny. *Becoming Anabaptist: The Origin and Significance of Sixteenth-Century Anabaptism*. Scottdale, Pa.: Herald Press. 1987.
Williams, George. *The Radical Reformation*. Philadelphia: Westminster Press. 1962.
Yoder, John H. *The Politics of Jesus*. Grand Rapids: Eerdmans. 1978, rev. ed. 1994.
Yoder, John H. *The Priestly Kingdom*. Notre Dame, Ind.: University of Notre Dame Press. 1984.

일반 논문

Bainton, Roland H. "The Left Wing of the Reformation", *Journal of Religion* XXI (1941), 125-134.
Bender, Harold. "The Anabaptist Vision." *Mennonite Quarterly Review* 18:2 (1944), 67-88.
Brown, Dale W. "Tension and Reconciliation in a Split Society or Strategies of Witness for the Believers' Church in a Revolutionary Age." The Chicago Theological Seminary *Register*, September 1970, 21-46.
Brown, Dale W. "Communal Ecclesiology: The Power of the Anabaptist Vision."

Theology Today 36:1 (April 1979), 22-29.
Gross, Leonard. "Recasting the Anabaptist Vision: The Longer View." *Mennonite Quarterly Review* 60:3 (July 1986), 352-363.
Littell, Franklin. "The Historic Free Church Defined." *Brethren Life and Thought* IX, Autumn 1964, 78-90.
Littell, Franklin. "The Concerns of the Believers' Church." Chicago Theological Seminary *Register*, LVIII, December 1967, 18.
Littell, Franklin. "The Contribution of the Free Churches." The Chicago Theological Seminary *Register*, September 1970, 47-57.
Ruether, Rosemary, "The Believers' Church and Catholicity in the World Today," The Chicago Theological Seminary *Register*, September 1970, 1-9.

주제별 서적과 논문

Brackney, William H., Ed. *The Believers' Church: A Voluntary Church.* Kitchener, Ont.: Pandora Press. 1998.
Callen, Barry L. *Faithful in the Meantime: A Biblical View of Final Things and Present Responsibilities.* Nappanee, Ind.: Evangel Publishing House. 1997.
Eller, David. Editor. *Servants of the Word: Ministry in the Believers' Church.* Elgin, Ill.: Brethren Press. 1990.
Hauerwas, Stanley. *The Peaceable Kingdom.* Notre Dame, Ind.: University of Notre Dame Press. 1983.
Klaassen, Walter. *Living at the End of the Ages: Apocalyptic Expectation in the Radical Reformation.* Lanham, Md.: University Press of America. 1992.
Klaassen, Walter. *Armageddon and the Peaceable Kingdom: Prophecy and Myster True To the Gospel.* Scottadale, Pa.: Herald Press. 1999.
Kraus, C. Norman. *Jesus Christ Our Lord: Christology from a Disciple's Perspective.* Scottdale, Pa.: Herald Press. 1987, 1990.
Kraus, C. Norman. *The Community of the Spirit: How the Church Is in the World.* Scottdale, Pa.: Herald Press, rev. ed. 1993.
Littell, Franklin. "The Discipline of Discipleship in the Free Church Tradition". *Mennonite Quarterly Review.* April 1961.
Sider, Ronal J. "Evangelicalism and the Mennonite Tradition". in C. Norman Kraus, ed., *Evangelicalism and Anabaptism.* Scottdale, Pa.: Herald Press. 1979.
Soffer, Dale. Editor. *The Lord's Supper: Believers; Church Perspectives.* Scottdale, Pa.: Herald Press. 1997.
Strege, Merle D. *Baptism and Church: A Believers' Church Vision.* Grand Rapids: Sagamore Books. 1986.
Strege, Merle D. "Demise(?) of a Peace Church: The Church of God (Anderson), Pacifism, and Civil Religion." *Mennonite Quarterly Review.* April 1991, 128-140.

Weaver, J. Denny. "Discipleship Redefined: Four Sixteenth Century Anabaptists." *Mennonite Quarterly Review* 54:4 (October 1980), 255-279.
Weaver, J. Denny. "Reading Sixteenth-Century Anabaptism Theologically: Implications for Modern Mennonites as a Peace Church," *The Conrad Grebel Review* 16:1 (Winter 1998), 37-51.
Zeman, Jarlod K., and Walter Klaassen. Editors. *The Believers' Church in Canada.* Waterloo, Ontario: Baptist Federation of Canada and Mennonite Central Committee. 1979.

교단의 개인 프로필

Allen, C. Leonard, and Richard T. Hughes. *Discovering Our Roots: The Ancestry of Churches of Christ.* Abilene, Tex.: Abilene Christian University Press. 1988.
Bittinger, Emmert F. *Brethren In Transition: 20th Century Directions and Dilemmas.* Bridgewater College, Bridgewater, Virginia: Forum for Religious Studies, Penobscot Press. 1992.
Callen, Barry L. Contours of Cause: T*he Theological Vision of the Church of God Movement (Anderson).* Anderson, Ind.: Anderson University School of Theology. 1995.
Callen, Barry L. *It's God's Church!: The Life and Legacy of Daniel Sidney Warner.* Anderson, Ind.: Warner Press, 1995.
Cooper, Wilmer A. *A Living Faith: An Historical Study of Quaker Beliefs.* Richmond, Ind.: Friends United Press. 1990.
Durnbaugh, Donald F. *Church of the Brethren: Yesterday and Today.* Elgin, Ill.: Brethren Press. 1986.
Durnbaugh, Donald F. *Fruit of the Vine: A History of the Brethren 1708-1995.* Elgin, Ill.: Brethren Press. 1997.
Hughes, Richard T. *Reviving the Ancient Faith: The Story of Churches of Christ in America.* Grand Rapids: Eerdmans. 1996.
Kauffman, J. Howard and Harder, Leland. *Anabaptists Four Centuries Later: A Profile of Five Mennonite and Brethren in Christ Denominations.* Scottdale, Pa.: Herald Press. 1975.
Keim, Albert. *Harold Bender*, 1897-1962. Scottdale, Pa.: Herald Press. 1998.
Kent, Homor A., Sr. *Conquering Frontiers: A History of the Brethren Church.* Winona Lake, Ind.: BMH Books. Rev. ed., 1972.
Kraybill, Donald, and Niemeyer, Lucian. *Old Order Amish.* Baltimore: Johns Hopkins Press. 1993.
North James. Union In Truth: *An Interpretive History of the Restoration Movement.* Cincinnati: Standard Publishing. 1994.
Ruether, Rosemary, "The Free Church Movement in Contemporary Catholicism," in Martin E. Marty and Dean G. Peerman, eds., *New Theology*

No.6. N.Y.: Macmillan. 1969.
Smith, John W.V. *The Quest for Holiness and Unity*. Anderson, Ind.: Warner Press. 1980.
Snyder, Howard. *The Radical Wesley*. Downers Grove, Ill.: InterVarsity Press. 1980.
Stoffer, Dale R. *Background and Development of Brethren Doctrines*: 1650-1987. Philadelphia: Brethren Encyclopedia, Inc. 1989.
Toews, J. B. *A Pilgrimage of Faith: The Mennonite Brethren Church in Russia and North America 1860-1990*. Hillsboro, Kan.: Kindred Press. 1993.
Webb, Henry. *In Search of Christian Unity: A History of the Restoration Movement*. Cincinnati: Standard Publishing. 1990.
Wittlinger, Carlton O. *Quest for Piety and Obedience: The Story of the Brethren in Christ*. Nappanee, Ind.: Evangel Publishing House. 1978.

학술논문

Bowman, Carl F. Beyond Plainness: *Cultural Transformation in the Church of the Brethren from 1850 to the Present*. University of Virginia, 1989.
Burkholder, John L. *The Problem of Social Responsibility from the Perspective of the Mennonite Church*. Princeton Theological Seminary. 1958.
Clear, Valorous. *The Church of God. A Study in Social Adaptation*. University of Chicago Divinity school. 1953.
Durnbaugh, Donald F. *Brethren Beginnings: The Origins of the Church of the Brethren in Early Eighteenth-Century Europe*. University of Pennsylvania. 1960
Frantz, Nadine Pence. *Theological Hermeneutics: Christian Feminist Biblical Interpretation and the Believers' Church Tradition*. University of Chicago. 1992.
Keefer, Luke. *John Wesley: Disciple of Early Christianity*. Temple University. 1982.
Russell, Jane Elyse. *Renewing the Gospel Community: Four Catholic Movements with and Anabaptist Parallel*. University of Notre Dame. 1979.
Smith, John W.V. *The Approach of the Church of God (Anderson, Ind) and Comparable Groups to the Problem of Christian Unity*. University of Southern California Graduate School of Religion. 1954.
Stoffer, Dale. *The Background and Development of Thought and Practice in the German Baptist Brethren (Dunker) and the Brethren (Progressives) Churches (c.1650-1979)*. Fuller Theological Seminary. 1980.
Weaver, John Denny. *The Doctrines of God, Spirit, and the Word in Early Anabaptist Theology, 1522-1530: A Comparative Study in the Swiss and South German Lines of Anabaptism*. Duke University. 1975.

백과사전

The Brethren Encyclopedia. Philadelphia, Pa.: The Brethren Encyclopedia, Inc. 1983-1984 (vols. 1-3).
The Mennonite Encyclopedia. Scottdale, Pa.: Herald Press. 1955-1959 (vols. 1-4), 1990 (vol.5).
Journeying Together. Anderson, Ind.: Leadership Council of the Church of God. 1996.

* 신자들의 교회 최근 대회들 기록은 부록 A 참조.

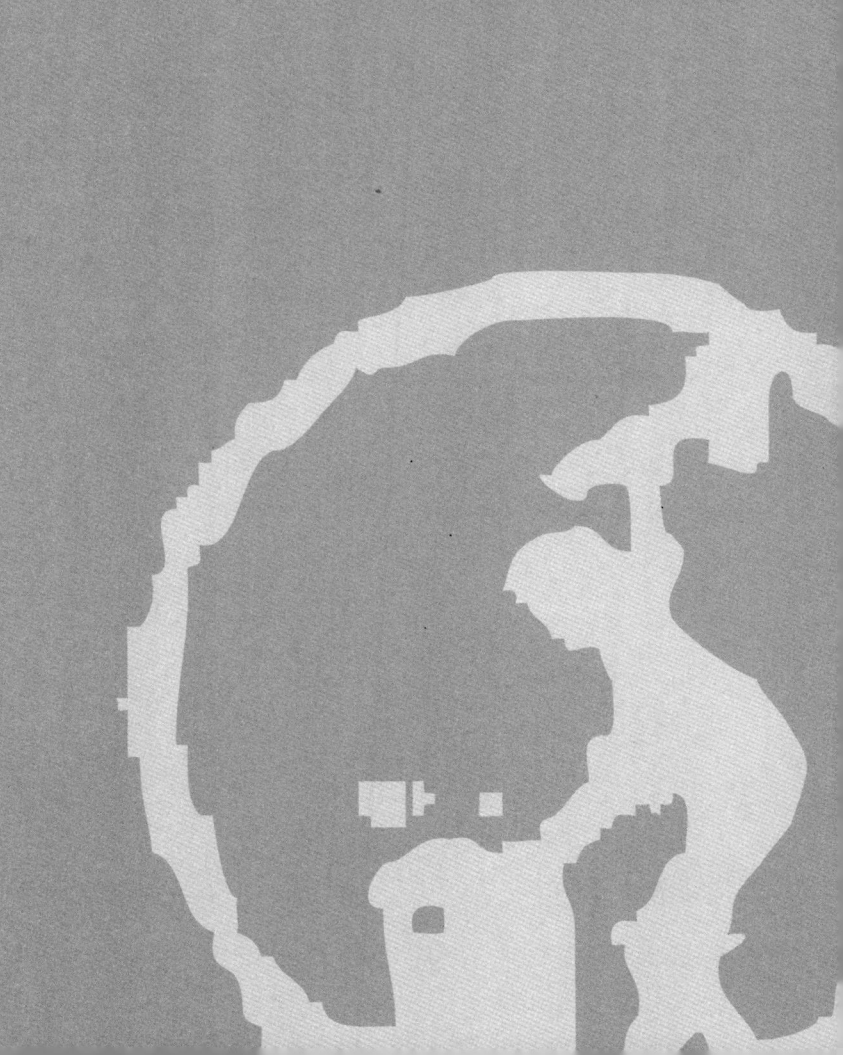